반도체를
사랑한
남자

반도체를 사랑한 남자

삼성전자 반도체
천부장 이야기

박준영 지음

북루덴스

들어가며

    우리나라 반도체 산업은 이제 'K-반도체'라 불리며 회사를 넘어 국가의 명운을 좌우하는 단계에 이르렀다. '삼성전자 반도체'도 어느 순간 '삼성'을 넘어 국민의 반도체라는 인식이 생긴 것 같다. 그에 발맞추어 반도체를 둘러싼 글로벌 패권 경쟁이나 반도체 기술의 향방을 제시하는 수많은 콘텐츠가 양산되고 있다. 동시에 반도체 산업과 관련된 경제 효과와 투자 전망을 내세우는 소식이 매일 쏟아진다. 그런데, 반도체를 만드는 실제 현장과 그 속에 속한 사람들의 이야기를 전하는 콘텐츠는 찾아보기 어렵다. 삼성이 파운드리 사업에서 대만 반도체 기업 TSMC_{Taiwan Semiconductor Manufacturing Company}에 밀린다든지, 메모리반도체의 기술력이 어떻다는 평가가 난무할 뿐, 그것이 무엇이고, 사람들은 현장에서 어떻게 일하는지에 대한 정보와 궁금증이 보이지 않는다. 한국이라는 기술 불모지에 나타난 반도체는 신기루가 아니라 현실이며, 제조 현장에서 사람이 만들고 있다. 이제 사람을 중심으로 반도체 제조 현장을 들여다볼 시기가 되었다.

나는 삼성전자 반도체에서 연구소 연구원과 인사 담당자로 일했다. 대학과 대학원에서 공학과 경제학을 전공하면서 숫자로 사물과 사회를 판단하는 데 의문이 생겼다. 숫자와 지표 이전에 인간의 몸짓은 무엇이고 사람들이 무리를 이루며 만드는 궤적은 무엇인지 직접 그려내고 싶었다. 그래서 대학원에서 다시 문화인류학을 공부했다. 개인과 사회를 잇는 행동방식을 문화라고 규정한다면, 그 이야기를 만들어내는 학문이 문화인류학이기 때문이다.

나는 박사학위논문의 현장으로 여의도에 있는 금융 스타트업을 선택했다. 삼성과는 멀리 떨어진 장소가 필요했다. 스타트업과 금융, 그곳에서 연구자로서 결과물을 내고 싶었다. 하지만, 나는 그곳에서 여전히 벗을 수 없는 삼성에서의 경력과 그에 따른 효용과 속단이라는 유불리를 겪게 됐다. 삼성! 나에게는 벗어나고 싶으면서도 버릴 수 없는 이름이었다.

한국에서 '삼성'을 상징하는 말은 다양하며 명확하다. 한국 최고의 기업, 재벌, 권력 집단 그리고 초일류 글로벌 회사…. 때론 비판을 하면서도 자녀들이 들어가기를 원하는 회사 등 이중적이기도 하다. 다른 한편으로 삼성은 여러 서사로 언급된다. 권력과 결탁한 '부정과 긍정의 역사', 총수의 리더십과 마법으로 초일류기업 삼성을 만들었다는 '영웅의 서사' 그리고 매년 최고 연봉으로 발표되는 전문 CEO의 '성공 이야기'까지.

이제 적과 동지, 피아식별과 구분, 빛과 그림자라는 이분법적 용어를 걷어내면 바로 사람의 몸이 드러난다. 수평적이고 세련되게 보이는 글로벌 스탠더드 앞에 삼성이라는 조직에 속한 인간의 몸에 수십 년 쌓여온 습관과 버릇이 있다. 자신이 몸담은 조직의 이익이 국가 발전에 이바지했다는 생각도 있으며 '먹고살기'가 눈앞에 놓인 직장인으로서 밥의 소중함과 무거움, 잦은 야근, 번아웃, 워라밸, 돈의 귀중함과 비루함이라는 현실도 있다. 그 무엇으로 불리던 삼성의 발자취에는 한 몸뚱이가 견딘 시간이 있다. 몸은 투박하고 무겁지만 따뜻하고 질감이 느껴진다. 그 몸짓 속에서 삼성전자 반도체는 세계 반도체 산업에서 1, 2위를 다투는 글로벌 기업으로 우뚝 섰다.

몸의 역사 35년, 삼성전자 부장 천기주

이 책은 거대 기업의 역사 속에서 몸의 흔적을 발굴하려는 시도이다. 회사는 인간의 몸이 세우고 일궈 만든다. 고층 건물이나 거대한 부지가 회사일 수 없으며, 회사를 운영하는 숨과 힘은 인간의 몸에서 나온다. 회사의 몸은 곧 구성원의 노력과 자연에서 온 물질의 배열이 교집합을 이루며 만들어진다. 몸의 역사 그 중심에 2023년을 기준으로 35년 차 삼성전자 반도체 부장 천기주가명가 있다. 그는 1988년부터 삼성전자 반도체에 다녔고 지금까지 재직 중이다. 나는 2005년에서 2015년까지 삼성전자에 다녔다. 나와 그의 인연은 깊다. 2008년부터 같은 부서에서 2년간 일했고, 2018년에 1년간 갑과 을로서 만났으며, 2021년 5월, 다시금 커피 두 잔을 사이에 놓고 마주했다. 그가 2018년 입사 30주년을 맞이했을 때, 반도체 생산 현장의 사무용 건물에서 조촐하게 믹스커피를 마셨고, 그의 30여 년 이야기를 듣고 나는 처음으로 엄청난 호기심이 생겼다. 어쩌면 몸의 당김이 있었다는 표현이 더 적절할 것이다.

　그가 입사했던 1988년에 삼성은 국내 최고의 회사는 아니었다. 반도체 산업도 '아오지'라고 불렸으며, 국민소득 1만 달러 이상인 나라에서나 가능한 사업으로 이제 막 중진국에 턱걸이한 한국에서는 불가능하다는 통념이 있었다. 그가 일해온 35년 동안 삼성은 글로벌 기업이 되었으며 그 규모와 내실이 폭발적으로 커졌다. 삼성전자 부장이라는 작은 나무와 달리, 삼성은 숲이 되었고 놀랍게 성장해서 커다란 산맥과 하나의 영토를 이루었다. 누구는 그 숲을 가리켜 거대한 항공모함이라 하고, '삼성공화국'이라는 표현까지 서슴지 않는다. 그러나 공화국도 한 명의 시민보다 중요하다고 할 수 없듯이 숲은 나무가 없으면 성립하지 않는다. 그곳에서 35년간 뿌리를 내린 그는 너무 커버린 회사와 자신을 일치시키면서도 언젠가 회사를 떠나 분리해야 한다는 불안 앞에 놓여 있다.

　다시금 30여 년의 이야기가 그에게서 흘러나올 찰나, 묘한 궁금증이 생겼다. 경영자의 역사에 가려진 한 인간의 30년은 이대로 사라져야 하는가? 그것의 가치를 재발굴해서 공유할 필요는 없는가? 한 인간의 삶은 어떤 학문을 다 동원해도 명료하게 설명할 수 없는 것처럼, 개별자의 시간은 온 우주만큼의 깊이와 넓이가 있다. 그 장면을 추출하는 일, 그것은 단순히 개인의 자서전이 아니라 한국 사회에서 다르게 밝혀내야 할 특별한 평범함이다. 모든 개별자의 특이성을 인정하며, 그것을 존중하는 것은 한 개인과 기업을 넘어선 사회적 차원이다. 그의 숨죽였던 걸음을 바깥으로 우려내는 데 내가 도움을 드리면 어떨까 제안했다.

박(글쓴이, 이후 '박'으로 표기) 부장님의 30여 년이 삼성의 변화와 상당히 맞닿아 있어요. 부장님의 회사생활을 정리하는 동시에, 그 이야기를 중심으로 삼성의 이야기를 다시 써보면 좋을 것 같아요.

천(천기주 부장, 이후 '천'으로 표기) 그렇게 해준다면 내가 감사할 일이지. 내가 제안해볼까 생각했는데 준영 님이 먼저 이야기를 해주니, 고맙네.

박 쉽게 볼 일은 아니지만, 제가 예전에는 이해할 수 없었던 회사 이야기를 부장님의 말씀을 통해 조금씩 알아간다면, 부장님께도, 제게도, 사회에도 큰 도움이 될 것 같아 제안했습니다.

천 오늘 커피 한잔은 백만 원짜리다.

박 (마음속으로, 그게 돈으로 바꿀 수 있겠어요?)

그는 내 제안을 흔쾌히 수용했고 우리는 정기적·비정기적으로 시간을 잡아 자주 만났다. 그 내용이 녹음만 50시간에 이르고, 녹취록은 A4 문서 500여 쪽이 넘는다. 나는 그의 이야기를 받아 적는 단순한 수용자가 아니라 그의 아이 같은 웃음과 벌건 눈 속에 깃든 울음에 반응했다. 그러면서도 때론 그와 논쟁하며 다시 묻고 비판적으로 수용하며 공동의 이야기를 만들어가는 적극적인 참여자였다. 그가 회사를 생각하며 경영을 바라보는 비장함이 이상하고 낯설다가도, 때론 그럴 수밖에 없었을 것 같다, 나도 그랬을 거라는 공감이 생겼다. 그도 내 말과 태도가 못마땅할 때도 있었겠지만 언제나 나를 배려해주었고, 자신의 이야기를 만들어준다는 점을 고마워했다. '두 사람 사이의 공감적인 인간관계 또는 친밀도'를 뜻하는 소위 '라포'가 생기면서 서로 간의 신뢰가 더욱 짙어졌다. 봄비가 차가운 창문을 두드리듯, 때론 여름 소나기가 세차게 퍼붓듯, 그와의 이야기는 2021년 늦봄부터 해를 건너 2022년 벚꽃이 질 때까지 계속됐다.

세 개의 렌즈

이야기를 만드는 렌즈는 세 가지 시선으로 구성했다. 첫째, 삼성의 시선이다. 삼성의 주요 확장 시기별 일하는 방식의 변화를 추적했다. 둘째, 조직에서 살아남으려고 끊임없이 발버둥 친 천부장의 이야기를 꼼꼼히 서술했다. 물론 거기에는 10년간 몸담았던 나의 이야기도 포함되었다. 셋째, 문화인류학적 시선이다. 조직에 속한 한 사람의 생애를 각 장 끝에 문화인류학 개념으로 설명했다. 이 렌즈를 통해 '한 인간이 어떻게 조직 내에서 자기 안의 모순을 극복하고 버티어왔는가'를 궁리해보고자 했다.

그 시선은 세 부로 이루어져 있다. 1부에서는 그와 만남을 통해 삼성의 일상과 그곳에서 일하는 사람 그리고 반도체라는 제품에 관해서 썼다. 그 장면을 구성하면서 매끈한 삼성의 조직, 첨단기술로서 반도체의 이미지가 아닌 거기에 속한 사람들의 삶의 방식과 반도체 생산의 흐름을 추적했다. 2부에서는 현재의 삼성을 만든 일하는 방식이 '천기주'의 시간과 만나서 어떻게 구성되었는지 그렸다. 임직원의 헌신적인 노력, 선두기업을 따라잡기 위한 병행 개발은 단순한 단어가 아닌, 몸의 기록이다. 3부에서는 일견의 조망을 기술했다. 현재 삼성은 역사상 가장 큰 성과를 거두면서도 높은 불안감과 두려움에 휩싸여 있다. 언제나 조직은 위기와 기회가 함께 존재한다. 그것은 사람들이 움직이는 형태, 나누는 대화, 기업의 환경으로 나타난다. 모두가 느끼는 이 상황과 다양한 시각을 새로운 도전에 나서는 '반도체를 사랑한 남자', 천부장 이야기에 담았다.

또한 이 책을 만나는 분들이 삼성전자 반도체의 이야기를 독자로서 수용하는 데서 그치지 않고, 한 명의 인류학 연구자가 되는 체험을 해보시라는 의도도 담았다. 요즘 기업에서 문화인류학 전공에 대한 수요가 늘어나고 있다. 학위 과정 중에 삼성에 다니는 후배가 나에게 "선배, 요즘에 인사 팀장이 문화인류학 전공자들을 찾더라고요"라고 전했다. 모 금융사의 인사팀 친구는 "인류학이 국민소득 3만 달러 이상이 됐을 때부터 수요가 생기는 학문"이라면서 내 전공에 관심을 표했다. 인류학이 고도로 발달된 한국 사회와 조직에서 기존의 익숙한 시선과 통계적 지표로는 보여주기 어려운 다른 시선을 보여줄 수 있기 때문이다.

그래서 1부에서는 통상의 인류학 기술에서 등장하는 현장 소개, 연구자와 참여자의 라포 형성, 첫 만남의 흐름을 제시했다. 통계적 연구에서는 객관성을 확보해야 하기 때문에, '나'가 등장하지 않는다. 하지만 인류학에서는 주관성의 한계와 효과를 인정하며, '나'를 드러낸다. 활자를 통해 삼성과 한 인간을 바라보는 시선을 함께 유지해가며 읽어보시길 추천한다. 인류학 책을 처음 접하는 독자라면 특히 '나'가 등장하는 서술이 낯설지만 설레는 시선이 되리라 생각한다. 각 절의 말미에는 내용과 흐름에 맞춘 인류학 개념과 참고도서를 수록했다. 심화 학습에도 활용하시길 권한다.

2부에서는 삼성의 시간적 흐름 속에서 함께 희로애락을 나눈 참여자의 이야기를 중심으로 기술한다. 이 책의 본문에 해당한다. 삼성 내부의 시선에 궁금증을 가진 독자라면 2부부터 읽으셔도 무방하다. 3부와 에필로그에서는 비판적 통찰을 제시한다. 삼성의 역사, 그리고 한 인간의 역사를 통해서 한국 사회와 조직, 그리고 또 다른 나를 생각하게 된다. 나는 조물주처럼 사회와 떨어져 팔짱을 끼고 판단하고 분석하는 것이 아니라, 동시대를 사는 인간으로서 서로 관계 맺고 있다. 결국 내가 그가 되고, 그곳이 내 터전이기 때문에 그 내용에 공감되는 부분도 있으리라 믿는다. 독자들의 참여에 의한 새로운 시선과 이야기의 발굴 속에서 이 책은 다르게 비춰질 것이다. 글 중간중간 그와 인터뷰를 사례로 제시한다. 대화 속에서 맥락과 의미를 반추하는 대표적인 인류학적 기술방식이다.

천   우리가 접하는 삼성이라는 이름을 단 책들은 어쨌든 간에 '평범함'을 뛰어넘는 이야기잖아. 삼성에서 임원이 되는 일반적인 과정이 아니라 나처럼 특별한 과정을 거쳐 갔던 사례, 그것이 이 사회에서 어떤 특별한 의미가 있고, 스페셜한 게 왜 필요할까, 생각하게 되는 거지.

어느 날, 한 개인이 어떤 길을 밟아왔느냐를 따져 보니 결국에는 '행복'이 중요하다는 걸 알게 됐지. 직장생활이라는 게 평탄하기만 한 게 아니라, 좌충우돌하잖아. 내 경우도 옆길로 갔다가 그곳에서 행복이 중요하다는 걸 깨닫게 됐지. 주류가 아니라서, 한계를 느꼈을 때, 나를 새롭게 해야 했을 때, 다른 길도 있다는 것을 인식할 필요도 느꼈고. 다른 길이 당장 무언가를 만들어주지는 못해도, 5, 10년 지나니까, 정신적으로 큰 영향을 미쳐서 자신감을 갖게 됐지. 내가 나눔과 봉사활동을 하고 눈높이를 낮추니, 다른 사람들에게 줄 수 있는 것도 있더라고. 나 같은 사람도 사회를 즐겁게 만들고 개인의 행복을 보여줄 수 있다는 걸 알게 됐지.

그는 임원이 되는 길을 '평범'이라고 생각하고 자신과 같이 부장에서 다른 길을 모색하는 것을 '특별'하다고 여겼다. 그의 이야기에는 주류와 승자의 역사만 있는 것이 아니라 보통 사람들의 삶이 특별하다는 생각이 자리하고 있다. 그의 시선에도 한계가 있으나, 동시에 그 안에서 발견한 통찰도 매력이 있다. 삶이 매끈하지 않고 울퉁불퉁하지만, 차이는 있을지언정 경중을 따지지는 말아야 한다. 이 책을 통해 무엇보다도 35년 그가 걸어온 길과 묵묵히 견뎌온 삶이 존중받길

바란다. 그는 내 동료이다. 내가 언젠가는 오르고 싶었던 선배이기도 했고, 비판하고 싶은 마음도 있었다. 이런 마음은 서로의 대화 속에서 웃음과 울음, 해학으로 드러난다.

마침내 삼성전자 반도체 이야기가 책으로 나온다. 삼성과 더불어 한국의 기업들이 '불가피한 정신 승리의 시대'를 닫고 임직원과 구성원들이 함께 재구성하는 도달 가능한 미래를 열어가길 빌며, 이 이야기가 그 좁은 문을 여는 도구로 쓰이기를 바란다. 왜냐하면 한국 사회의 기업들이 직원을 대하는 방식이나, 조직 속에서 사람과 사람 사이의 관계 맺기에 대한 변화가 없다면 또 다른 시간들이 '오래된 미래'이거나 '다가올 과거'의 반복이기 때문이다. 천부장의 이야기가 세대를 넘어 독자들의 공감을 통해 동시대성을 확보하게 된다면 큰 의미가 있으리라 기대한다.

또한 이 책이 나오기까지 애써주신 분들의 짙은 수고가 활자로 배어나온다. 무엇보다 책의 시작부터 끝까지 함께해주신 디파랑세의 홍지연 누님, 동수상회 김태수 대표님, 윤유미·신주원 씨 등 서평단께도 감사인사를 드린다. 새로운 분야이며 부족한 글임에도 꼼꼼하고 진심어린 시선으로 두 번의 서평에 참여해주셨기에 책은 더 개선되어 나올 수 있었다. 북루덴스의 고진 대표님과 김정은 편집자님께도 감사의 인사를 전한다. 첫 책임에도 불구하고 관심을 가져주셨고 진정으로 공감해주셨던 시선은 마음 깊이 남았다. 세심히 목차와 내용을 검토하고, 수많은 부침 속에서도 존중과 위로를 함께 해주셨기에 출판

14

가능했다.

무엇보다 연구자로서 길을 열어주신 조문영 교수님께서는 제자의 첫 책에 관심 가져주시고, 바깥으로 꼭 나오길 응원해주셨다. 연세대학교 문화인류학과의 동료 연구자들께서도 전형적인 시선의 틀에 박혀 있던 나를 새로운 삶으로 이끌어주셨고, 함께성장연구원의 정예서 선생님과 인문학서원을 비롯한 문우들께서는 책을 쓰는 삶이 가능하도록 도와주셨다. 초고부터 응원해주신 에프엔씨의 권혁배 대표님은 언제나 든든한 지원군이다. 동고동락했던 삼성 반도체의 KH, ES, DH, HK, SH, JS, WS를 비롯한 선후배들은 평생 함께 삶을 꾸려갈 고마운 분들이다. 무엇보다도 지금도 묵묵히 24시간 돌아가는 반도체 및 산업 현장에서 때론 나를 잊고, 가끔 나를 위해 일하시는 분들께 감사인사를 전하며, 가장 묵묵히 나를 믿어주는 교육전문가 아내 정은혜, 딸 박가온, 새로운 생명들에게도 고맙다는 인사를 전한다.

2023. 7.

박준영

차례

3부 반도체를 사랑한 남자

1부

새벽 3시의 커피

수요일 오전

그와 수요일 오전에 만나 대화를 나눴다. 그의 얼굴에서 살짝 미소가 느껴졌는데, 나와 대화 때문인지, 매주 수요일은 열두 시까지만 일하고 퇴근하는 '가정의 날' 때문인지는 명확하지 않다. 그는 몇 주 전내 제안을 흔쾌히 수락한 뒤 나와 30여 년의 세월을 어떻게 만들어야할지 고민했을 터이지만, 대화의 시작부터 "어떻게 쓰고 만들어야 하지?"를 바로 묻지 않았다. 대화는 우회적으로 시작되어 우화 같은 선문답으로 진행되었다. 그가 부장이 되기까지 오랜 시간 회사생활을하며 만들어온 습관이다. 경주마같이 달리던 대리, 과장 때 같은 소싯적에는 상상할 수 없었던 대화의 변화다.

천　다방 커피를 텀블러에 마시면 맛이 밋밋하지 않나?
박　저도 그런 느낌은 있어요.

천 믹스커피는 종이컵에 마셔야 달달한 맛이 살더라고. 종이컵을 쓰면 안 되는 줄 알지만 믹스커피를 마실 때는 쓰게 된다니까. 달달한 게 쇳덩어리에 닿으면, 맛이 이상해지는 것 같거든. 반면에 블랙커피를 종이컵에 마셔도 이상해. 블랙커피를 텀블러에 넣고 뜨거운 물을 부으면 쇠가 차가워서 그런지 블랙의 고유한 맛이 살아나는 것 같아. 내 입맛이 그런지 모르겠는데….

박 예술가 스타일이시네요.

천 하하. 그릇의 차이에 관해서 얘기하고 싶었어. … 결국, 환경의 차이 때문에 비슷한 사람이라도 차이가 날 수 있다는 걸.

나는 그의 말에 절반만 동의하더라도 맞장구를 치며 말을 이어 나가는 방식을 주로 택했다. 다방 커피, 대부분의 사무실에서 대량 구매해 놓은 믹스커피는 종이컵, 블랙커피는 텀블러와 같은 금속용기가 적합하다는 그의 비유가 틀린 것 같지는 않다. 그러나 업무 스트레스를 받을 때 큰 텀블러에 믹스커피 두 개를 뜨거운 물에 녹인 다음, 그 위에 얼음과 냉수를 가득 부어 마시는 내 경우를 생각하면 꼭 그렇지 않다는 생각도 한다.

그의 말에서 종이컵, 텀블러를 말하는 '그릇'이라는 단어가 나올 때, 무언가 꺼림칙한 느낌이 들었다. 교훈과 연설이 다가오는 것 같다. 회사가 나를 너무 깊숙이 침범할 때, 나는 그 규정하는 언어에 저항하거나 때론 되받아치며 살았다. 깊숙이 침투하는 그의 일과 환경에 관한 철학은 경영학의 일반적인 사례를 또다시 생각나게 한다.

'북극곰이 기후에 따라 크기가 변하듯, 조직과 구성원은 언제나 변화에 민감하고, 타성에 젖어서는 안 된다.' '똑같은 사람이라도 환경의 차이가 나는데 결국에 큰 생각, 큰사람이 되어야 한다'는 명제는 그에게서 사라지지 않는 화석 같다. 그와의 대화에서 나는 과연 '큰 것은 무엇'이고, '왜 큰 것을 욕망'해야 하는지를 자주 물었다.

박 부장님은 다방 커피는 언제, 블랙은 언제 마셔요? 타이밍이 있어요?

천 블랙은 혼자 마셔야 할 것 같고, 믹스는 같이 마셔야 해. 믹스는 향과 맛이 좀 두껍다고 해야 하나, 복잡하고. 근데 블랙은 맛이 단순하지. 블랙을 마시면, 깨끗함이 있어. 믹스는 마실 때는 좋은데, 약간 텁텁해서 반드시 물로 헹궈야 한다니까. 연애가 끝나고 난 뒤, 이별의 아픔이 남는 것 같다 할까?

박 부장님은 회사를 나가면 믹스커피를 안 마시겠네요.

천 안 마시겠지, 회사랑 연애하다가 헤어진 셈일 테니까. 조용히 블랙을 마시게 되겠지.

블랙커피, 두께, 그릇

그는 원두를 직접 내려서 마실 만큼 커피에 관심이 많지만, 분말로 된 아메리카노 스틱은 혼자 마셔야 하고, 믹스커피는 같이 마셔야 한다고 했다. 회사 일은 끝이 없으며, 여간해서 개운해지지 않지만, 그는 여전히 회사와 질긴 연애 중이었고, 회사와 자신을 떼려야 뗄 수 없는 관계로 생각하고 있다. 회사에서 나와 만날 때, 그는 대부분 믹스커피와 종이컵을 들고 왔다. 믹스커피는 명료하지 않은 회사생활, 감사하지만 진한 아쉬움이 남는 회사에 대한 그의 감정을 보여준다. 아쉬움의 중심에 무엇이 있는지 직장인들은 대부분 알고 있을 것이다. 나는 그날은 묻지 못하고 이후에 그에게 조심스럽지만, 단도직입적으로 물었다. 그에게는 아프지만, 꼭 물어야 할 질문이었다.

박   임원과 부장의 차이는 뭐라고 생각하세요?

천   두께 차이지. 그게 '고수'라고도 하고, 두께라고 하거든. 임원급 정도 되면 약간 정치를 해야 하는데, 일희일비하면 못해. 임원은 언제라도 떠날 수 있다. 자기임원는 영혼이 없다고 얘기를 해. 언제든 바뀔 수 있으니까.

박   근데 그건 임원이 되기 전에도 그래야지 않아요?

천   상황에 맞춰서 하는 거지. 회사는 회사일 뿐이야. 전력투구하지 않아. 진짜 열심히 일하는 사람이 임원이 됐을까? 임원은 학교로 치면 반에서 5등 정도가 되는 거 같아. 일을 조망할 두께가 되어야 하는 거야. 뽀족한 사람들은 못 견디지. 나는 이런 점이 못내 아쉬워.

그는 임원은 회사의 큰 방향을 따르지만, 작은 일 하나하나에 반응하지 않고 회사는 회사일 뿐, 회사와 자신을 분리할 줄 알고, 목숨 걸고 일하지 않았던 사람들이 된다고 생각했다. 일희일비하지 않는 배포는 어쩌면 무심하고 때론 냉정한 면으로 보일 수 있다. 블랙커피로 연결되는 단순함은 자신을 회사 일의 통로로 생각할 뿐 자기 색깔을 드러내지 않는 사람들, 그런 사람들이 임원이 된다는 생각에, 나도 모르게 고개를 끄덕였다.

　나도 회사생활에서 믹스커피처럼 회사의 성공은 물론 내 색깔을 찾고 싶었다. 나는 반도체연구소에 입사해서 새로운 반도체를 만드는 일을 했다. 하지만 나는 물건을 만들고, 기술자로서 기술을 벼리는 것보다는 사람을 대하고 사람들 앞에 서는 일에 더 끌렸다. 일면식도 없는 반도체 경영 스태프들에게 몇 번의 메일을 보낸 노력 끝에 운 좋게 인사팀으로 부서를 옮길 수 있었다. 그것이 후에 천부장을 만나는 계기가 되었다. 그때 나는 지금 고위 임원이 된 연구소의 선임 부장과 부서 이동을 앞두고 최종 면담을 했다. 그의 말 한마디가 상당히 의아하게 다가왔다.

　회사생활 별거 없어, 굳이 뭐 하러 부서를 옮기려고 해?

　그의 말은 후배에게 주는 진심 어린 조언일 수도 있고, 일도 많고 바빠 죽겠는데 자기 부서에서 사람이 빠져나가는 아쉬움을 드러낸 말일 수도 있다. 나는 그때 인재개발, 인재양성 관련 부서로 자리를 옮기기 위해 기업교육에 관련된 책, 자기계발서 등을 1년 동안 50여 권가량 읽은 상태였다. '자기 일에 목숨을 걸어라' 혹은 'CEO처럼 생각하고 일하라' '필살기를 갖추라' 같은 선언들이 가득할 때였고, 그 당시 나는 직장인이 아닌 직업인으로서 평생을 걸려고 생각했다. 그 선언의 핵심은 어떤 일로 경력을 쌓고 전문가가 되느냐였다. 그러나 수많은 부장 중에 바로 이듬해 임원이 될 자리에 있는 선임 부장의 솔직한 한마디는 책의 경구나 선언들과는 확연히 달랐다. 그리고 내가 회사를 그만두기 전에 퇴임을 앞둔 임원에게 솔직히 내 상황을 말씀드리고, 조언을 구한 적이 있었다. 그의 이야기도 별반 다르지 않았다.

박 전무님, 제가 요즘 회사에서 일을 왜 해야 하는지 고민하고 있습니다.

전무 아, 그건 너무 나갔다. 그냥 하는 거야. 뭐 그런 걸 고민해?

퇴임을 앞둔 그가 새카만 후배에게 가면을 써 가면서 이야기할 필요는 없다는 가정하에, 그 또한 일에 대해 '고심'하거나 '나와 맞는 일인가' '내 미래와 연결되는 일인가'를 생각하지 않고 부여된 일에 충실하게 회사생활을 했을 것이다. 그 결과 타인이 봤을 때 적잖은 위치와 성취까지 이루었다. 그는 나에게 『후흑학 厚黑學』을 읽어보라고 권했다. 『후흑』은 중국에서 오래전부터 내려온 조직생활과 사회에서 살아남는 방법에 관한 책으로, 한자로는 '두터울 후 厚' '검을 흑 黑'이다. 풀이하면, 두꺼운 얼굴에 검은 마음이 있어야 조직에서 살아남는다는 내용이다. 어쩜 이렇게 천부장의 블랙커피, 두께, 그릇과 맞닿아 있는지.

회사와 자신을 분리하지 못하고, 35년째 짝사랑 중인 그는 역설적으로 회사에서 자기 색깔을 찾기 위한 노력을 게을리하지 않았다. 소소한 일에 기뻐하고 슬퍼했으며, 일에서는 물고 늘어졌고 완벽하게 하려고 노력했다. 믹스커피가 당기는 그의 삶은 여전히 나에게 의문투성이다.

문화인류학

　문화인류학은 한 인간에게 영향을 미치는 다양한 의미의 마주침을 언어화하는 학문이다. 잘 알려진 기업의 역사, 뛰어난 영웅의 역사에서 한 사람의 시선을 통해 새롭게 마주하는 이야기를 그려내려는 시도이다. 처음 인류학은 서구 식민 세력이 낯선 곳에서 자신들과 달라 보이는 사람들을 어떻게 익숙하게 만들까 하는 고민에서 시작되었다. 소위 무지몽매한 원주민들을 어떻게 근대화시킬까 하는 것이 인류학의 목적이었다. 낯선 곳에서 마주한 원주민들의 때로는 괴이하고 뒤떨어져 보이는 모습을 기록해서 어떻게 교화시킬까를 궁리하기 위한 방식이었던 것이다. 그러다가 제2차 세계대전이 끝나고 서구는 철저히 실패했고 그 경험을 바탕으로 인류학의 흐름 또한 계몽에서 성찰로 넘어갔다. 낯선 곳에서 낯섦을 인정하는 연구, 낯선 곳에서도 익숙한 것을 발굴하는 연구, 익숙한 곳을 낯설게 보는 연구로 인류학은 '인간과 그 무리'의 총체성과 개별성을 발굴하려고 한다.

　여전히 자국 내에서 원주민 인디언을 배제하면서 발전해간 미국은 국가 내부에서 다른 행동방식을 발굴했기에 '문화인류학'을 구성했고, 영국에서는 외부 국가에서 행동방식을 찾았기에 '사회인류학'을 태동시켰다. 하지만, 지금은 그 둘이 큰 구분은 없다.

참고도서 한국문화인류학회(2010), 『처음 만나는 문화인류학』 일조각.

기록과 성찰

직장생활을 견디는 인간 옆에 커피와 온갖 달달한 것들이 놓여 있다. 사무실 한쪽에는 직장인의 기호품 믹스커피를 비롯해 여러 종류의 차가 자리한다. 사람들은 버릇처럼 차가 담긴 컵을 들고 정수기 앞에 서 있거나, 식사 후에는 무의식적으로 카페로 발길을 옮긴다. 회사생활 35년간 그는 몇 잔의 커피를 마셨을까. 스쳐 간 커피향처럼 대기업 부장이라는 평범함은 그에게 부담감이었다.

그렇기에 흔쾌히 30여 년이 훌쩍 넘는 시간을 회고하는 인터뷰에 동의했음에도 막상 그는 '평범함' 때문에 말하기를 주저했다. 인터뷰 때마다 놓여 있는 커피 앞에서 그는, 가끔 커피잔을 바라보거나 믹스커피가 든 종이컵을 잡고 멋쩍은 웃음을 보였다. 그는 왜 믹스커피를 마셨던 축적된 그 시간에 대한 회한이 아직도 가득 남아 있고, 35년이 자랑할 만한 시간이 아니었다고 생각할까? 집에 있는 시간보다 두 배는 더 보낸 이 회사의 환경 때문이었을까? 그의 말대로 그의 그릇과 두께가 자랄 만한 환경이었다면 그는 특별하고, 높은 지위에 있고, 문명의 발달과 기술의 변화를 이끄는 사람이 되었을까? 그는 인터뷰 내내 자신이 임원이 되지 못해서 사람들에게 크게 내세울 게 없다고 주춤거렸다.

천　내 삶에서 좌절과 시도는 30~40년 동안 부지기수야. 뭘 성공했다고 내세울 게 있어야지. 중학교 졸업하고, 고등학교에 가야 하니까 갔고, 졸업한 다음엔 공장 다니다가, 삼성에 입사하고, 그런 걸 발전적인 모습이라고 볼 수도 있겠지. 그런데 내 삶이 사람들에게 뭔가 크게 보여줄 게 없는 거야. 임원이라도 되었으면 나았을 텐데.

박　부장님은 이 대목에서 사회적 인정으로 다시 회귀하시네요. … 그런데 삼성전자 부장은 한국 사회에서 연봉 1퍼센트 안에 드는 사람이에요.

천　그건 너무 일반적이라서.

박　대단한 성공보다는 작은 성공의 기록을 언어화할 수 없다면, 이 프로젝트를 왜 해요? 솔직하게 자랑할 것과 부족한 것을 이야기하는 거지. 임원이 못 되었다고 부끄러워할 이유가 뭐예요? 저는 왜 부장님이 그렇게 생각하는지가 궁금해요.

천　일반적으로 베스트셀러 같은 걸 보면, 뭔가 성공적인 내용을 담고 있더라고. 그래서 ….

0.8퍼센트와 99.2퍼센트라는 숫자가 있다. 어떤 숫자를 선택할 것인가? 대세에 따르는 것이 좋다고 생각한다면 확실해 보이는 99.2퍼센트를 택할 것이고, 희소성이 있는데 그것이 뭔지 궁금하면 0.8퍼센트를 선택할 수도 있다. 0.8퍼센트는 삼성에 신입사원이 들어와 임원이 되는 비율이다. 그렇다면 대답이 바뀔까? 어떤 이는 0.8퍼센트라는 숫자에 몸이 당기고, 99.2퍼센트가 하찮아 보일 수도 있다. 다만 이것은 분명하다. 큰 것, 희소한 것, 핵심적인 것은 누구나 귀하다고 생각한다. 그러나 핵심은 주변 없이는 성립될 수 없으며, 핵심과 주변은 언제나 선택의 여지가 있다. 거기에서 나는 어디에 있는가? 그리고 나는 어떨 때 희소성에 끌리고 어떤 경우에 대세를 따르고 싶어 하는가를 아는 것이 중요하다.

0.8퍼센트와 99.2퍼센트를 다시 생각해 보자. 그도 0.8퍼센트에 속하는 사람이 아닐까? 우리나라에서 가장 큰 기업에 다니고 일정 수준의 연봉도 받고 있다. 직장생활의 이로움과 괴로움은 내가 일한 노력과 월급이 별 상관이 없다는 점이다. 내가 어디 속하느냐에 따라 내 급여가 결정된다. 그런 면에서 봤을 때, 삼성전자에 속한 그는 한국 사회에서 자기의 애씀에 비해서 직장인으로서 안정적이며 높은 급여와 사회적 위치를 점했다. 대기업의 성장과 함께했던 극적인 그의 삶은 한국 사회의 성장을 압축적으로 보여주면서도 개인으로서의 한계도 드러낸다.

어떤 면에서 그것을 '운'이라고도 부를 수 있다. 그의 노력을 폄훼할 의도는 없다. 다만, 비슷한 조건에서 취업한 경우를 가정해 본다면 그는 동일한 노력으로 다른 직장을 선택한 이들과 달리 굴지의 대기업에 속한 우연으로 생존보다 성장과 성공을 갈급했다. 그는 한국 사회 전체 노동자의 0.8퍼센트도 되지 않는 대기업에 속해 있으면서도 0.8퍼센트의 임원을 꿈꿨고 결국 도달하지 못했다고 늘 아쉬워했다. 그는 언제나 자신보다 높은 지위, 자신보다 성공한 사람들을 추종하기 바빴던 일반적인 한국 사회의 사회적 성취의 단일성과 편협성을 단적으로 드러낸다. 그렇지만 그것을 평범한 한 인간이 조직생활을 견뎌온 것으로 일반화한다면 '운運'이라는 글자를 뒤집어 '공功'이라 부를 수도 있다. 그가 자신의 노력과 함께 한국 사회의 성장기에 반도체라는 급격히 발전할 가능성이 큰 산업의 초기 단계에 속하는 '운'을 얻게 된 것일 수도 있다. 하지만, 삼성전자의 발전에 나름의 끝없는 노력을 통한 '공'을 만들기도 했다. 동시에 그 노력과 운이 조직 내에서 이미 허무하고 비어버린 '공空'이 되었음을 느끼기도 했을 것이다. 단순히 성공하는 조직에 속했다는 이유만으로 그가 느낀 양면성의 '공'을 지켜보지 않을 이유는 없다. 그가 아쉽고 부끄러워하면서도, 대화를 공들여서 하는 겸손함과 감사함의 양면성을 지켜볼 필요가 있다.

박 부장님의 삶의 철학이나 의미가 뭐예요?

천 내 의미는 '교학상장教學相長'이야. 그런 면에서 나의 회사생활 30여 년이 너무 아쉽다 이거지. 나는 후배들한테, 산업사회의 일하는 방식과 경험을 전달하고 싶어. … 인생 2막을 간다면, 강의나 컨설팅을 하는 거야, 멋지잖아. 나이 먹어서도 도요타처럼 우리나라의 중소기업을 위해 컨설팅하고 싶어.

그는 40대 중반부터 해마다 노트에 의미 있는 글귀, 소회를 적고 있는데 벌써 수십 권이 넘는다. 그가 체화한 삶의 방식은 '생각 – 기록 – 계획 – 실행 – 성찰'의 순서를 따르고 있다. 일의 가장 일반적인 방법론이 계획Plan – 실행Do – 성찰See이라면, 거기에 그는 기록과 성찰을 더욱 강조하고 있다.

그는 하루의 글귀 하나, 그리고 노트 한 권, 업무 수행 하나하나를 조금씩 이어 나가 자신이 생각하는 삶의 정수를 만들어냈다. 이제 그는 다시금 우리에게 익숙한 '교학상장' 곧 '서로 배우고 함께 성장한다'는 모토를 세웠다. 그것은 책에 있는 이야기가 아니라 수많은 커피와 그에 앞선 피, 땀, 눈물의 물질적 결과이기도 하다. 삼성의 성장에 있어 여전히 중요하게 회자되는 경영자의 마법 같은 일성이나 임원의 명확한 업무지시라는 관점에서 벗어나 지극히 평범한 이들의 삶에서 흔적을 찾아야 하는 이유이기도 하다. 그가 여전히 삼성에 속해 있기에 자신이 더 실력이 있고, 자신의 위치에서 기업의 규모로 실력을 규정하고, 무엇인가를 전수하고, 가르치고, 컨설팅하고 싶다는 바람을 품는다. 하지만 그 생각은 오만이 될 수 있다. 타인이 거기에 관심이 있는지 의견을 물은 뒤에 진행하는 게 우선이다.

삼성에서 1991년에 딱 하루 게재하고 바로 철회한 광고가 있었다. 바로 '새벽 3시의 커피 타임'이다. 30년 전에도 광고를 올리자마자 어떤 관계자는 "새벽 3시까지 일하는 회사에 오고 싶겠냐?"며 당장 광고를 내리라고 했겠지만, 그 광고는 엄연히 삼성 홍보팀에서 콘셉트를 기안했다. 둥근 반도체 모양의 컵 받침에 검은색 블랙커피가 담긴 커피잔은 회사가 밤낮으로 매진한다는 이미지를 여실히 보여주었다. 지금에야 당장 고용노동부 근로감독관에게 질의하고, 52시간 노동이 준수되고 있는지 감독을 요청할 사항임에도 불구하고, 그 광고는 야근과 밤샘이 다반사였던, 그리고 모두가 뾰족하게 각성했던 그때의 상황을 드러낸다. '새벽 3시 커피 타임'과 같은 경영과 브랜딩의 시각은 현장을 반영하지 못하고 있다. 그의 몸과 분리되지 않은 현장의 이야기는 그래서 더 실제적이고 설득력이 있다.

그는 그 시기에 사흘 밤을 새우며 일한 적이 있다.[1] 별 세 개 삼성의 이름 때문이라고 해야 할지, 왜 이리 새벽 3시, 3교대, 3일 연속 근무가 쉽게 발견되는지. 24시간 한순간도 쉬지 않고 돌아가는 반도체 현장은 수많은 피로가 점철되어 있다. 그가 30여 년 전에 믹스커피로 연명하며 생산량을 맞추기 위해 사흘 밤을 새웠을 때, 그의 충혈된 붉은 눈처럼 오줌에 피가 섞여 나왔고, 정신이 멍해지는 경험을 했다. 카페인 각성을 넘어선 정신의 몽롱함은 그의 삶에서 굳이 경험할 필요가 없는 상황이었다. 하지만 그가 자의 반 타의 반으로 견뎠던 시간

---

1 지금은 상상하기 어려운 근무강도이나, 회사와 함께하겠다는 마음가짐, 과업을 완수하겠다는 의지, 그리고 눈코 뜰 새 없었던 특정한 시기에 국한되기도 한다. 아다시피, 한국 사회에서 사람들이 그토록 대기업에 가려는 이유는 상대적으로 높은 급여, 유연한 근무환경 등이 마련되어 있음은 주지의 사실이다.

을 적어도 존중하고, 지금은 가능해 보이지 않는 종류의 시간이 있었다는 점에 귀 기울일 만큼의 여유가 없다면 우리는 여전히 각성과 뾰족함의 시간을 살고 있을 가능성이 크다.

행위자성(agency)

　인류학 연구는 인간의 예상치 못한 모습을 찾아내, 그것을 행위자성(agency)이라고 부르고, 행위자성을 수집하는 데 초점을 맞춘다. 천부장은 왜 35년을 평범하다고 여기고, 삼성전자 부장인 자신의 위치를 이야기할 것이 없다고 주저했을까? 인간은 스스로 어떤 형식과 제도, 가치 속에서 행동을 평가하기 때문이다. 회사의 경영이념이 글귀로 적혀 있지만, 사람들은 그 회사에 모여서 경영이념대로 행동하지 않는다. 자신의 이익에 집중하는 사람도 때론 자신의 명예욕이나, 이기심 같은 이해관계 안에서 양보하기도 한다. 그 동기가 무엇이든 자신이나 공동체가 우선하거나 꺼리는 행동을 보이는데, 그 행동에는 개인의 심리 혹은 순간의 감정, 합리적 판단, 제도 등 다양한 원인이 있다.

　인류학에서 행위자성을 발굴하기 위한 대표적인 방법론이 질적 연구이다. 통상의 학문에서는 상대 비교가 가능한 지표나 응답이 정해진 객관식 설문을 통해서 양적으로 수치화, 정량화를 시도하며 이를 통해 연구자가 세운 가설을 통계적 방식으로 검증한다. 이를 양적 연구라고 부른다. 인류학에서도 양적 지표를 드물게 활용하기도 하지만 대체로 인류학은 대상의 말이나 행동을 수치화하기보다는 이야기를 구성한다. 이를 질적 연구라고 한다. 양적 연구가 사회를 명징하게 설명한다는 이들도 있으나, 밋밋한 숫자와 지표는 프로크루스테스(Procrustes)의 침대처럼 규정화하고 익숙하게 해서 새로운 모습을 발굴해내기는 어렵다. 한 인간을 설명하려면 온갖 학문이 필요한 것처럼 인류학의 행위자성을 통해 인간의 보편성과 특수성을 조망할 수 있다.

참고도서 코린 글레스닌, 안혜준 옮김(2017), 『질적 연구자 되기』 아카데미프레스.

인간에 대한 예의

    몇 번의 만남이 이어진 어느 날, 우리는 중국집 구석에 자리를 잡았다. 탕수육과 짬뽕 국물에 곁들여 소주를 한 병 시켰다. 후루룩 쩝쩝거리며 중간중간 잔을 부딪치다 보니 어느새 소주 두 병째가 됐다. 그의 얼굴이 서서히 발그레해졌다. 나도 얼굴색이 달라졌을 것이다. 식사 전에 그와 인터뷰하는데, 그가 여전히 자신의 평범함과 부족함을 탓하거나 그러면서도 회사를 옹호하는 이야기가 지겨워 나도 몰래 하품했던 죄송함이 몸속에 남아 있었다. 그 죄송함이 술에 흘러나올 때쯤, 나는 그의 여전한 모습이 존경스럽다며 말을 꺼냈다.

    그에게서 커피를 앞에 놓고 말할 때와는 다른 이야기가 흘러나왔다. 커피가 사라지고 술이 앞에 놓인 저녁, 중국집 구석의 약간 열린 창문으로 겨울비가 그치고 시원한 바람이 불어왔다. 그와 나는 외투를 벗어놓고 대화를 이어 나갔다. 옷을 벗듯 그에게서 삼성이라는 이름이 사라진다면 무엇이 남게 될까? 오직 그의 것이라고 할 수 있는 지식과 기술은 무엇일까? 그의 일과는 어떻게 쌓이고 또한 흘러온 것일까?

천 준영 선생이랑 회사에 잠깐 같이 있었지마는, 준영 선생이 회사를 그만둘 때, 연락도 못 했어. 그렇지만 가끔 생각나더라고. 그런데 이렇게 인터뷰하면서 또 만나게 되고….

박 인연이죠.

천 그런 것 같아.

박 회사생활하면서 그런 사람 몇 사람 있으면 되는 거 아니겠어요.

(중략)

천 준영 선생이 "부장님 한 잔할까요?" 하니까 너무 좋더라고. 내가 이상한 사람은 아니구나 생각했지.

나는 10년간 다니던 회사를 그만둔 뒤, 갑자기 회식 자리가 그리운 적이 있었다. 강의를 마치고 수원 영통의 서울로 향하는 버스 정류장에서였다. 천부장이 알고 지내는 교육업체 대표가 강사를 급히 구한다면서, 반도체 기술과 관련해 외부 강의 이력이 전혀 없던 나를 소개해줬다. 그 덕분에 나는 회사를 나와서도 제대로 된 밥벌이를 할 수 있었다.

회사생활을 하는 데에는 백만 가지 이유가 있다. 대부분은 먹고살기 위해 다닌다고 말한다. 그렇지만 먹고살 방법은 직장생활이 아니라도 무수히 많다. 아마도 회사생활을 계속하는 이유는 그 생활이 괴롭기도 하겠지만 외롭지 않기 때문이 아닐까. 수원 영통은 삼성에 다닐 때 자주 갔던 회식 장소였다. 나는 서울로 가는 버스 정류장 앞 허름한 화장실로 들어갔다. 거울 속에 몇 년 전 얼굴이 벌겋던 내가 있다. 회사를 그만두기로 마음먹었던 그때, 회식은 너무도 쓸모없어 보였다. 회식 자리에서 두 손으로 잔을 움켜쥔 채 건배사를 하는 상사를 간절한 눈빛으로 바라보는 대리가 미웠다. 상사가 일장 연설을 늘어놓는데 그것을 금과옥조라도 되는 양 일회용 젓가락으로 메모하는 시늉까지 하는 대리가 때론 존경스러웠다. 관심도 없는 서로의 건강과 가족 이야기를 묻다가, 결국에 회사 일을 강조하고 부동산이라는 막다른 골목으로 빠졌다가 이내 아무런 기약도 없고, 기억도 없이 시간은 흘러간다. 그 거울 앞에 강의를 마치고 내가 서 있었다.

천　나는 사람들 대하는 게 어려워, 사람들이 나더러 너무 공명정대하고 FM이래. 나는 부정부패, 가식, 말이 앞서는 거, 그런 걸 용납못 해. 어떤 상사는 내 진심을 잘 모르더라고. 동료나 부하 직원들에게 해를 끼치는 행위, 나는 그걸 못 해. 그 원칙 때문인지 술 마시는 게 안 되더라니까. 마셔보려고 많이 노력했어. 그런데 술을 적당히 먹게 되지 않아, 2차까지 가다 보니 내가 항상 취해. 사람들이 천기주 또 취했네! 그러더라고.

박　먹이는데 그럼 어떻게 해요?

천　그 양반들은 폭탄주를 마시고도 2차를 가. 그래도 끝까지 표시가 안 나더라고. 해롱대지 않고, 무엇보다 얼굴에서 표정이 안 드러나고. 나는 잘 드러나거든, 화난 것처럼. 이 양반들은 살갗이 두꺼운지, 자기표현을 잘 안 하는 건지 ….

얼굴이 벌게진 그를 바라보는 사람들이 있다. 게다가 그들은 회사생활을 오랫동안 해온 술자리 베테랑들이다. 술자리에서 나름의 이야기를 만드는 방식과 기상천외한 숙취 해소법까지 가진 이들이다. 어떤 이들은 숙취 해소 음료를 인원수에 맞게 사 온다. 저렴하게는 아이스크림도 있다. 건배사 추천 애플리케이션에서 건배사를 찾아 몇 개씩 외우고 다니는 사람이 있고, 강력한 맛집 리스트를 가지고 있거나 음식에 민감해서 끊임없이 이야기를 만들어가는 이들이 있다.

그는 원칙을 중요시한다. 한 것은 했다 하고, 못한 것은 못했다고 말한다. 그와 대화할 때 회사를 생각하는 진득한 마음이 강하게 느껴졌다가도 그게 진짜일까를 의심하기 미안할 정도로 확신에 차 있던 모습이 떠올랐다. 과연 회사생활의 진정성은 어떤 의미도 없는 것일까? 앞에서 말한 『후흑학』을 내밀고, "회사생활 별거 없어, 굳이 뭐 하러 부서를 옮기려고 해?"라고 되물었던 고위 임원들의 이야기와 맞닿는 지점도 있다. 그는 회사생활에서 정말 호기롭게도 자기 색깔을 드러내려 했다. 그러면 상사는 불편해한다. 회사에서 혼자만이 품고 있는 진정성은 어떤 효과를 낼까? 자신만의 공명정대는 어떤 설득지점이 있을까? 검은 속내를 드러내지 않고 적당한 관계를 유지하거나, 에둘러서 좋은 표현으로 감싸는 것이 타인의 마음을 어색하지 않게 할 수도 있다. 그렇게 적당한 거리를 유지하는 술자리에서 그는 자신이 옳지 않다고 생각하는 일에 욱하거나 직언을 퍼부었다. 적당히 가면을 쓴 생활, 술을 먹으면 얼굴이 달아오르는 또 하나의 이유이기도 하다.

인간 언어가 어디서부터 출발했는지를 묻는 연구는 크게 양 갈래로 나뉘어 있다. 하나는 선사시대 사냥 유래설이다. 그 시절 사냥할 때는 지금처럼 무기가 발달하지 않았기 때문에 목숨 걸고 사냥에 뛰어들었다. 그래서 매우 정교하게 의사소통하면서 언어가 발달했다는 주장이다. 다른 하나는 엄마가 아이를 키우며 다양하고 섬세하게 사랑을 표현하는 과정에서 언어가 발달했다는 주장이다. 한쪽은 두려움의 언어이고, 다른 쪽은 사랑의 언어이다. 나는 후자 쪽으로 마음이 기운다. 그런데 기원과 관계없이 언어는 오랜 시간 몇몇이 쓰던 부족의 언어가 지금은 한 국가나 문화를 대표하는 표준어가 되었다. 아이를 키우기 위한 사랑의 언어가 국가를 통치하고 형벌을 집행하는 권력의 언어로 바뀐 것이다.

인간관계는 두려움을 기반으로 하는가, 사랑과 신뢰를 기반으로 하는가? 어느 한쪽으로 마음이 기울 수는 있으나, 명확하게 규정지을 수는 없다. 내가 사랑이라고 말했던 표현이 타인에게 불편함으로 다가올 수 있다. 두려움의 표현이, 누군가에게는 자신을 지키는 성찰의 의미가 될 수도 있다. 그 표현의 두터움을 조금 더 말갛게 드러내는 술은 오랫동안 작용했던 관계의 마중물이면서 동시에 관계의 매듭을 끊어버리는 날카로움도 있다. 그 복잡한 의미망 속에 언어를 교환하는 인간관계가 맺어져 있고, 관계의 총체로서 외로움과 괴로움 사이에 사람들이 모인 회사가 있고, 회사와 개인의 가치를 풀어놓거나 냉정하게 내칠 수단으로 술이 있다.

그와 알게 된 시간, 그리고 이야기 나눈 시간이 몇 잔의 커피와 술을 통해 몸속으로 흘러 들어간다. 각성과 혼돈, 냉정과 열정이 섞여 있다. 그 말들은 공감과 격론, 차이와 존중 속에서 다른 이야기의 씨앗이 된다. 그의 토양에 내리는 땀의 언어가 시작되는 것이다.

라포

라포는 두 사람 사이의 의사소통에서 친밀감이나 신뢰가 바탕이 된 감정적으로 이어진 관계이다. 천부장과 나, 선배와 후배이며 연구 참여자이자 연구자이며, 동료이고 술친구이며 업무 파트너이다. 복잡하게 엮여 있다. 인류학 연구가 연구 참여자의 이야기를 중심으로 이루어지다 보니 연구자들은 사람들과 많은 대화를 한다. 대화는 옆에 앉아 있는 사람과 나의 관계에 따라서 그 질감이 달라진다.

인류학 연구에서 파생된 표적집단면담(Focus Group Interview, FGI)처럼 연관성이 있는 이들과 집단면담은 질문의 방식으로서는 인류학의 대화와 유사한 방식을 보일 수 있으나, 그 목적과 방향에 있어서 차이를 보인다. 면담 대상이 한정된 시간에 자신의 속마음을 드러낼지 알 수 없고, 면담의 결론이 이미 정해져 있어 자신의 논리를 강조하는 도구로 활용될 수 있기 때문이다.

대화하는 대상과 그 이야기가 연구의 도구가 되는 일은 연구자로서 상당한 책임감과 부채 의식을 동반한다. 오랜 시간이 걸리더라도 그것을 보완할 수 있는 것이 바로 연구자와 대상, 곧 연구 참여자 사이에 감정적 연대인 '라포'이다. 기술이 아무리 발달하더라도 대화를 구성하는 사람 사이에 신뢰와 믿음이 없다면 대화는 겉돌고 심도 있게 구성될 수 없다. 인류학 연구에서 라포는 아무리 강조해도 지나치지 않다.

참고도서 윤택림(2013), 『문화와 역사 연구를 위한 질적 연구 방법론』 2부 4장, 아르케.

2부

천재경영의 시대

반도체, 0과 1의 기적

  반도체半導體는 무엇일까? 국립국어원 표준국어대사전에 따르면 반도체는 "상온에서 전기 전도율이 도체와 절연체의 중간 정도인 물질"을 말한다. 누구는 절반은 도체, 절반은 부도체절연체라 하고 어떤 이들은 필요할 때 신호를 전달할 수 있는 전자소자라고도 한다. 반도체는 스위치와 같이 켜지고, 꺼지면서 0과 1이라는 값을 표현할 수 있다. 논리는 물론, 인간의 언어도 컴퓨터가 이해할 수 있는 16진법 유니코드로 바꾸고, 이를 2진법 0, 1로 변환할 수 있다. 이미지, 영상 또한 RGBRed, Green, Blue를 16진법으로 바꾸어, 0, 1로 변환한다. 0과 1은 궁극적으로 모든 정보 표현을 가능하게 한다.

  영화 〈이미테이션 게임〉에서 고뇌하는 수학자 앨런 튜링은 0과 1의 기계식 스위치를 개발해, 복잡하기로 정평이 난 독일군의 암호해독을 가능케 했다. 그 덕분에 암호화된 독일의 전략을 풀 수 있었고 제2차 세계대전의 종전을 앞당기는 데 크게 기여했다는 평가를 받는다. 제2차 세계대전이 연합국의 승리로 끝난 뒤, 앨런 튜링은 국가의 명운에 일조했음에도 불구하고, 국가는 그의 성적 취향을 들어 폭력을 행사했다. 그는 연구를 계속하기 위해 감옥에 가는 대신 화학적거세를 택했지만 1954년 죽음을 맞았다. 그가 청산가리사이안화칼륨를 넣은 사과를 먹고 세상을 떠났다는 설이 있지만 분명한 사인은 밝혀지지 않았다. 1966년 '컴퓨터과학의 노벨상'이라 불리는 튜링상Turing Award이 제정되어 컴퓨터과학 분야에서 탁월한 업적 거둔 그를 기리고 있다. 그를 억누르던 곳에서 그의 이름이 영원히 남았다.

앨런 튜링의 발명품에 이론적 기반을 제공한 이는 그의 동료 클로드 섀넌이다. 그는 '모든 정보는 0과 1로 표현할 수 있다'는 명제를 제시했다. 클로드 섀넌의 이론 아래 앨런 튜링의 기계식 스위치를 시초로, 에니악ENIAC이라 불리는 진공관에서, 트랜지스터라는 소자로 발전했다. 트랜지스터가 발명된 이후 모든 정보가 0, 1로 표현 가능한 전자산업은 급격히 발달했고, 집적회로Integrated Circuit, IC를 통한 트랜지스터 대량생산방식은 '반도체 제조'라는 독특한 형태의 산업을 창출해냈다.

반도체 산업을 이해하기 위해 다시 반도체의 정의로 돌아가 보자. 반도체는 0과 1로 정보를 전달할 수 있는 전자소자이다. 그렇다면, 이 정보는 어떤 물질적 기반을 갖추고 있을까? 앨런 튜링의 시기에는 기계식 스위치가 고장 나면 스위치를 니퍼와 펜치로 고치면 된다는 것을 알았고, 진공관은 필라멘트가 꺼지는 것을 보고 고장을 알았다. 그러나 트랜지스터가 눈에 보이지 않지 않을 정도로 미세한 스위치가 되어버린 지금, 사람들은 반도체를 보고 0, 1이라는 정보의 물질적 기반을 잊어버릴 때가 많다.

태초에 말씀이 있어, 그 말씀으로 천지 창조가 이루어졌다는 종교적 언어와 별반 다르지 않다. 종교적 취향을 차치하고, 이제 과학의 발달로 사람들은 물질과 에너지가 서로 호환된다는 것을 알게 되었고, 햇살 좋은 날에 내 등이 따뜻해지는 이유가 '빛'이라고 불리는 에너지이자, '광자'라는 '입자'의 반복된 등 마사지 때문임도 알게 되었다. 광자를 닮은 입자가 곧 전자이다. 광자는 에너지가 있을 뿐 질량이 없어 한없이 가볍다. 전자는 광자를 닮아 아주 가볍지만 질량과 에너지를 모두 가지고 있다. 반도체의 핵심 소자인 트랜지스터는 그 전자의 이동을 에너지로 미세 조정해서 0, 1의 정보 처리와 저장을 가능하게 했다. 트랜지스터는 실리콘과 다양한 원자, 그리고 전자라는 물질적 기반을 가지고 있다.

물질적 기반을 고려해 반도체의 정의를 다시 내린다면, '물질과 에너지를 통해 전자의 이동을 조정해서 정보를 관리하는 소자'라고 할 수 있다. 그러므로 반도체 산업은 근본적으로 물질을 다룬다. 트랜지스터는 태초의 말씀처럼 둥둥 떠 있는 것이 아니라, 물질에 기초한다. 삼성전자 반도체는 '첨단, IT' 등의 수식어가 붙지만, 근본적으로 물질을 다루는 제조업 회사이다. 화력발전에서 화석연료의 화학에너지를 운동에너지로 전환해서 전기를 생산하고, 원자력발전에서 핵분열을 통한 화학에너지를 운동에너지로 전환해 전기를 생산하듯이, 반도체는 전기에너지로 반도체의 전자 이동을 조절한다.

0, 1의 정보를 더 많이 저장하려는 반도체가 메모리반도체이고, 정보를 좀 더 빨리 처리하려는 반도체가 시스템반도체이다. 이 두 가지 반도체는 0, 1을 저장하고 처리하는 기술발달에 힘입어 급격히 발전해 왔다. 거기에 고든 무어의 인텔 창업은 반도체 기술발달을 가속화했다. 이쯤에서 현재 스마트폰을 가지고 있는 분들이라면 제품의 물질적 기반에 대한 이해로서 '무어의 법칙Moore's law'을 알고 가시기를 제안한다. 고든 무어는 반도체 개발 초기인 1960년대 한 인터뷰에서 반도체가 1.5년에서 2년 만에 성능이 2배씩 좋아지는 것 같다고 말했다. 그가 인터뷰에서 언급한 이야기가 어느 순간 법칙이 되어, 수십 년간 반도체 산업 종사자들과 반도체와 연관된 수많은 산업 종사자들에게 고통을 수반했다. 어떤 이는 무어의 법칙을 '반도체인의 눈물'이라고도 표현했다.

삼성전자 반도체에도 그런 법칙이 있었다. '반도체 제품의 성능이 1년에 2배씩 증가한다'는 것이 주요 골자인 '황의 법칙Hwang's law'이다. 무어의 법칙보다 1.5배에서 2배나 기간을 단축한다는 것이었다. 그것은 한마디로 '야근'하라는 의미였다. 나는 반도체연구소에서 황의 법칙을 달성했던 부서에서 회사생활을 시작했다. 한 해의 노동에 대한 수고를 기념하라는 휴가는 7월 전후로 미리 다녀와야 했고 추석 즈음에는 세계 최초의 메모리반도체 개발을 발표하기 위해 매일 저녁 8시 30분에 미팅이 있었다. 토요일과 일요일 교차 출근은 필수였는데, 그것도 누군가가 과로로 쓰러져서 주말 근무를 조정한 결과였다.

1년 전보다 성능이 두 배 향상된 반도체를 개발한 후에는 그 결과를 특허와 논문으로 제출하거나 양산 이전을 위한 물 샐 틈 없는 업무가 기다리고 있었다. 가을은 결실의 계절이라고 하지만 회사를 그만두기 전까지 결실은 마르지 않는 샘이었다. 반도체의 성능 향상에는 그 샘을 퍼다 나르는 수많은 손과 발, 몸이 감춰져 있다.

반도체 성능의 발달은 주로 '미세화'에 좌우되는데, 그것은 어떠한 법칙을 따른 것이 아니다. 미세화는 그 당시 반도체의 소재와 부품, 장비, 그리고 사람들의 몸이 최적화되어 어떻게든 만들어야 했던 수많은 시도와 오류의 결과물이다. 미세화는 동일한 면적에 동일 성능 혹은 더 향상된 성능의 트랜지스터를 더 많이 꽂아 넣어야 한다는 뜻이다.

아주 오래전, 회사의 조직력 강화행사에서 신문지를 계속 반으로 접어가면서 그 위에 여러 명이 서는 게임을 한 적이 있다. 함께하고 싶지 않은 사람과 처음에는 어깨동무만 하다가 신문지 면적이 점점 좁아지면서 발끝마저 세우고 옆 사람의 숨소리마저 들어야 했다. 좁은 면적에 동일 성능의 트랜지스터를 꽂아 넣는 제조업은 옆 사람의 숨소리를 듣는 것보다 더 고약한 일이다.

결국, 2017년을 기점으로 무어의 법칙은 더는 유효하지 않게 되었고, 그에 앞서 2008년 이후 삼성 반도체의 사장단 교체를 통해 황의 법칙도 사라지게 되었다. 1960년대부터 무어의 법칙을 주창하며 반도체의 기하급수적 발달을 이끌었던 고뒴에 덧붙여 1980년대 후발주자로 반도체 산업에 뛰어든 삼성은 사계절 내내 여름 같은 땀을 흘리지 않을 수 없었다.

그는 반도체 제조 현장의 맨 마지막 단계에 있었다

박 부장님은 아픈 적 없어요?

천 신장이 망가졌어.

박 제조 있을 때?

천 그렇지. 30대 후반까지, 제조에서 72시간 연속 근무하고, 야근하고 나면 졸음이 쏟아지는 거야. 너무너무 피곤하고. 나중에 종합 검진제가 생겨서, 검사하니까 왼쪽 신장 기능이 저하됐더라고. 그동안 열정을 다해 일했어. 사십 대까지는 희망으로 열심히 했지. 살기 위해서 혁신으로 왔는데 숨이 턱턱 막히더라고. 그러다가 광교산에 갔는데, 눈앞이 깜깜해지면서 휘청했지.

박 전조증상이었네요.

천 그런 셈이지, 광교산에 갔는데, 땀이 너무 많이 나는 거야, 도리없이 정상에서 두어 시간 꼼짝하지 않고 우두커니 있었어. ○ 상무님 계실 때 설악산으로 부서 조직 강화 훈련을 갔잖아. 산에 오르면서, '아, 내가 이렇게 체력이 저질이구나, 앞으로 부장으로 진급하려면, 체력을 관리해야겠구나' 느꼈지. 뒤처지니까 너무 창피하더라고.

그는 술이 약하다. 딱딱하고 철두철미하다는 평을 받으며 빡빡하게 생산량을 챙겼던 직무의 결과이기도 하다. 원래 그는 감성이 충만한 사람이다. 커피도 맛과 향을 미세하게 느끼고 즐기지만 일을 하면서는 엄격하고 냉정하다는 평가를 받았다. 오줌에 피가 섞여 나오고 머릿속이 멍해지는 72시간 연속 근무, 1년에 3일 만 쉬었던 기억을 그는 여전히 간직하고 있다.

그는 삼십 대까지 반도체 제조 현장의 맨 마지막 단계에 있었다. 그가 최종 검사를 통해 양품良品과 불량품을 구분하면, 입고된 양품은 곧 고객에게 직접 송달되는 생산량을 의미했다. 월말에 그가 양품의 출하량을 맞추지 못하면 바로 고객의 불만이 터져 나온다. 그렇다고 불량품을 출하할 수는 없다. 그래서 양품의 출하량을 맞추기 위해서 갖은 애를 쓴다. 일일이 검사설비를 오가며 물량을 더 투입한다. 지금은 광학장비가 자동으로 양품 여부를 판정하지만, 그가 반도체 생산 라인에서 뛰어다니던 때에는 맨눈으로 양품 여부를 확인했다. 수많은 생산직 직원의 눈이 피로로 지쳤을 때, 그들에게 으름장을 놓고 다독이기도 하면서 그는 생산량을 맞추려 노력했다. 마음의 안정을 찾으라며 음악도 틀고, 눈에 좋다며 육안 검사실 벽을 녹색과 오렌지색으로 바꾸기도 했다. 그는 왜 그렇게 정성을 다했을까. 그는 단순히 '열정'이었다고 말한다.

그도, 나도 365일 24시간 멈추지 않는 반도체 제조 현장에서 일했다. 왜 반도체 제조 현장은 한 틈도 쉬지 않을까. 자동차 제조 현장처럼 연말이면 셧다운이라도 하고 휴가를 가야 하는데 말이다. 여기에는 반도체 제조만의 특이성이 있다. 반도체 제조는 '화학반응'을 전제로 한다. 그가 일했던 후공정에 앞서 전공정이라고 불리는 제조 절차가 있다. 앞에서 반도체는 물질에 전기에너지를 가해 전자 이동을 조정한다고 설명했다. 이 물질의 흐름을 중간에 정지하면 복구가 만만치 않다. 물론 생산 라인을 정지하면 복구 비용이 발생해 회사에 손해가 될 뿐, 그에게는 크게 문제 되지 않는다. 그럼에도 제조 현장에서 물량을 맞추려 이리저리 뛰어다니던 그의 몸짓을 상상할 수 있다.

반도체가 극히 미세한 면적의 트랜지스터를 만들기 때문에 조금이라도 제조 현장에 불순물이 있으면 불량이 발생한다. 그래서 코로나 시대에 일상생활을 하면서 마스크를 썼던 것처럼, 제조 현장은 먼지 발생을 막으려고 방진복과 방진화, 방진 모자, 방진 속바지를 비롯해 방진 마스크까지 쓴다. 심지어 손에서 나오는 땀을 막으려고 면장갑에 비닐장갑까지 낀다. 그런 상태에서 라인을 오가던 그의 마스크에 땀이 찬다. 방진 모자 사이로 삐져나온 머리카락에 땀방울이 맺히고, 방진 모자는 땀에 젖어 피부색이 투명하게 보일 정도다. 투명한 방진복을 사이에 두고 그의 이마와 내 이마가 만난다.

사십 대에 그는 '희망'으로 일했다고 말한다. 그는 삼성에서 일하며 흘렸던 땀의 결과로 '사십 대인 나도 무엇인가 이룰 수 있다' '회사와 함께 성장한다'는 굳은 믿음을 가졌다. 삼성의 변화하는 경영방식을 따라가며 수많은 부침이 있었지만, 그는 그것을 성장한다는 기쁨으로 여겼다. 그렇지만 변화를 좇아가다 피로가 쌓였고, 사십 대에 부서 조직력 강화행사인 산악등반 때 낙오할 뻔했다. 나도 함께했던 금요일

밤에서 토요일 오후까지 진행된 설악산 등반이었다. 일과를 마치고 금요일 자정 무렵 설악산 오색약수터에 도착해 칠흑 같은 어둠 속에서 산에 올랐다. 하산 길에 수많은 계단을 내려오다가 그는 지쳤고 일행보다 두 시간이나 늦게 식사 장소에 도착했다. 그랬으면, 왜 주말까지 할애해서 이렇게 힘든 코스를 잡고, 빡빡하게 일정을 강행하느냐며 조직력 강화행사에 불만을 표할 법도 한데, 그는 오히려 그 행사가 고맙다고 했다. 그가 회사에서 성공의 징표인 부장이 되려면, 이겨내야 했기 때문이다. 다른 방법이 없었다. 삼십 대의 과로로 술이 약해졌지만, 술도 이겨내야 했고, 생산량을 맞추려고 까다롭게 굴어서 생긴 성격의 소위 '드라이함'이 결점으로 작용했지만 그마저도 극복하고 그는 다시금 변신해야 했다. 변신을 위해서는 너무나도 많은 땀이 필요했다.

클로드 섀넌, 앨런 튜링의 '이론'적 토대와 황의 법칙과 무어의 법칙이라는 '말'이 반도체 기술의 급속한 발달에 중요한 원동력이 되었음을 인정하지 않을 수 없다. 그러나 말은 공기라는 매질이 없다면 누구에게도 전달될 수 없고, 이론도 글자라는 물질적 토대와 그가 땀 흘려 가꿔온 공통의 언어라는 형태가 없으면 누구도 알아들을 수 없다.

반도체 이론은 지각의 대표적 구성 물질인 규소와 산소라는 원소의 결합으로 가능했다. 인간은 지구 구성 원소의 절반 이상을 차지하는 규소와 산소를 손과 발, 머리라는 온몸을 동원해 이리저리 배열하고, 필요한 금속원소를 끌어다, 디지털 신호 전달 도구인 반도체를 만들어냈다. 반도체는 인간이 속한 지구라는 첫 번째 자연을 벗어난 두 번째 자연Second Nature의 핵심이 되는 요소이다. 지구상에 가장 흔한 물질로 새로운 자연까지 창출해온 땀은 두 번째 자연을 창조한 가장 중요한 아교와 역청이다.

주체의 문제

다양한 연구들은 물론 사람들은 대화 속에서 무엇인가 '법칙'을 만들어내려는 경향이 있다. 과학기술의 발달로 신의 자리를 인간의 이성이 대신했다. 문장이나 수식으로 표현되는 이론은 아주 명료해서 신을 대신해 세상을 다 설명할 수 있을 것처럼 보인다. 혈액형, MBTI, 온갖 데이터가 집약된 인공지능의 딥러닝마저 '무엇이 무엇이다'라고 규정한다. 규정의 궁극적 목적은 효율이라고 볼 수 있다. 나와 타자의 성향을 빨리 판단해서 그에 맞는 실천을 진행하려고 한다. 그런데 그 규정으로 한 인간을 모두 설명할 수 있을까? 규정된 대상이 '나는 아닌데요?'라고 반문한다면 그 규정은 모조리 탈락할 수 있다.

동시에 '대상은 과연 인간으로만 한정되어야 하는가'라는 질문에 인류학은 오랫동안 대안을 제시해왔다. 인간 외의 대상을 도구로 생각한 서구의 근대적 사고와 달리, 인류학이 다른 세계에서 만난 사람들은 자연과 교감하며 인간 이외의 존재를 인간과 동등한 대상으로 여겨왔다. 인류학이 인간을 넘어서고, 인간과 비인간의 연관성을 고려하게 된 것이다. 또한 근대 학문이 인간의 이성과 절대정신을 강조하던 때에도 인류학은 인간의 마음보다 몸을 관찰하며 무한보다 한계를, 권력보다 저항의 장면을 발굴해냈다. 대상으로서 인간과 비인간, 정신뿐만 아니라 신체를 연구하며, 인류학에서 대상은 늘 새롭게 구성된다.

참고도서 브뤼노 라투르, 홍철기 옮김(2009), 『우리는 결코 근대인이었던 적이 없다』, 갈무리.

반도체라는 마법의 비밀

그는 해안이 아름다운 호남의 한 바닷가 마을에서 태어났다. 바닷가 절경은 오랜 세월 수많은 풍화작용의 결과다. 바닷물과 바람은 약한 지각에 작용해 해식동굴과 주상절리를 만들어낸다. 규소와 산소는 뜨거운 맨틀과 화학작용이 일어나는 지각에서 수많은 원소와 결합해 다양한 빛깔의 광물을 만들어낸다. 원소는 끝없이 재배열되고 광물은 계속 변한다.

트랜지스터 발명 이후 반도체 산업을 두고 모래를 퍼다가 장사한다는 소문이 돌았다. 그 말이 틀리지 않는 것이 지구상에서 가장 많은 수소와 규소가 모래의 주성분이고, 반도체 산업도 그 중심원소를 활용해서 집적회로의 대량생산체계를 만들어나갔기 때문이다. 이제 아날로그가 아닌 디지털 신호로서 정보를 전달하게 되었다. 아날로그와 디지털의 가장 큰 차이는 디지털이 무한 복제가 가능하다는 점이다.

무한 복제의 가능성은 정보의 생산성과 접근성을 높였으며, 가공 편집에 있어서 무한한 가능성을 가져왔다. 반도체 제품들은 디지털 신호의 저장과 처리가 전 지구적으로 필요해지면서 무한한 수요를 창출하게 된 것이다. 어떤 이들은 무한한 기술발전 가능성을 긍정하면서, 2037년이면 반도체를 기반으로 하는 인공지능이 인간의 지능을 능가하는 특이점에 도달할 것이라고 믿는다. 그들은 인간이 인공지능 기술의 발달로 영생할 수 있거나, 인공지능과 결합해서 지능수준이 높아지거나, 인공지능이 인간을 도구화해서 인류가 종말을 맞을 수도 있다고 예견한다. 인류가 만들어낸 정보의 무제한이 이제, 정보에 의한 인간의 한계로 바뀌었다. 반도체와 전자제품의 성능이 급속하게 발달할 것이라는 청사진의 결과는 인간이 행복에 이를 수 있다는 유토피아와 인간이 기계에 예속되고 생체연료로 쓰일 것이라는 디스토피아다. 그 뚜렷한 명암은 물질 아래에서 교차한다.

나는 2005년에 삼성전자 반도체연구소의 신입사원이 되어서 그 시절의 최신 제품 개발을 담당했다. 그때 반도체 제품의 미세화 정도는 56나노미터였다. 1나노미터 크기는 머리카락 굵기보다 훨씬 가늘어서, 10억 분의 1미터에 해당한다. 매우 작아서 눈에 보이지 않는 미세한 반도체 개발에 1년여 시간을 보내고, 연구개발 결과를 논문과 특허로 내려는 찰나였다. 그때 내 지도 선배가 했던 말이 아직도 기억난다.

준영아, 몇 년 뒤 반도체가 30나노미터가 되면 한계에 부딪혀, 진짜 할 게 없다. 여기 기흥과 화성 반도체 설비가 모두 없어지고 골프장이 될 거야. 네가 지금 이러고 있을 때가 아니다. 어서 그만두고, 한의대 시험이나 다시 봐라.

그의 농담 섞인 이야기는 어찌 보면 대리급의 경험 속에서 현재 일의 따분함이 묻어난 조언이었을 것이다. 2000년대 후반에는 한의대가 의대보다 더 주목받고 인기가 있었지만, 나는 선배의 조언처럼 도전하지 못했다. 지도 선배가 나를 걱정한 마음에도 불구하고, 반도체 라인은 기흥을 넘어 화성으로 계속 늘어나고 있으며 평택과 해외까지 확장되고 있다. 그 선배는 삼성이 아닌 하이닉스반도체로 이직해서 부장이 되어 연구개발에 전념 중이다. 나는 같은 시기에 대학원에 다니는 친구로부터 자기 교수가 반도체 5나노미터 트랜지스터를 개발했다는 얘기를 들었다. 그리고 그 당시 『네이처Nature』에는 UCLA대학교에서 생물의 전기전달 신호를 기반으로 하는 바이오 반도체 1테라바이트Terabyte, TB 용량을 만들었다는 논문이 게재됐다. 1테라바이트면 삼성에서 연구하는 반도체 1기가바이트Gigabyte, GB보다 1,000배의 용량을 탑재할 수 있다. 그런데 갓 연구개발 직무 1년 차인 나는 머릿속으로 바로 되물었다.

그러면 제조는 어떻게 할 건데? 현재 생산 라인에 깔린 수많은 실리콘 기반 반도체 장비는 어떡하고?

대학 실험실의 연구가 산업화하기까지는 긴 시간이 필요하고, 산업화를 맡는 기업들은 학계의 결과를 그대로 받아들이지 않는다. 기흥과 화성, 그리고 평택까지 손을 뻗친 엄청난 규모의 반도체 생산 현장에는 수백조 원에 가까운 비용이 투자되어 실리콘 기반의 반도체를 생산하고 있다. 탄소를 기반으로 한 유기물인 인간과 실리콘 기반의 무기물 반도체는 그렇게 엉켜 있다. 예전부터 학계에서 연구해온 바이오 반도체가 상용화가 되려면 모든 생산설비도 바뀌어야 하지만, 무엇보다도 실리콘 기반의 반도체와 탄소 기반의 바이오에 대한 심정적 두려움부터 바꿔야 한다. 반도체 라인에서 인간이라는 유기물이 가장 큰 불량 요인이기 때문이다. 그래서 반도체 개발은 실리콘을 기반으로 여전히 그 방법론을 유지하면서 꾸역꾸역 만들어지고 있다. 이것을 전문적인 용어로 쓴다면 '경로 의존성'이다.

전자제품 회사들과 일반 소비자들은 반도체를 디지털 신호의 총아라고 여길 것이다. 하지만 반도체를 생산하는 곳에서는 물질과 에너지를 다루어, 실리콘 웨이퍼를 만들고 거기에 회로를 그려내고, 깎아내고, 필요한 물질을 담는 과정을 약 900회 이상 거치는 아날로그 작업을 해야 한다. 반도체 소비는 디지털, GB 기가바이트, GHz 기가헤르츠를 말하겠지만, 반도체 생산은 설비유지보수, 웨이퍼 화학공정, 원자재의 이동, 곧 아날로그가 핵심이다. 그동안 반도체 산업은 첨단 IT 산업, 글로벌 선도 산업, 모래에서 디지털 신호를 만드는 소위 '마법사의 돌'로 윤색됐지만, 그 마법은 몇 마디 주문으로 완성되는 것은 아니었다.

삼성전자 특히 반도체는 1983년부터 현재까지 놀라울 만한 매출과 이익률로 글로벌 최고 수준의 성장을 보여주었다. 이건희 전 회장의 리더십, 사업부 전문경영, 그룹 컨트롤타워 미래전략실의 조정과 같은 회장 중심의 삼각편대가 성공의 비결이라는 분석이 설득력이 있다. 혹자들은 때론 그 주장에 설득되는 척하기도 한다. 어떻게 삼성전자 반도체는 그처럼 엄청난 성장이 가능했을까? 삼성전자 반도체의 빛나고 자랑스러운 이야기와 위기에 봉착해서 그것을 돌파한 내용을 다룬 책들이 서점 진열대에 즐비하다. 그 책들에서는 간단한 문장으로 성공의 바탕에 '임직원들의 헌신적인 노력'과 '추격자에서 선도자가 되기 위한 병행 개발'을 대충 써놓았다. 하지만, 실제적인 기여의 근거를 추적하는 노력은 물론 그 방식이 지속될 수 있겠느냐는 의문을 말하지 않는다.

삼성전자의 시간 속에는 이건희 전 회장 취임 전후였던 1980년대 후반에서 90년대까지, IMF를 지나 소니를 누르고 아시아 최고의 전자 회사가 된 2000년대, 그리고 금융위기 이후 또 다른 성장의 결과를 만들어내며 '글로벌 Top 5' 브랜드로서 전자업계 1위가 된 2010년대가 있다. 2020년대 초반, 삼성은 어떤 복잡한 경험 아래, 미래를 생각하며 하루를 어떤 방식으로 지나가고 있을까?

여기 한 사람이 있다

여기 1988년, 삼성반도체통신에 입사해 2023년 현재까지 35년째 재직 중인 한 사람이 있다. 팽팽하고 날래던 그의 얼굴과 몸에는 주름살이 생겼고, 그 주름에는 감정이 스며 있으며, 몸의 경험이 새겨져 있다. 그의 35년을 예사롭게 볼 수 없는 이유이다. 그는 여전히 이건희 전 회장의 뛰어난 선견지명을 감탄 혹은 맹신하지만, 회사를 생각하는 오래된 버릇 같은 마음으로 현재 상황보다 더 나아질 길은 없을까를 고민한다. 그는 회사 게시판에서 자신의 소싯적과는 전혀 다른 글들을 보며 안타까워하다가도 정성스럽게 댓글을 달기도 한다. 그는 무엇이 걱정되어 삼성전자의 누수 현상을 온 팔다리를 다해 메꾸려고 하는 것일까?

나와 대화를 하면서 그는 때로는 땀을 흘렸다. 자기 이야기에 절로 신이 나기도 하고, 내 질문에 의아해하기도 했다. 송골송골 맺힌 땀이 관자놀이를 타고 턱까지 내려온다. 그는 땀이 탁자에 떨어지는 것도 의식하지 못한 채 이야기꽃을 피워낸다. 자기 땀이 아쉬워서 그럴 수도 있고 그의 고집스러운 나르시시즘일 수도 있다. 혹은 삼성의 바깥으로 나가기가 못내 두려워서 전전긍긍하는 것일 수 있다.

그리고 두려움과 긴장의 땀을 흘리기도 한다. 자신과 분리할 수 없는 삼성에서 겪었던 이야기를 풀어내는 것이 자신에게 불리한 일은 아닐까, 혹은 그것보다도 회사에 도움이 되지 않는 것은 아닐까 고민한다. 그는 다만, 삼성전자라는 거대한 항공모함도 한 곳만 기우뚱해도 가라앉을 수 있다는 것을 기억해야 한다. 인터뷰 도중에 그는 눈이 벌게지며 눈물이 고인 적이 있다. 사내 게시판에 "아무것도 모르고 가라앉은 난파선에 들어온 것은 아닌지 걱정된다"라는 글을 본 이후였다. 역대 최대 매출을 거둔 삼성전자 반도체의 거대하면서 날렵한 모습 안에 어떤 구멍이 나 있는 것일까? 책에서 펼쳐질 이야기 속에

혹여 튀어나올 삼성전자 반도체에 대한 비판은 오로지 나의 책임임을 강조하고 싶다. 그리고 그와 나의 이야기가 삼성전자 반도체를 모두 대변한다고 할 수 없다. 그 거대한 이야기 중 파편이며 일견이다.

번쩍이는 삼성전자 건물의 최고층에 대표이사실이 있다. 지하 주차장에는 주차장 청소를 수행하는 담당자도 있다. 사장의 삼성과 사원의 삼성이 있고, 제조 현장과 지원 조직의 삼성도 있다. 유토피아 삼성과 디스토피아 삼성, 그 어느 지점에서 삼성은 조타하며 때론 표류하며 항해한다.

직무와 직책으로 둘러싸인 회사 조직에서 굳이 한 인간의 모든 것을 알 필요는 없다. 적당한 거리 두기도 필요하다. MZ세대, 산업화세대, X세대 같은 세대론이나 MBTI, 혈액형처럼 인간을 유형화하는 목적은 대략적인 판단의 틀을 잡으려고 하는 것이다. 결론적으로 말하면 사람들은 대부분 타인에게 관심이 없거나, 관심을 덜 두고 싶거나 혹은 관심을 가지되 효율성을 확보하고 싶기 때문이다. 사회생활을 하면서 평생 친구를 만들 필요는 없다. 그래서 한 치의 오차도 없이 속내를 드러낼 필요도 없다. 그러나 '관심'은 중요하다. 먼저 판단하지 않고 상대방의 이야기를 들어주는 것은 누군가가 어떤 사회적 조건과 위치에 있다면 그의 말을 한마디도 듣지 않는 것보다는 합리적이며 효과적이다. 우리의 대화는 거대한 삼성의 땀줄기가 어디로 흘러가는지를 한 사람의 몸을 들여다보는 것에서 시작했다. 대부분 회사 일은 시간의 문제이지만, 시간 핑계만큼 궁색한 변명도 없다.

마법

　인류학에서 마법은 크게 마법사, 마법 현상, 마법을 지켜보는 청중으로 구성된다. 통상적으로 삼성전자 반도체에서 마법사들은 주로 유명한 경영자들이고 마법은 반도체 제품이고, 마법을 지켜보는 청중은 삼성을 지나쳐 간 수많은 사람이라고 할 수 있다. 마법의 주인공이 있더라도, 마법을 봐주는 혹은 마법에 속는 청중이 없으면 아무런 의미가 없다. 마법사는 몇 가지 동작과 말로서 통상과는 다른 현상을 만들어낸다. 그런데 어떤 청중은 그 마법사를 전폭적으로 신뢰하지만 어떤 청중은 주변의 청중에게 쏠려서 믿게 된다. 그리고 어떤 이들은 마법사를 전혀 믿지 않지만 마법사를 믿지 않는 것이 발각돼서 겪게 될 고초가 싫고, 마법사를 믿는 척해야 해당 현상으로 조합된 사회가 유지된다고 생각해서 믿는 척한다. 그러면서 마법은 다시금 유지된다.

　요즘 마법을 생각하면 '손은 눈보다 빠르다'는 마술쇼의 속임수가 떠오른다. 현대사회에서 마법은 사라지고 과학적·논리적으로 설명 가능한 것들만 남았다. 하지만 마법은 여전히 유효하다. 한 인물의 힘으로 조직이 놀라운 성과를 이뤘다는 영웅담이나 이자율에 따른 복리 제도, 첫눈에 반한 사랑까지도 마법이라는 말을 쓰고 있다. 동시에 마법이 감춘 이야기는 많다. 영웅의 일성과 그를 믿고 떠받치는 사람들, 그의 과오 … . 금융기관에 돈을 넣어두면 이자가 발생하는 것은 사회적 제도이지 신비로운 현상이 아니다. 한눈에 사랑에 빠진 관계도 생물학적인 호르몬의 영향이고 사랑에 빠지기 전후의 맥락과 감정의 문제로 충분히 풀어낼 수도 있다. 마법은 결과적으로 정치적이고 구성된 언어이며, 설명 가능한 결과이다.

참고문헌 브로니슬라프 말리노프스키, 유기쁨 옮김(2012), 『산호섬의 경작지와 주술 1』 아카넷.

'신화'와 '불가능'

기흥 공장의 건설은 반도체 신화의 서곡이었다. 기술 선진국에서도 빨라야 18개월이 걸리는 공사를 6개월 만에 마무리 지은 것이다. … 외국 관계자들도 6개월은 불가능하다고 주장하였다. 그러나 삼성은 휴일도 없이 24시간 피와 땀을 쏟아붓는 돌관공사로 불가능에 도전하였다. 대부분 공기가 혹한기였지만 결과는 성공적이었다. 1984년 3월 말 공장이 완공되자 불가능하다고 하였던 관련 외국인들도 경탄해 마지않았다(『삼성전자 40년사』).

나는 이 문장에서 어떤 단어에 마음이 당길까? 17년 전만 하더라도 '신화'와 '불가능'이라는 단어가 내 마음과 가장 가까웠을 것 같다. 8년 전에는 '휴일도 없이, 피와 땀, 혹한기'라는 단어에 눈길이 갔다. 지금은 '성공적, 외국인, 선진국'을 곱씹게 된다. 내 마음을 풀이하자면 17년 전 삼성의 신입사원일 때 나는 삼성전자 대표이사가 될 것으로 생각하고 반도체 신화에서 불가능은 없으며, 내가 신화의 주인공이 될 꿈을 꿨다. 그것을 대담하게 '성공'이며 '내가 살아갈 방법'이라고 생각했다. 8년 전, 삼성 퇴사 후에 인류학을 공부하며 이 무한경쟁의 세상이 오롯이 다 망해버렸으면 좋겠다고 생각했다. 무엇을 위해 그렇게까지 악조건을 견디어냈는지, 나 자신과 내가 속했던 삼성의 우매함을 원망했다. 왜 18개월의 공기를 6개월로 줄였으며, 왜 휴일도 쉬지 않고 닥치는 대로 일을 했고, 혹한기에는 겨울 휴가를 가야지 공사를 하고 있었느냐고 비판하며 주먹을 불끈 쥐거나 눈 주위가 벌겋게 됐을 것이다.

지금 '성공적, 외국인, 선진국'이라는 단어가 마음에 들어온 것은 삼성에서 35년을 보낸 그를 만나 이야기를 나누며 과연 삶에서 성공을 거세할 필요가 있는가에 관해 묻게 되었기 때문이다. 그리고 무엇을 위한, 누구에 의한 성공이며, 이제 다른 사람의 시선이나 주위의 평가가 아닌 그가 걸어온 길 자체에 대한 담담한 존중과 때론 격정적 공감이 있었기 때문이다. 시간은 감정을 타고 또 다른 시공간을 만들어낸다.

그에게 같은 문장을 SNS 메신저로 보내고 어떤 단어가 가장 의미있게 다가오는지 물었다. 그는 여지없이 '불가능에 도전' '휴일도 없이 24시간 피와 땀'을 골랐다. 다소 예상된 대답이었지만, 그는 내가 17년, 8년, 현재를 나누었던 것과 달리 그 시절마저 자기 품으로 보듬어 의미를 담아내려고 했다.

기술과 자본이 없는 상태이고 처음 해보는 일인데 안 하면 안 되는 거지. 마치 숙명 같은 것. 지금 하지 않으면 언제 할 것인가, 여기서 하지 않으면 어디서 할 것인가, 우리가 하지 않으면 누가 하겠는가, 우리에겐 더 물러설 자리가 없다. 이미 사업은 시작됐고 반도체를 하지 않으면 삼성전자는 미래가 없다, 우리에게 더이상 기회는 오지 않을 것이다. 고로 우리는 반드시 해야만 한다.

반도체를 하지 않으면 삼성전자는 미래가 없다!

한 편의 구호 같은 그의 대답에서 보듯이 그는 '불가능한 도전'을 '숙명'으로 여기고 있다. 그 시절 삼성전자 반도체 사무실 내부에 걸렸던 현수막에 적힌 구호가 그에게 체득되어서 그의 언어인지 회사의 언어인지 구분하지 못한 것일 수도 있다. '24시간 피와 땀'은 '지금 하지 않으면 언제, 우리가 하지 않으면 누가'와 만나며, 반복되는 24시간이 수많은 지층 속에 배열되어 그의 몸에 차곡차곡 쌓였다. 미래의 기회를 현재의 위기로 치환하려는 안간힘이 느껴진다. 장엄하고 낡은 갑옷을 두른 돈키호테처럼 그는 구호를 몸에 지니고 있다. 역사는 전근대성과 근대성, 그리고 현대성을 나열하며 사조의 변화를 기술할 수 있으나, 물질로 이루어진 도시는 선사시대의 움집부터 고궁 터, 그리고 마천루까지 모두 포괄한다. 마찬가지로 그를 이루는 물질과 몸에는 유난히 발전이 빨랐던 한국 사회의 급격한 단층과 삼성의 변화가 그대로 담겨 있다. 나에게는 비판과 분석의 언어인 '24시간 피와 땀'이 그에게는 실체이며 몸의 한 부분이었다. 24시간을 넘어, 48시간, 72시간 연속 근로로 쏟아낸 그의 피와 땀이 고스란히 당시의 생산 진도표에 녹아 있다.

그와 나 사이에 '24시간, 피와 땀'에 대한 서로 다른 언어의 망은 수많은 대화를 오가면서 조금씩 가까워졌다가 멀어지기를 반복했다. 그는 경영과 관리, 성공과 회사의 관점에서 말하려 했고, 나는 그때 그가 어떤 감정을 느꼈으며, 지금 돌아보면 어떤 느낌이 드는지를 물어보려 했다. 나는 자신의 독특함과 독자성을 마련하려고 애썼고, 그는 통상의 가르침을 주려고 했다. 그 어딘가를 훑으며 진자처럼 이야기는 구성된다. 그는 어떤 문장이 울리는지 묻는 갑작스러운 나의 질문에 잠이 확 달아났다면서 다음과 같이 덧붙였다.

피와 땀 때문에 천진난만한 내 얼굴은 혁신으로 까칠해지고 속은 엉망이 되었지.

그는 가끔 경영과 성과, 회사의 관점에서 벗어나는 몸짓과 말을 뱉어냈다. 그의 이야기에서 처음으로 '내'가 등장한다. 그가 구호처럼 외쳤던 말의 주어는 '우리'이다. '나'는 없었다. 사회적 주어이며 개인이 소거된 '우리'에서 벗어나 그가 몸을 정직하게 바라본 순간 '나'를 드러냈다. 그가 35년의 회사생활 속에서 얼마나 나를 숨기고 삼성맨으로 살아가려 했으며, 회사에 자신의 피와 땀을 바치며 그것이 숙명이라고 자위하거나 세뇌하려 했을까. '회사에 충성한다'는 사회적 압력은 그와 삼성 사이의 간격을 없애고 동일시하도록 이끌며, 거리감을 줄이려 한다. '나'는 없었던 '우리' 속에서 거리는 줄어들며 복잡한 이야기들은 단선으로 처리된다. 공사 기간을 18개월에서 6개월로 줄여 외국인들마저 깜짝 놀랐다는 반도체 업계의 신화 속에서 우리로 뭉뚱그려진 '개인의 몸'은 사라진다. 그가 나에게 몸을 드러내는 '라포'가 생겼을 때 그 이야기는 찰나처럼 관통해 복잡한 실타래를 일시에 절단한다. '내가 드러날 때' 그와 나 사이는 급격히 가까워졌다. 물론 이내 그는 절단된 면을 숨기거나 말을 돌리며 다른 이야기로 매듭을 연결하곤 했다.

그의 시선과 몸짓

그의 이야기에는 매끈함이 없다. 회사, 조직, 노력, 성공과 먹고살기의 가치가 얽혀 있다. 나는 이병철·이건희 전 회장의 '선견지명'과 '탁월한 선택'의 역사를 말하고 싶지 않다. 동시에 초일류 기업으로 매년 성장하는 삼성전자의 매출액과 수익률만을 고려하고 싶지 않다. 핵심 인재의 빛나는 성공과 같은 영웅의 역사만을 그려내고 싶지 않았다. 단순하고 매끈한 특별함이 아니라 복잡하게 얽힌 평범함을 드러내고 싶었다. 그러기 위해서는 35년 그의 시선과 몸짓에 주목해야 한다. 독자들에게 반도체나 삼성에 대한 이해를 돕기 위해서 그가 삼성에 입성한 때부터 35년을 차례로 드러내며, 단순했다가 복잡해지고 겉으로 지나가다 속 깊은 이야기들을 등장시켜 현재적 의미를 반추한다.

2008년 여름, 그를 처음 만났다. 나는 삼성전자 반도체연구소에서 공정개발 연구직으로 있다가 연구개발보다 사람을 더 좋아하고, 사람들을 상대로 강의를 하고 싶다는 열망에 회사에서는 드물게 경영 스태프 부서로 이동했다. 연구개발직의 자유로운 근무환경과 달리 사무실은 고요하고 냉랭했고, 양복에 넥타이를 매야 했다. 행여 사무실 안에서 실수라도 할까 봐 숨이 막히고 몸이 잔뜩 얼어붙어 있을 때, 운동장에서 발야구 한 판이 벌어졌다. 천기주 부장이 3번 타자로 출격해서 들어오는 공을 왼발로 뻥 하고 찼는데, 수비가 서툴렀던 나는 머리 뒤편으로 날아가는 공을 놓쳤다. 그의 첫 모습에서 내가 받은 느낌은 '운동을 참 잘하는구나'였다. 그의 몸은 그동안 어떻게 구성되어온 것일까? 잠시 1988년 이전으로 돌아가서 그의 몸속을 들여다본다.

그는 1980년 초 어느 기계공고로 나를 데리고 간다. 1970년대부터 '공업 입국'의 사명을 띤 전문 기능공 양성을 목표로 전국에 공업고교가 세워질 때 호남의 기계공고도 설립되었다. 지역 중학교에서 성적이 상위 10퍼센트 안에 들었던 그는 가난으로 고등학교에 갈 형편이 못 되었다. 하지만, 그의 어머니는 자식들에게 "너의 눈에 글을 넣어주마"라며 서울로 올라가 옥수수 행상부터 중국집 주방일까지 닥치는 대로 일했다. 그는 중학교를 졸업하고 돈을 벌 궁리를 했지만, 중학교 선생님의 추천으로 학비와 기숙사비까지 대주는 기계공고로 진학했다. '공업 입국'이라는 사명과는 무관하게, 그는 기계에 관심이 없었다. 그는 고등학교 때 기억을 인문계 여고생들과 빵집 데이트로 갈음했다. 같은 나이의 여고생들이 헤밍웨이와 앙드레 지드에 관해 이야기할 때, 그 이름은 선망의 대상이면서 동시에 그녀들과의 거리 감을 만들었다.

3학년 2학기 때 학교에서 열네 명이 삼성 그룹에 지원했는데, 네 명만 붙고 나머지는 떨어졌다. 그는 아쉽게도 낙방하며 삼성과의 인연이 멀어지는 듯했다. 이제는 사라져가고 있지만, 그때만 해도 명시적으로 영호남의 격차가 상당히 컸다. 그는 삼성 그룹 면접장에 경상도 지역의 구미전자공고나 부산기계공고는 트럭으로 학생들을 데리고 와도 합격이 됐다면서 아쉬워했다. 박정희의 공업 입국의 사명은 '공업계 고등학교'의 숙련공 양성과 함께 단순 반복 업무를 상업계 고등학교 출신 여성들에게 맡기는 방식이었다. 이는 숙련공을 공업계 고교를 졸업한 남성에 집중하고, 저숙련직을 상업계 고교 졸업 여성에 집중하는 결과를 부분적으로 초래했다. 삼성전자의 제조 현장도 공업계 고교 출신의 남성 설비기술 엔지니어와 상업계 고교 출신의 여성 제조직으로 성별과 지역, 직무 구분이 명확했다. 2005년에 삼성전자에 입사했던 나는 설비 엔지니어 중에서 상당수가 경상도 사투리를 썼고, 제조직 여사원들은 주로 전라도 사투리를 썼음을 어렵지 않게 떠올릴 수 있다.

삼성에서 떨어진 그는 홧김에 중소기업에 고등학교 동기 다섯 명과 입사했다. 그 회사는 재봉틀 통이나 화물차 끝에 쓰는 연결고리를 만드는 과거의 영광만 남은 대우의 2, 3차 협력 업체였다. 1983년 8월, 그는 진한 아쉬움을 가지고 회사에 들어갔다. 학교 선생님은 다섯 명에게 "2년 동안은 죽었다 깨어나도 퇴직을 해서는 안 된다"고 했다. 왜냐하면 중간에 퇴직하면 이후에 후배들이 입사할 수 없다는 게 이유였다. 경기도 부천에 있는 회사의 첫인상은 '회사'가 아닌 '공장'이었다. 건물 안에는 쇠를 달구는 매캐한 냄새가 가득했고 벌겋게 익은 화덕도 보였다. 피부가 새카맣게 그을린 기능공들은 변변한 작업복도 없이 추리닝 바지에 기름 냄새를 몸에 두르고 있었다. 첫 월급은 8만 9천 원이었다. 금세 10만 원이 됐지만, 기숙사비 3만 원, 막걸리 한 병 40~50원, 맥주와 치킨에 250원을 쓰고 가끔 친구들과 어울려서 가라오케 노래방이라도 가면 월급이 하나도 남지 않았다. 가난에 시달렸던 그에게 의식주의 부족은 큰 괴로움으로 다가왔다. 회사 밥은 고기반찬 하나 없는 멀건 시래깃국뿐이었고, 기숙사에서는 한 방에 대여섯 명이 우글거리며 자야 했다. 기숙사 방은 연탄으로 난방을 했는데, 겨울이면 추위에 떠는 날도 적지 않았다. 그의 인생은 버릇처럼 다가온 가난 앞에서 예민해졌다.

그래도 사랑은 미룰 수 없었다. 그는 중학교 졸업 후에 고등학생의 나이로 중소기업에서 경리 일을 하는 '꼬맹이' 여성을 만났다. 첫 회사에서 2년을 버티지 못하고 1년 반 정도 견디다 친구의 소개로 볼트와 너트를 만드는 중견기업으로 옮겼다. 그 회사는 그래도 '대학 나온 관리자'들과 '국회의원을 준비하는 사장' 덕에 환경은 깔끔했고, 월급도 21만 원이었다. 그렇지만 그는 '공돌이'였고 고교 시절 헤밍웨이의 거리감처럼 미팅을 나가서도 기름때 낀 손톱을 테이블에 올려놓을 수 없었다. 아무런 비전도 찾을 수 없었던 어둠의 터널 속에서 그는 다시 공부를 떠올렸다. 그는 주경야독을 시작해 회사가 있던 부천에서 학원이 있는 서울 노량진까지 1호선을 타고 다녔다. 마침내 그는 회사를 소개해준 친구에게 미안하다는 말을 전하며, 전력을 다해 공부하기 위해 회사를 그만두었다. 꼬맹이 여자 친구에게는 "꼭 대학에 들어가서 만나러 오겠다"는 호언장담도 하지 못했다.

어머니를 찾아가 돈을 빌려 재수 종합반에 삼백만 원을 내고 들어갔다. 3~5월은 그나마 따라갈 만했는데, 6월이 지나자 내용이 어려워지면서 공부에 큰 흥미를 갖지 못했다. 결국, 그해에는 가고 싶었던 4년제 대학의 산업공학과에 갈 수 없었다. 재수에 실패하며 그는 어머니를 볼 염치도 없어서 등유 등을 연료로 취사하는 풍로를 만드는 중소기업에 들어가서, 3수에 도전한다. 그는 산업공학과 예비 5번이었지만 결국 낙방했다. 그의 낙방 소식에 청량리에서 행상, 중국집 보조를 거쳐 이제 급여가 높은 다방에서 음식을 만들던 어머니도 정신이 핑 돌아버렸다고 한다. 고통 끝에 결실이 온다는 고진감래는 고통의 한가운데에 있는 사람에게는 유효하지 않다.

그는 대학을 포기하겠다고 선언하고 배달 아르바이트를 한다. 마지막으로 그의 어머니는 '전문대'라도 가라고 제안했다. 대학진학률이 85퍼센트에 달하는 지금과 달리 학력 인플레이션이 크지 않던 시절이었다. 영원히 학교에는 갈 수 없을 것 같다는 불안감에 그는 유명 전문대학 공업경영과에 지원했다. 산업공학과, 공업경영과를 지원했던 데서 알 수 있듯이 그는 '공돌이'에서 벗어나고자 부단히 애를 썼다. 전문대 행정처에서 "왜 이 점수로 여길 왔어요? 4년제도 충분히 갈 수 있을 텐데, 2등으로 들어오셨네요"라고 했지만 동시에 1등에게

만 주는 장학금을 받을 수 없다는 소식도 들어야 했다.

　그는 가족을 책임지자며 현역으로 군대에 갔다가 6개월 방위로 군 복무를 단기간에 마쳤다. 제대 후 잠시라도 놀 수 없어 작은 회사에 취직했는데, 연탄집게를 들고 군기를 잡으려는 분위기에 그만두고 반월공단에서 건설노동자로 일했다. 흙을 퍼내고 시멘트를 부어 건축하는 시공회사의 일당은 괜찮았지만, 몸이 견디지를 못해서 한 달 만에 그만두었다. 마지막으로 가리봉동의 만물상회에서 식당에 식자재를 납품하는 배달원으로 일했다. 만물상회 사장은 그에게 여의도에 높이 솟은 쌍둥이 빌딩을 가리키며, 언젠가는 저곳에 식자재를 납품하겠다는 꿈을 이야기했고, 성실했던 그에게 함께 열심히 하자고 했다. 하지만, 그는 학교로 돌아가 학업을 마치고 싶었다. 그는 크고 작은 일자리를 여섯 군데나 옮기며 밥벌이와 배움을 지속하려 애썼다.

　그는 전문대 2학년 때 과대표가 되었다. 과대표를 하면서 희망과 절망을 오갔다. 가난한 삶에서 체득한 연민인지, 과대표로서 성공한 경력을 만들기 위한 욕망이었는지 구별하기 어렵지만, 그가 과대표가 되자마자 스무 살 1학년 여자 후배가 백혈병에 걸려 쓰러졌다는 소식을 듣는다. 십시일반 돈을 걸었지만 수술비를 충당하긴 어려웠다. 학과 집행부에서는 공연을 주최하고, 공연 표를 2천 원, 3천 원에 팔았다. 학교 근처 중고교에 전단을 붙이며 노력한 끝에 대학교 강당을 가득 채웠다. 지인을 통해 가수 조덕배를 불렀다. 다른 가수도 섭외했는데, 행사 당일에 펑크를 냈다. 그가 조덕배에게 미안하다며, 다른 가수가 안 왔다고 했더니 고맙게도 "걱정하지 말라"며 두 곡을 하기로 했음에도 여섯 곡을 불렀고, 출연료도 한사코 받지 않았다. 그는 "가수가 장애가 있어 백혈병에 걸린 후배에게 공감한 것 같다"라는 다소 차별 섞인 평가로 조덕배에게 감사했다. 모금액이 총 천팔백만 원이었는데, 현실은 만만찮았다. 여학생은 공연 3일 전에 숨을 거두었다. 장례비용과 그간 치료비로 쓰라며 가족에게 모금한 전액을 전달했다.

그는 "뭐 이런 일이 있냐"며 30년도 훌쩍 넘은 기억을 말하면서 목소리가 떨려왔다. 그에게 또 다른 절망이 찾아왔다. 학과 동기 중 한 명이 총학생회장 선거에 나가겠다고 선언했다. 교수나 학생들이 모두 공업경영학과의 명예를 높일 좋은 기회라며 학과 차원에서 지원하기를 바라고 있었다. 선거를 해본 적이 없어 좌충우돌하는 과정에서 선거에는 돈이 필요하다는 걸 알게 되었다. 그는 급한 대로 등록금을 선거비용으로 내고, 시계를 팔고, 나이 든 예비역들에게 돈을 걷었다. 그것도 모자라서 학교 앞 다방 주인에게 이백만 원, 인쇄소에서 백만 원 등 학교 주변 상점을 돌며 선거자금 천만 원을 마련했다. 그는 학교 근처에 있던 소위 명문대학교 총학생회 선거 전문가들에게 선거전략과 연설문을 의뢰했다. 전략을 짜는데 백만 원, 연설문 한 장에 오십만 원이었다. 그들은 선거전략으로 학생들의 이목을 끌려면 화형식을 하든지, 상여를 메고 구호를 외쳐야 한다고 했다. 연설문을 받아들고 후보자의 목을 트인다고 목욕탕으로 데려가 벽에 연설문을 붙이고 팬티를 벗긴 뒤에 목이 트일 때까지 빨랫방망이로 엉덩이를 때리며 득음의 순간을 기도하기도 했다. 그는 기억을 떠올리며 얼굴을 붉혔다. 그만한 촌극이 또 어디에 있을까.

그들이 꺼낸 공약은 학생 수 2,500명이 넘는 큰 학교인 전문대의 4년제 승격이었다. 그리고 안일한 행정을 해왔던 '총장은 물러가라'라며 상여를 메고 2주간 운동장과 교정을 행진했다. 욕망을 건드린 공약, 권위에 대한 가시화된 의례는 그 시대의 전형으로서 학생들의 이목을 끌었고, 당선이 눈앞에 온 듯했다. 그런데, 반대편에서는 그가 미는 후보가 입후보 자격인 학점 2.5를 넘지 못했다며 자격 미달로 역공을 펼쳤다. 갑작스럽게 분위기는 바뀌었고, 마지막까지 외상과 급전으로 선거운동을 했지만 참패했다.

다음 날부터 후보자는 물론 선거운동을 같이했던 모든 사람이 갑자기 자취를 감추었고 책임자인 그에게 천팔백만 원의 빚이 생겼다. 주변 상점들은 이후 학생들의 매출을 고려해 나서지 않다가 소문을 듣고 형사고소를 하겠다고 으름장을 놨다. 학생회장이 된 상대측에서 오백만 원을 지원하는 등 도움의 손길도 있었지만, 결국 그는 천만 원의 빚을 갚아야 했다. 내가 "왜 피하면 될 일을 굳이 했느냐"고 물었더니 그는 자기가 책임질 수밖에 없다는 생각이 들었다고 했다. 4월이 넘어가자 학교에서는 선거비로 충당한 등록금을 내라고 독촉했고, 멍해진 그는 크게 신세 진 학교 앞 다방에 가서 빌었다. 다방 사장은 빚을 갚지 않아도 된다고 했다. 그가 정확하게 말하지는 않았지만 상점에 가서 잘못을 말했더니 상당액을 탕감해줬던 것 같다. 그는 겨우 아르바이트를 하며 등록금을 벌어서 학교에 다닐 수 있었다. 그의 헌신을 알았는지, 학과 교수가 삼성 그룹에서 입사원서 세 장이 왔다며, 그를 추천했다. 그는 5년 전 삼성 그룹에 떨어진 적이 있어 두려웠지만, 다시금 지원했다. 면접 때 과대표를 하면서 겪었던 희망과 절망의 순간을 말했고, 최종 합격했다.

그가 삼성전자까지 일곱 번이나 회사를 옮기고, 어디든 일자리를 구할 수 있었던 당시의 상황은 지금과는 차이가 있다. 정치적인 격변이 있었으나 높은 경제성장률을 구가하던 시기였다. 그렇지만 1980년대 후반 노동자 대투쟁에서 시작된 임금상승, 중산층의 등장, 자가운전자의 탄생 등이 아직 영향을 미치기 전이어서 노동 조건은 열악했다. 기회는 많았으나, 양질의 일자리는 드물었다. 물론 현재에도 대기업이나 안정적인 회사에 속한 일부 임직원들은 고액의 임금과 복지를 누리고 있으나, 특수고용, 프리랜서, 일용직, 아르바이트 노동자의 조건은 여전히 열악하다.

삼성반도체통신에 입사하다

1988년 10월 25일, 그는 기름밥 먹는 '공돌이'를 비롯해 건설노동자, 배달부를 거쳐 일곱 번째 직장인 '삼성반도체통신'에 입사했다. 무엇보다 행복했던 것은 삼시 세끼 따뜻한 밥이었다. 첫 월급도 20만 원 선에 그치던 중소기업과 달리 38만 원이었다. 중소기업은 일이 없어서 주말에는 쉬어야 했지만, 삼성은 일이 많아 주말에 일할 경우 근무 수당을 포함해 월급을 60만 원까지 받을 수 있었다. 그때 월세가 15만 원이었으니, 아무리 돈을 써도 한 달에 중소기업의 월급에 해당하는 20~30만 원을 저축할 수 있었다. 의식주의 벼랑 끝에서 벗어나

몸을 살필 여유가 생겼다.

그는 '공돌이'에서 '회사원'이 되었다. 특이한 사실은 그의 입사 초기 사진에는 책상에 컴퓨터가 없다는 점이다. 그 시절 '첨단'이었던 매킨토시 컴퓨터, 286, 386 컴퓨터가 부서에 한 대씩만 있다. 그의 책상에는 도장을 찍기 위한 인주, 서류를 묶을 때 구멍을 뚫는 펀치와 서류 더미들이 즐비하다. 책상 뒤로 서류함이 놓여 있고 덩치가 큰 부서용 컴퓨터 모니터가 있다. 화이트보드가 벽면에 붙어 있고 고무로 마감된 유리판이 놓인 철제 책상이 있다. 유리판 아래에는 회사 조직도, 비상연락망, 3조 3교대 근무표가 놓여 있을 것이다. 그는 그 시절 유행했던 잠자리 안경을 끼고, 단색 근무복 가슴께에 사원증을 달고 있었을 것이다.

삼성에 들어오기 전까지 그는 '안온한 차별'의 시공간에 있었다. 그러나 따뜻했던 옛날이라고 부를 수는 없다. 학력과 지역, 남녀 차별이 만연했고, 그것을 당연시했다. 그는 멍키 스패너로 머리에 쓴 '하이바헬멧'를 때리거나 연탄집게로 군기를 잡는 문화에 저항하기보다는 감내하거나 오히려 되돌려주는 장면을 목격하며, 자신도 '못 배운 사람들'이고 무식한 '공돌이'이기 때문이라며 차별적인 언사를 일삼았다. 노동의 존중 없는 근무환경과 저임금의 춥고 배고픈 현실을 내가 좋은 회사를 가지 못해서라는 자책으로 돌렸다. 손톱에 낀 기름때에서 비롯된 숙련보다 종이에 쓰인 활자를 우대했다. 공구를 다루지 못하는 능력을 탓하지 않고 해외 소설가 이름처럼 단순한 지식을 모른다는 사실을 창피해했다. 그도 가수 조덕배의 마음 씀씀이를 장애가 있는 사람의 동병상련이라고 속단했다.

물론 삼성도 정도 차이만 있을 뿐 상황이 다르지 않았다. 제조 현장의 교대 근무표에도 대졸, 고졸, 전문대졸이 나뉘어 있었다. 사원 번호를 보면 입사 시 학력을 알 수 있었다. 3급 사원 대졸, 4급 사원 전문대졸, 5급 사원은 고등학교 졸업이었다. 같은 3급 사원도 대졸 사원은 3급 갑이었고, 4, 5급 사원이 승격하더라도 3급 을로 명기되었다. 이후에 인사 제도 변화로 지금은 사라진 제도이지만, 그에게는 아픔의 용어이기도 했다. 차별이 있었지만, 벼랑 끝의 그에게 삼성은 차별마저 따뜻하게 느껴지는 인생에서 가장 탁월한 선택이었다.

내가 '안온'이라는 수식어를 쓴 이유는 그 시절에는 무 자르듯 냉정한 관계가 아닌 무디고 애써 넘기는 문제해결방식이 있었기 때문이다. 학생회장 선거에서 참패하고 빚을 졌을 때 고소한다고 엄포만 놨을 뿐, 실제로는 대부분의 상점에서 채무를 탕감해주었고, 그도 자기가 군이 갚지 않아도 될 학과의 빚을 끝까지 용서를 구하며 신의를 지키려고 노력했다. 학과 동료의 불치병을 고쳐보려고 의료보험 제도 등의 처우 개선을 요구한 것이 아니라 자발적인 모금 운동을 하고, 동시에 출연료 한 푼 받지 않고 마음을 써준 멋진 가수도 있었다.

그는 삼성 입사 6개월 만에 깨닫게 되었다. 자신의 삼성반도체통신 동기가 6개월 만에 업무수칙을 지키지 않아 회사를 떠나게 된 것이다. 뭉뚱그리는 으름장도 마음을 다해 빌면 봐주던 과거가 아니라 삼성의 현실은 세련되게 날카로웠다.

그는 삼성 입사 후 처음 다녔던 중소기업을 찾아갔다. 붉은색 벽돌로 된 허름한 경비실에 근무하는 아저씨와 담소를 나누다 이제 스무 살이 된 '꼬맹이'를 만났다. 어색하게 "잘 지냈냐"는 말만 건네다 붉은 벽을 사이에 두고 서쪽과 동쪽으로 헤어지며 아무 말도 하지 못했다. 그는 미래가 없던 시절의 감정으로 그녀와 관계를 맺지 않았다. 어쩌면 약간은 체득된 계산으로 달라진 미래를 꿈꾼 것이다. 그의 몸은 정지했고, 과거의 '그'와 이후의 '그' 사이에 거리가 생겨났다. '우리'라고 통칭하며 '개인'이 등장하기 어려웠던 1980년대 한국 사회, 개인의 욕망이 서서히 드러나며, 개인과 개인 사이에는 조금씩 균열과 장벽이 생겼다.

소문자 역사(history)

1983년 이병철 전 회장의 도쿄선언, 1987년 6월 항쟁, 1988년 서울올림픽, 1993년 삼성 신경영선언은 우리나라 역사와 삼성의 기업사에 길이 남을 대문자 역사(HISTORY)이다. 천기주 부장은 1988년을 서울올림픽이 아니라 자신의 삼성 전자 반도체 입사를 가장 인상적인 역사로 말하고 있다. 1993년 신경영선언에서 천기주 부장은 어떠한 모습을 보였을까? 곧, 그의 이야기는 대문자 역사가 아닌 소문자 역사(history)이다.

1945년 제2차 세계대전에서 독일, 일본, 이탈리아가 패망한 그날 모든 권력과 제도가 일거에 사라지게 되었을까? 1945년 8월 15일, 광복절 당시에 우리나라 사람들이 모두 들고일어나 광복을 기뻐했을까? 수많은 기록과 기사를 확인해보면 서울을 제외하고 한반도의 다른 지방까지 광복의 소식이 전해지기까지 약 한 달 이상 걸렸다고 한다. 패전 소식을 들은 일본인이 급히 떠나고 그들에게 부역하던 이들이 사라지자 사람들은 비로소 광복을 알게 됐고, 그해 추수 때는 세금을 걷지 않아서 배불리 먹고 마셨다는 이야기가 전해진다.

한 인간을 중심으로 그려낸 소위 소문자 역사(history)는 인류학, 여성학에서 태동했다. 권력의 언어로서 설명할 수 없었던 피지배자의 삶과 행동방식을 통해 사람들은 공감과 또 다른 저항의 동력을 만들어낼 수 있었다.

참고도서 찬드라 탈파드 모한티, 문현아 옮김(2005), 『경계없는 페미니즘: 이론의 탈식민화와 연대를 위한 실천』 여이연.

삼성반도체통신,
죽음의 계곡death valley을 넘다

삼성전자는 2023년을 기준으로 DS부문과 DX²부문으로 나뉜다. DS부문에서 반도체와 LED 같은 전자 부품을 만들고, DX는 핸드폰, 냉장고, 세탁기 등을 생산한다. 각 부문은 만드는 제품에 따라 몇 개의 조직으로 다시 나뉜다. 그와 내가 속했던 부서는 DS부문에 소속된 교육 부서였다. 삼성은 조직을 '부문-총괄/사업부-센터/실-팀-그룹-파트'로 구분한다. 나는 인재양성 업무그룹의 기술교육파트 담당자였고, 그는 같은 부서의 혁신교육 파트장을 맡고 있었다. 파트원은 통상 다섯 명 전후로 구성된다. 다른 회사에서 소위 '팀장'의 직책이 그가 맡았던 '파트장'이다. 내가 그에게 특별한 느낌을 받았던 두 번째 순간은 부서 송년회였다. 2008년 부서 연말 송년회에 사람들이 둘

---

2   DS는 Device Solution의 약자이고, DX는 Device eXperience의 약자이다.

러앉았다. 때론 그룹장을 띄우면서 건배 제의가 오갔고 경품 추첨을 위한 퀴즈 대결이 파트별로 벌어졌다. 마지막으로 파트장들이 한 해의 소감을 말하는 자리에서 그는 파트원들에게 양말을 선물로 나눠줬다. 분위기는 화기애애하면서도 어색해졌다. 나는 그전까지 자기 돈을 써서 회사의 동료와 후배에게 선물을 사주는 사람을 만나지 못했다. 그는 왜 그 정도로 애를 썼던 것일까? 그 사건은 1990년대 초 반도체 현장을 들여다보면, 절로 고개가 끄덕여진다.

반도체의 '반'도 모른 채로

1987년 2만여 명이었던 삼성전자 임직원 수는 1990년 4만여 명으로 두 배 가까이 폭증한다. 삼성전자가 창립된 1969년부터 20년간 임직원 수가 2만 명까지 서서히 증가하다가 90년대 들어 급격히 늘어난 이유는 반도체 제조 현장의 인원 증가 때문이었다. 그가 입사했던 1988년에 삼성반도체통신이 삼성전자에 지분 배분 형태로 반도체 사업부로 편입되었다가 1992년 완전히 합병되면서 반도체 제조에 많은 사람이 함께하게 됐다. 그 급격한 증가와 함께 그는 생산관리자로서 삼성전자에 속하게 된다. 그가 담당했던 분야는 반도체 제조 마지막 단계인 '검사와 패킹Back end Visual-Packing'이었다.

반도체를 제조하는 방식을 공정이라 하는데, 반도체 공정은 통상 전공정Front-end과 후공정Back-end으로 나뉜다. 그는 전문대를 졸업한 4급 사원으로서 삼성에 입사한 뒤에 부서배치를 신청했다. 삼성전자

본사인 태평로, 수원사업장, 그리고 반도체 사업부가 그 대상이었다. 그는 본사 태평로에는 학벌이 좋은 사람이 많아 전문대 출신이 살아남기 어려울 거라고 판단했고, 사무자동화기기인 팩시밀리, OA기기를 만드는 수원사업장도 이미 사람들이 많아서 설 자리가 없을 것으로 생각했다. 남아 있는 곳은 이제 태동하는 반도체였는데, 기흥, 부천, 구미에 사업장이 있었다. 부천은 익숙한 곳이었다. 전에 다니던 회사 옆에 삼성반도체통신 부천사업장이 있었기 때문이다. 그는 이미 부천사업장도 포화 상태가 되었다고 느꼈고, 구미는 거리가 멀어서 사무동과 1, 2라인[3] 건물 두 곳이 전부였던 기흥사업장으로 배치를 신청했다. 그때만 해도 급격히 성장하는 반도체는 현재의 스타트업과 다르지 않았다. 반도체에서 그간의 적자를 모두 메꾸고도 남을 정도의 이익을 거두기 전까지 반도체는 소위 '아오지'로 불렸다. 요즘의 언어로 치환하면 삼성반도체통신이 유니콘 기업으로 성장하기 전까지 죽음의 계곡death valley 을 거친 것이다. 특히 18개월 공기를 6개월로 단축했다는 경영성과는 사람들에게는 '아오지'로 변용되었다.

　반도체의 '반'자도 몰랐던 그는 반도체의 공정, 어떤 부서에서 무슨 일을 하는지도 알지 못한 상태에서 후공정의 맨 마지막 절차를 맡게 되었다. 제품 생산의 마지막 부서가 의사결정권을 갖고 제품의 품

3　반도체 제조 현장을 주로 팹(FAB)이나 라인(line)으로 부른다. 팹(FAB)은 Fabrication의 약자이고, 라인(Line) 앞에 숫자를 붙여 부르는데, 숫자가 높을수록 새롭게 만든 제조 현장이다. 특이할 만한 사항은 그가 '공돌이'라는 말을 꺼린 것처럼 반도체 제조 현장 사람들도 대부분 반도체 팹(FAB)을 '공장'이라고 부르는 것을 상당히 싫어했다. 여전히 기름때 묻은 현장과 동일시하고 싶지 않다는 의지가 느껴지는 대목이다.

질 감독 권한이 있었다면 조직 내에서 그의 자리는 탁월한 선택이 되었을 것이다. 하지만, 안타깝게도 반도체 산업은 그 시기에는 기술 발전이 전공정 중심이었다. 신문 지면에서 말하는 새로운 반도체 제품이 머리카락 굵기의 몇십만 분의 1정도 크기로 가공된다거나, 손톱만 한 반도체에 영화 수십 편을 한꺼번에 저장할 수 있다는 설명은 주로 전공정의 이야기이다.

후공정은 전공정에서 만든 반도체 제품을 전자제품에 연결하는 금속 배선과 칩이 부식, 열, 습기에 견디도록 보호해주는 물질을 만드는 역할이었다. 아직도 삼성전자 반도체에서 전공정과 후공정의 구분은 정해져 있으며, 무게중심이 전공정에 실려 있음을 부인하기는 어렵다. 게다가 신입사원이 배치된 이후, 사람들은 대부분 한 부서에서 숙련된 업무에만 종사한다. 이후에 구체적으로 밝히겠지만 그처럼 여러 부서와 직종을 오가며 다양한 업무를 해온 삼성맨도 드물다. 신입사원 시절을 돌아보던, 그는 여전히 '반도체의 꽃은 전공정'이 아니겠냐며 부서 선택을 잘못했다고 후회했다.

그가 서 있던 곳으로 다시 돌아와 보자. 그가 속한 첫 부서는 삼성전자 〉 반도체 사업부 〉 TP Test Package 센터 〉 TEST 2과였다. 1988년 급격히 늘어난 삼성전자 임직원 중에 약 10퍼센트인 4,200명이 TP센터 소속이었다. TEST 2과에서 내부 조직인 검사/패킹반의 '직장'[4] 역할을 했던 그는 총 4조 3교대에 속한 4개 조의 조장을 통솔하는 현장관리자였다. 대졸 사원은 그와 함께 직장으로 일하거나, 일정 기간이 지난 뒤에는 그의 생산량을 관리 감독하는 '주무' 역할을 맡는다. 1개 조는 30명, 4개 조는 120명이 근무했고, 모두 제조직 여사원들로 구성되어 있었다. 그들은 하루 24시간을 3개 조로 나누어서 8시간씩 데이Day, 스윙Swing, 지와이GY 근무를 선다. 데이 근무는 06:00~14:00, 스윙 근무는 14:00~22:00, 지와이 근무는 22:00~06:00까지 현장에 투입된다. 지와이 근무는 속칭 무덤밭GraveYard이라 불린다. 3개 조가 근무를 할 때 1개 조가 휴무에 들어가는데, 통상 5일 연속으로 근무하고 2일을 쉬거나, 4일 근무하고 3일을 쉬는 형태로 돌아간다. 교대 근무자들은 휴가를 내거나 화장실에 가기도 쉽지 않은데, 자신이 맡은 자리에서 반도체 제품이 돌아가는 속도에 맞추어 제품과 제품, 설비와 설비를 연결해주는 역할을 하기 때문이다. 그들의 움직임을 통솔하고 순간순간 조율하는 일을 각 교대 근무조의 조장이 맡고 있다. 각 조의 조장은 LG라고 부르는데, 그 이름도 찬란한 리더 걸Leader Girl의 줄임말이다. 조장은 그와 협업해서 생산량을 올리고, 각 조의 생산량Movement의 총합이 직장인 그의 일일 생산량이자 성과였다.

내부적으로 조에 편성된 제조직 여사원들은 서열이 엄격하다. 30명 정도가 제조 현장의 세부 구분인 Bay―라인의 지역 구분―에 속

---

4   반도체 현장에는 주로 현장 여사원과 그들을 통솔하는 조장들이 있고, 3교대 근무 조를 모두 통솔하는 직책인 직장/반장이 있다. 반도체 현장의 규모와 직원의 학력에 따라 변화가 있지만, 통상 직장은 대졸/숙련된 전문대졸, 반장은 일반 전문대 출신이었고, 조장과 현장 여사원들은 고졸 출신들이 포진했다. IMF 이후에는 결혼하고 회사를 그만두는 관례가 사라지고, 숙련된 현장 여사원들의 출현으로 성별과 학력에 차별은 있더라도 여성이면서 고졸인 직장도 생겨나게 된다. 천기주 부장은 숙련된 전문대졸로서, 반장에서 직장이 된 경우이다.

해 있거나 생산량을 담당하는 설비에 나뉘어 배치되고, 신입 제조직 여사원은 '선배 언니'에게 할 일을 지도받는다. 생산량은 시간 싸움이기 때문에 일부 Bay나 설비가 병목현상bottle neck에 걸리면 곧바로 Bay의 선배 언니나 조장LG에게 꾸지람을 듣게 된다. 반도체 제품이 머리카락보다 가늘다는 것은, 불필요한 머리카락이나 작은 먼지가 제품 불량의 원인이 된다는 의미다. 그래서 반도체 라인에서는 방진복을 입고 마스크로 눈을 제외한 얼굴을 가려야 한다. 피부에서 나오는 이물질, 땀을 차단해야 하며 그래서 얼굴에 화장이나 헤어 제품을 바르는 것이 금지된다. 눈은 방진복과 마스크로도 가릴 수 없다. 그래서 적지 않은 사원들이 쌍꺼풀 수술에 도전한다. 제조 현장에서 품행은 제품 불량을 막기 위해 제한받으며, 몸의 현상은 기계의 속도, 선배들의 말에 제압을 당한다. 직장으로서 그는 그 모습이 여간 안쓰러웠다. 물론 안쓰러운 것인지, 그가 하루 생산량을 채우지 못해서 속상한 것인지 명확하게 구분하긴 어렵다.

그의 시는 저항 정신을 담지 않았다

고등학교를 갓 졸업했거나, 3학년 재학 중에 취업을 나온 여사원들이 휴식도 제대로 하지 못하고, 휴일도 교대근무로 지쳐 있다고 생각한, 그는 그들의 곤궁한 마음을 어찌 풀어줄까 항상 고민했다. 그는 동생 같은 이들에게 희망을 심어주고 대학에 진학해 낭만을 즐기지 못하는 마음을 달래주고 싶어 늘 궁리한 것이다. 그도 공업계 고교를 졸업하고 취업을 했기 때문에 느낄 수 있는 이심전심의 마음이었다고 고백한다. 그는 하루 목표를 전달하는 조회시간에 짬을 내어 시와 명언을 전하며, 몸은 제조 현장에 있지만 꿈을 포기하지 말라고 조언했다. '시를 읽어주는 관리자'가 된 것이다. 또한 그에게는 열아홉, 스무 살의 여사원들이 성과를 이끌 동료이면서 소중한 한 인간이라는 마음이 있었다. 그는 조회시간 30분, 교대근무 시간 5분 동안 현장 앞 사무실에 제조직 30명을 모아놓고 시를 출력한 종이를 들고 선다. 교대근무 여사원들은 그의 낭송을 듣는다. 피곤함, 고과평가자에 대한 눈치, 미안함, 위로와 낯섦의 복합적인 시간에 '시'가 있었다. 그의 시는 1980년대의 대표문화인 저항 정신을 담고 있지 않았다. 사랑을 이야기하거나, 커피를 통한 삶을 사유하는 서정시였다. 작은 마음의 울림은 어떤 사회적 변화도 이끌지 못한다는 냉정한 이념적 비판도 이곳에서 정지된다.

나는 시를 낭송했다는 그의 말을 믿지 못한 것은 아니었지만, 명확한 구획과 규율이 있는 조직에서 다른 사람들이 '시'를 어떻게 받아들였는지 의문스러웠다. 그런데 인터뷰가 진행되는 도중에 그는 나에게 노트를 한 권 내밀었다. 의문은 금세 사라지고 도리어 나는 상당히 충격을 받았다. 1996년에서 1999년까지 한 조장이 직장인 그에게 선물한 노트였다. 나는 102편으로 구성된 편지 같은 일기와 시가 적힌 그 물질에 경외감이 들었다. 녹색 비닐가죽에 둘러싸인 얇은 공책에는 손으로 꾹꾹 눌러쓴 조장의 글이 빼곡했다. 내 짧았던 의심의 언어체계는 한순간 102편 글의 지층으로 빨려 들어간다. 그가 내민 노트가 혹여라도 훼손될까 봐 나는 두꺼운 외투 속에 넣어 꼭 껴안고 우리 집

책상까지 조심해서 가져왔다. 그의 몸에 함축된 피와 땀의 단어가 성공의 언사가 가득한 『삼성전자 40년사』보다 강력했듯이, 조장이 그에게 보낸 글 모음 노트는 나의 시공간을 1996년에서 1999년까지 삼성전자 반도체 검사/패킹 반으로 이끌었다.

1996년 9월 2일에 시작한 첫 노트는 그날 새벽이 되어서야 마무리됐다. 검은 펜으로 정직하게 써 내려간 편지에는 그에게 전할 수 있을지 알 수 없지만, 그녀의 일과를 쓰겠다는 다짐이 담겨 있다. 검도를 시작했다는 그가 과연 작심삼일에 그치지 않을지, 당부하는 모습을 보면 회사 바깥에서 벌어지는 취미까지도 함께 나누고 있음을 알 수 있다. 9월 17일에 조장은 슬펐다. 자기의 능력을 인정하지 못하는 조직 내 역할 분담이 떨어졌기 때문이다. 대리 직급이었던 그는 과장의 지시에 그녀를 지키지 못했고, 과장은 그녀를 다른 구역 담당자로 보내려 했다. 조장까지 되려면 상당한 노력이 필요하다. 1988년 3월에 입사했던 그녀가 꼬박 8년을 기다려서 올라선 조장의 자리를 과장의 명령으로 내려놓을 위기에 처한 것이다. 직장이었던 그가 그녀에 대해 어떤 평가를 했는지는 알 수 없다. 며칠 뒤 21일 토요일에는 조원인지 같은 나이의 동기와 퇴사 회식을 했다. 그녀는 마음이 몹시 괴로웠는지 술을 많이 마셨고, 그의 아내인 '언니'에게 북엇국을 얻어먹었다. 그와 그녀는 퇴직자 회식에 참여했다가, 결국에 그의 집에 사람들이 몰려들어 술을 나누어 먹었고 다음 날 아침에 그의 아내는 해장을 돕고 있다.

가족과 타인의 경계는 자주 허물어지기도 하며, 편지글 가운데는 미묘한 감정이 드러나기도 한다. 그와 그녀 사이는 기본적으로는 직장과 조장이라는 상하관계이다. 그렇지만, 교대근무 8시간은 물론, 생산량을 채우기 위한 회의, 한가족협의회[5]에서 주관하는 노사교육으로 보통 12시간 이상 회사에 머문다. 반도체 생산을 위해 반도체 설비의 순서를 배열하고, 반도체 칩을 직접 이송하는 일을 사람이 하다 보니, 사람을 관리하는 기술이 상당히 중요하다. 그 과정을 디지털 신호처럼 할 수 없기 때문에, 그와 그녀는 친근하고 편하며 현재의 문제를 터놓고 얘기하는 가족보다 더 가까운 관계가 된다. 120명의 생일 파티는 물론 결혼식, 집들이, 기타 경조사에 부리나케 달려간다. 한순간에는 상하관계라서 '혼쭐'이 나다가도 사탕 바구니를 사서 기념일을 축하해주거나, 회사 근처로 함께 바람을 쐬러 가기도 한다.

그뿐만 아니라 그녀는 시를 꾹꾹 눌러쓰고 그의 이메일을 출력해서 노트에 스크랩하고, 편지에 장식하는 등의 노력을 했다. "세월의 고초"로 시작되는 그의 편지에는 회사생활 10년을 채우고 퇴직을 앞둔 그녀의 퇴직 송별회가 적혀 있다. 그리고 10년 전 삼성에서 세계에서 네 번째로 개발한 64K 디램DRAM을 시작으로, 디램이 세계 정상에 오를 때, 삼성 조직원 모두 '잘살게 될 것'이라는 믿음을 썼다. 전공정과 후공정에서 후공정이 설움을 받는 것과 유사하게, 테스트TEST도 '잘난' 디램 테스트DRAM TEST와 디램을 뺀 나머지를 논디램NON-

---

5 삼성의 노사협의회는 한마음협의회, 한가족협의회, 한사랑협의회 등이 있었다. '근로자 참여 및 협력 증진에 관한 법률(근참법)'에 의거한 노사협의회는 "노동자와 사용자가 참여와 협력을 통하여 노동자의 복지 증진과 기업의 건전한 발전을 도모하기 위하여 구성하는 협의기구"로 규정한다.

9/17. 화 | 오늘은 정말 슬픈 하루였다. 외냐구요, 노사
협의 모임이 취소 되었고 오늘 제게 이상한
제의가 들어 왔기 때문이요. 근데 직장님께
비밀로 하라는거 였요. 왜냐구요.
노사자리를 ▨▨에게 주고 SP사를 더 러러
하라는 제의요. 직장님 근데요 왜 그렇게
떨려요. 과장님 지시이번 욕이라도 직접 판인데
저 이 자리에 서기까지 노력 많이 했다고
했요. 직장님 왜 제가 하려면 더겁이
되어야 하요? 그리 제게 능력이 없나요.

9/21. 土 | Shift 회식 있는 날 ......
▨▨ ▨▨ 퇴사 3조3교대로 Shift 회식을
했는데 술을 마셔서 취하고 싶은날 또
이런 날이 없을 테니가 욕주가 마지막
이나가. 직장님이 이해해 주세요.
다음에는 제가 애들을 챙길 게요.
그냥 친구들이 퇴사하면 왠지 모르게
괴로워요. 마음이 비워져야 하는데 전
그걸 못이겨요.
언니에게 그 팝구요 북어국이 맛있있다는
얘기를 못 했어요.
이해해 주사요.
조심할게요.

한 조장이 천부장에게 선물한 노트 중에서 1

1999. 7. 10
토 · 우 · ㅇ ·

세월에 고초

작성자 : ███ ███/N-DRAM TEST/삼성전자 (1999
인쇄자 : 사원/N-DRAM TEST/삼성전자 (1999·

10년이란 세월이 결코 짧게만 느껴지지 않는다
그보다 더 한 사람도 있지만
뭔지 그녀에겐 지나온 세월이 무척이나 길게 보인다

10년전 우리는 64K DRAM을 TEST했고
그 뒤로 256K, 1M DRAM, 4M DRAM을 TEST했다
그리고 기흥에서 문암으로 이사를 했다

흥 더 잘 살아보세라는 문구를 떠올리며
온갖 살림과 인내를 빌으며
그 잘난 MEMORY DRAM TEST를 넘겨주고
우린 1LINE에서 NON-DRAM을 쪄안고
2LINE으로 또 다시 짐을 쌌다

그리기를 몇 년 이제 NON-DRAM에서
수주제품그룹으로 명패를 바꾸며
2LINE에서 3LINE으로 이사를 했다
우린 늘 그렇게 이사를 하고 또
SET-UP하고 그렇게 살았다

지나온 이당이 뭐그리 대단하더냐
까칫찬 허주 한 진 걸치며
허공에 메아리 칠 본을 대답은 없지만
여기 그 세월의 역사를 이젠 뒤안길 삼아
자기의 삶을 찾아 가는 사람이 있다네

이제 가는 사람의 은각 역담을 뒤로 묻고
새로운 삶을 찾아 가이하는 이를 위하여
모두들 격려와 위로와 축하를 베풉시다

song by 여러분과 고락을 함께하는 이가 드림
≈≈≈≈≈≈≈≈≈≈≈≈≈≈≈≈≈≈≈≈≈≈≈≈≈≈≈≈≈

1. 일시
   - 1999년 7월 12일 18:00시

2. 장소
   - 한솔식당

3. 행사일정 - 연락처 : ████ ██
   - 보내는 마음
   - 감사패 증정
   - 답사
   - 다 함께 위하여

- 이 상 -

오늘 퇴근하면서 작잠님과 커피한 잔
마신 날이예요.
제안 ALL 100% 제출
보임조 ALL 100% 작성 7/10 1시까지
작성하고 퇴근함.
오늘은 작잠님과 연하한 편 보고 싶은 날인데
많이 바쁘것 같아 말도 못 꺼내고
갑니다요.

한 조장이 천부장에게 선물한 노트 중에서 2

DRAM으로 뭉뚱그려 조직돼 있었다. 그는 알아주지 않는 논디램의 차별을 견디다, 결국 '자신의 삶'을 찾아 삼성을 떠나는 그녀를 위로하기 위해 모임을 하려 했다. 한동안 삼성전자 반도체 사업부는 메모리와 비메모리로 구분되었다. 2014년 비메모리가 아니라 시스템반도체System. Logic Signal Integration, S.LSI 사업부로 명칭이 변경되었다. 여전히 '비메모리'라는 단어는 종종 사용되었고, 시스템반도체 사업부 경영진이 더이상 그 단어를 쓰지 말아달라고 정식 공문을 보냈다는 풍문도 돌았다. 이 구분은 현재 증권 시장에서도 쓰이고 있다. 메모리가 주인공이고 나머지는 메모리가 아닌 것이다. 게다가 1990년대 초 세계 1등 제품이 된 디램을 디램 테스트과로 정하고 나머지를 논디램으로 명명했던 그 시절의 당연한 차별, 그리고 그것을 설움으로 감내했던 그들의 모습이 퇴직자를 위로하는 시간까지 점철되어 있다.

퇴직 이후에도 그들의 관계는 쉽게 끝나지 않았다. 그녀는 직장과 조원들이 나오는 꿈을 꿨다. 퇴사 후에도 그녀는 회사 근처에 머물며 동료들과 함께 놀았고 사내 등산 동아리 활동을 이어 나갔다. 퇴직자가 부서 회식에 얼굴을 비추어도 경계하거나 낯설어하지 않았다. 헤어짐에 시간적 여유를 주는 모습은 지금과 사뭇 다르다. 10년의 회사 생활은 그녀에게 어떤 마음으로 남아 있을까, 동시에 회사는 그녀의 삶을 어떻게 기억하고 있을까? 그녀는 그에게 녹색의 비닐커버를 씌워 선물을 전달했다. 마지막 그녀의 이름도 'N-DRAM TEST 조장'이었다.

1999년 7월 30일 노트에는 삼성전자 주식이 198,000원까지 올라서 그녀는 동료와 주식을 팔 계획이라는 글귀가 있다. 성장 초기 반도체 산업에는 '우리사주 제도'가 있었다. 1991년 ~ 92년에는 삼성전자가 삼성반도체통신을 완벽히 지배하는 구조로 바뀌면서 그전에 비상장회사였던 삼성반도체통신이 상장을 하게 된다. 회사에서는 대규모 투자를 위해 자금을 확보하고, 임직원들에게 이익을 나누면서도 환매 시점을 미룰 수 있다는 점에서 자사주 구매를 유도했다. 관리자들은 만 원대 가격으로 수백 주를, 사원들은 수십 주를 살 수 있었다. 그는 주식에 대해 알지 못했지만, 회사가 점점 발전할 것이고, 반도체의 세상이 올 거라는 희망으로 제조직 여사원들에게 우리사주를 꼭 사야 한다고 교육했다. 그가 맡은 4개 조는 90퍼센트 이상 신청했다. 압축 성장기의 한국 사회에서 반도체 사업에 주주로 참여할 기회를 갖게 된 삼성 반도체 노동자는 노동 소득을 넘어서 자본소득까지 획득하는 기회를 가질 수 있었다. 제조직 사원 중에서 부자도 생겨났다. 반면에 우리사주 구매 교육을 제대로 하지 않아서 신청률이 50퍼센트에도 미치지 않은 조도 있었다. 제조직 사원이 포기한 우리사주를 관리자들이 모아서 많게는 수 천주까지 구매해서 돈을 많이 벌었다는 소문도 돌았다. 그때 우리사주 매매를 강권하고, 아파트 청약 등의 정보를 조원들에게 전달했던 그는 종종 투자에 성공했다며 고마움을 표시하는 소식을 들을 수 있었다.

그의 감각은 예민해진다

그는 새롭게 성장하는 삼성반도체통신의 현장관리자가 되어 더이상 춥고 배고픈 가난의 감각을 벼리지 않게 되었다. 삼성에 들어오기전후 그의 실력이 갑작스럽게 달라진 것도 아니지만 삼성 안팎에서느끼는 감각은 사뭇 달라졌다. 그 감각은 물질적 변화를 수반한다. 월급, 통근버스, 근무복, 매킨토시 컴퓨터, 사원증, 그리고 24시간 멈추지 않는 생산 현장이 있다. 중소기업 월급만큼을 적금할 수 있고, 우리사주를 구매할 수도 있다. 라인의 문제를 개선하는 제안 제도가 있고, 자신을 성장시키기 위해 끝없이 공부하고 학습할 수 있다. 그 시절 그는 하루의 절반을 회사에서 보내더라도 행복했다.

바깥일에 대한 감각은 무뎌지고 삼성 내부에서 일어나는 모든 일에 그의 감각은 예민해졌다. 그는 동료인 조장과 조원들에게 시 낭송자였고, 또 다른 사회화를 제공하는 선배이며 자본소득을 올릴 기회를 알려주는 정보전달자였다. 바깥에서 삼성을 생각하는 감각과 달리, 삼성의 제조 현장은 어떤 면에서 끈끈한 모습을 보인다. 세계 최고의 반도체를 생산하겠다는 동일한 목표 아래 가족보다 더 가까운그들은 성과에 냉정할 때도 있지만 편지와 노트, 선물이 빈번하게 오가며 서로의 거리를 좁히고 서로를 북돋기 위해 노력한다. 삼성에 속한 각 구성원은 서로의 감각을 살핀다.

회사를 매출액과 영업이익률이 적힌 재무제표를 통해 본다면 직원은 인건비로 측정되며, 비용이 된다. 직원을 추가로 고용하는 비용이창출하는 생산성보다 큰가를 연구하며 한계생산성을 따진다. 감원하면 주가가 상승한다. 경영학과 경제학에서 말하는 회사의 정의는 통상 계약의 총체 nexus of contracts이다. 개인과 법인으로서 회사가 맺는 노동력과 노동 소득에 대한 교환관계로 표현된다. 누군가는 계약서의 조항 하나하나를 꼼꼼히 따진다. 어떤 업무를 할 것인지 명기하며, 직무기술서를 생성한다. 노동 현장에서 종이는 사라지고 인간의 지시, 이행, 타협과 반목하는 행동이 일어난다. 개인과 개인, 개인과 법인 사이에 조직도, 재무제표, 계약서, 직무기술서가 놓여 있다. 그의 시선은 기계의 속도와 하루 생산량에 맞추어서 움직여야 하는 4개 조 120명의 사연과 취향, 감각으로 향한다.

중층 기술(thick description)

중층 기술은 하나의 행위가 타자에게 어떻게 의미화하는지를 다양하게 기술하는 방법이다. 윙크가 사회적 맥락과 상황에 따라 의미가 달라지듯이 인류학에서도 행동뿐만 아니라 맥락, 문맥까지 기술하는 것을 강조한다. 천부장과 조장의 편지글에서 보듯이 그들은 생산관리 직반장과 조장이라는 상명하복 관계이지만 단순히 그렇게만 규정할 수 없다. 관계는 상황과 맥락에 따라서 때때로 달라진다. 인류학에서는 두껍게 쓰기, 혹은 중층 기술로서 하나의 사건에서 다양한 의미망(web of meaning)을 발굴해내려고 한다. 인류학에서는 온갖 데이터를 이어놓은 딥러닝 이미지처럼 이야기의 다양한 지점을 제시하면서 익숙한 해석을 통한 성찰은 물론 전혀 경험하지 못한 현장을 구체적으로 이해할 수 있도록 한다.

인류학 연구에서 일대일 인터뷰보다 현장 연구 및 참여관찰을 선호하는 이유도 중층 기술의 가능성이 크기 때문이다. 인터뷰는 대화의 전언이나 그가 전달하는 몸짓에만 의지한다. 하지만 1년 이상 연구 현장에 직접 참여해서 그들과 관계를 맺고 사람들의 행동을 살피면 다양한 장면과 시선을 발굴해낼 수 있다. 인터뷰를 통해서 재질문하고 의도를 반추해내는 방법도 있으나, 언어의 기술보다는 장면의 관찰이 중층 기술에 효과적이다.

참고도서 클리퍼드 기어츠, 문옥표 옮김(2009), 『문화의 해석』 까치.

TPM의 시간

박   조원들에게 시는 왜 읽어준 거예요?

천   시로 감성이 통하고, 여기서 오퍼레이터로만 사는 게 아니라 자
     신의 미래를 가꿔나가라는 묵시적인 의미가 담겨 있는 거지. 오
     퍼레이터 말고, 훌륭한 사람이 될 수 있다.

박   오퍼레이터는 훌륭하지 않아요?

천   오퍼레이터만 하고, 평생 아무것도 안 하는 게 좋은 건 아니잖아.

박   아무것도 안 하는 게 오퍼레이터예요?

천   응, 왜냐면 오퍼레이터는 생산하기 바쁘고, 고등학교 나왔다고 스
     스로 한계를 짓고, 일만 하잖아. 회사에서도 안 키워주고, 생산직
     으로 들어가면 거기서 끝나잖아. 일만 반복하고. 그렇다고 한번
     오퍼레이터가 영원한 오퍼레이터는 아니잖아. 나는 나중에 컨설
     턴트도, 교수도 될 수 있고, 또 다른 직무에서 성공할 수 있다고

생각하는데, 그건 학습, 성장의 중요성을 믿기 때문이야. 그래서 조원들에게 문학적인 시를 읽어주면서 포기하지 않고 뭔가를 배우도록 유도한 거지. 여사원들에게 방통대를 가라고 하면 좋아하더라고.

그와 나의 대화에 불이 붙었다. 나는 관리자인 그가 조원들에게 시를 읽어주는 이유가 직무 수행이라기보다는, 조원을 인간적으로 대한 것이라는 점을 알게 되었다. 그렇지만, 그는 근본적으로 회사에서 고등학교 졸업 학력으로 생산을 직접 책임지는 오퍼레이터 여사원들이 자신보다 못하다고 생각했다. 왜냐하면 그들의 직무는 주로 반복된 일이었고, 오퍼레이터는 언젠가는 더 나은 직무에 도전해 자신을 성장시켜야 하는 부족한 존재라 여겼기 때문이다. 그는 회사생활에서 끝없이 성장에 대한 갈증을 느꼈고, 현실에 만족하지 못했다. 그는 인간 삶의 목표를 사회에서 정한 목표에 다가서는 것이라고 믿었다. 그가 생각하는 훌륭함, 탁월함은 사회적 인정에 기대어 있다. 비슷한 관점으로 그와 대화가 깊어지자 어느샌가 그가 나를 불쌍히 여기는 순간이 포착되기도 했다.

천 준영 선생은 인문학 쪽이야, 소질 있어. … 이쪽에서는 업무적으로 빵점인지 모르겠지만. 준영 선생이 NGO 한다고 했을 때, 나는 하지 말라고 말렸잖아.

박 NGO, 인문학을 잘 모르시면서 뭘.

천 대충, 사회적이라는 건 알지, 준영 선생은 뼛속부터 이미 정해져 있는 거야. 장점이 많아. 이런 사람은 프리해야 돼. 건드리면 싫어 하거든. 준영 선생도 집안이 좋았으면 잘나갔을 거야. 배경도 돈도 없는 상태에서 하는데, 세상이 더러운 거지.

박 허허허.

천 총알이 없으니까 얼마나 서럽겠냐. 속에서는 썩을 거야. 준영 선생이 겉으로는 웃고 있지만, 더 크고 편하게 갈 수 있는데, 회사를 그만두고 비주류 쪽으로 꺾었잖아. 본인은 그게 편하다고 말하는데 진짜 그럴까?

박 그건 부장님의 판단이죠.

천 마음속에 안타까움이 있어.

박 부장님은 본인의 가치판단을 다른 데 대입시키려는 경향이 있어요. 고치셔야 합니다.

그와 내가 심정적으로 애착을 갖는 이유도 '총알이 없던' 가난에 대한 공통된 기억일 수 있다. 그렇지만 가난을 방어논리로 활용하는 것은 옳지 않다. 가난은 비주류이고, 가난 때문에 주류의 삶을 포기했다는 그의 주장에는 논리적 비약이 있다. 부유함과 주류가 되는 사회적 성공이 무엇인지는 알 수 없다. 그러나, 사회적 가치로 측정 가능하다거나 순위를 매길 수 있는 경쟁을 누구나 선택하고 싶어 한다는 그의 주장은 단편적이다. 그런데 "총알이 없으니까 얼마나 서럽겠냐" "속에서는 썩을 거야"라는 말을 듣는데 나도 모르게 눈물이 핑 돌았다. 괜찮은 척했지만 고달팠던 기억이 잠시나마 떠올랐던 것일까, 그의 진심이 느껴졌던 것일까, 간신히 고개를 숙이며 눈물을 감췄다가 고개를 들고 '부장님의 판단'이라며 냉정한 비판을 가했다. 물론 그도 주장을 굽히지 않았다. 그가 삼성에 들어와 안주하지 않고, 성장을 갈구하며, 회사의 발전에 한 몸을 다 바친다는 원칙은 때론 대단한 촌극을 만들기도 했다. 그가 안주하는 사람에게 관심을 거둔 것이 아니라, 오지랖이라고 불릴 만큼 끝까지 책임을 지려는 태도는 그간 한국 사회에서 개인과 개인의 선을 넘어왔던 관계의 형태를 여실히 보여준다.

그는 시를 읽어주며 다독이던 관리자이기도 했지만, 회사의 근무 원칙은 명확히 지키려 했다. 그가 직장으로 근무하던 어느 날, 오퍼레이터 여사원들이 절반도 출근하지 않았다. 생산 라인 앞에 있는 교육장에서 이유를 따져 묻자, 다른 교대 근무 조에서 잔업과 야근이 심하다며 강력히 항의했다. 그의 말로 '스트라이크' 곧 파업이 일어난 것이다. 그는 갑자기 돌변해서, 라인의 출입문을 닫았다. 그러고는 오퍼레이터 여사원들에게 말했다.

여러분들은 신뢰가 없어, 어떻게 불만이 있다고 회사에 안 나올 수 있어! 근무할 자격이 없으니 아무도 라인에 들어오지 마, 라인 가동 중지시켜!

나에게 말하는 순간에도 그의 눈빛에서 단호함과 그때의 굳은 결심이 드러났다. 그의 35년 회사생활 중에서도 가장 기억에 남는 순간이라 했다. 그는 회사에서 할 일은 하면서 불만을 이야기하라는 관리자였다. 그는 하루 생산량 미달로 욕먹을 각오를 하고, 생산을 중지시켰다. 놀란 여사원들이 4시간 만에 다 모여서 그에게 사과한 후에야 라인이 다시 가동되었다. 그도 그런 배짱이 어디서 나왔는지 모르겠다면서 자신의 방식이 틀리지 않았다고 강조했다.

그가 오퍼레이터의 성장과 발전을 격려했던 것처럼, 그는 사내 제안 제도를 충실히 활용했다. 현장에 개선사항이 있을 때 제안을 올리면, 회사는 1~9등급까지 등급을 매겨 그에 맞는 보상을 해줬다. 그는 3개월 만에 386건의 제안을 올려, 제안왕이 되었고 포상금도 받을 수 있었다. 386건이 무엇인지 질을 떠나서 그 양에 놀라울 따름이지만, 그마저도 다른 제조 부서에 경쟁자가 많아서, 겨우 수상할 정도였다고 한다. 그 정도로 삼성에 속한 이들은 끊임없이 현장의 문제를 발굴하려고 노력했다.

그는 끝없이 성장하려고 몸부림쳤다

삼성전자 반도체는 생산량을 맞추는 반복 작업에도 불구하고 끊임없는 개선작업으로 완성되어갔다. 그는 특히 일본의 도요타 생산방식인 TPM Toyota Production Management 과 미국 모토로라에서 시작된 식스시그마 Six Sigma 방식을 손꼽았다. 식스시그마의 경우 삼성과 그에게 큰 전환점으로 작용하기 때문에 이후에 중점적으로 설명하기로 하고,

여기서는 먼저 TPM을 다루기로 하자.

　TPM은 생산 최적화를 위한 설비효율과 보전방식이다. TPM은 단순히 설비효율 지표관리나 방법론으로서의 접근을 넘어서 설비보전을 대하는 관점과 태도의 변화를 꾀한다. 그는 제안 제도 우수사원으로 선발되어 후지산으로 TPM 연수를 갔는데, 후지산에서 소리를 지르며, 몸과 마음을 단련했던 경험을 들려줬다. 나도 삼성에 다닐 때 그와 유사한 TPM 교육을 받았다. 몸과 마음을 일치시킨다며 "나는 성취인이다"를 한 시간 내내 외쳤던 적도 있다. 처음에는 창피한데 앞에 서 있는 강사의 시범을 보면서 웃다가도, 이내 진지해졌다. 골이 울릴 정도로 소리를 지르고, 이곳에 나만 있는 것처럼 고성을 지르면서 어느샌가 나를 잊어버린 것 같은 감정을 느꼈다. 흡사 선종 불교에서 큰소리를 버럭 질러 한순간에 삶의 번뇌를 없애는 '할'이나, 스님이 '죽비'를 때려 정신을 차리게 하는 것과 비슷하다. 몸과 마음을 분리하지 않는 동양적 인식체계를 느낄 수 있다.

　TPM은 이에 덧붙여, 행동방식으로 '3정 5S'의 생활화를 강조한다. 3정은 정위치, 정물, 정량의 줄임말이다. 설비보전활동에서 설비예방보전을 위해 작은 나사 하나도 정확한 위치에, 정확한 종류로, 정확한 수량이 있어야 한다는 것이다. 5S는 일본어 다섯 단어의 첫 글자가 모두 S로 시작하기 때문인데, 우리말로는 정리, 정돈, 청소, 청결, 습관화이다. 자못 당연해 보이는 행동양식이지만, 값비싼 설비가 나사 하나로 구동되지 않는 경우도 다반사여서 '3정 5S'의 생활화는 중요했다. 무엇보다, 정위치에 물건을 두지 않아서 그것을 찾느라 설비를 정지해 손실이 늘어나고, 청결하지 못해 설비보전의 품질이 저하될 수도 있기 때문이다. 이런 행동의 총체가 설비의 정지를 최소화해서 결국에 궁극적인 생산량 증대로 다가갈 수 있다는 생각이다. 몸과 마음이 일치하고, 몸이 행동양식을 체화했을 때, 숙련에 이르게 된다. 오랫동안 삼성의 제조 현장을 자문했던 무라타 선생의 이름이 기억나 그에게 물어봤다.

박　무라타 선생은 뭐가 달라요?

천　보는 눈이 다르더라고. 사물을 보는 눈. 맥이 뭔지를 제대로 짚고, 보이지 않는 걸 봐. 직면과 관찰이라 할까. 무라타 선생은 30년 동안 그 분야에 있었잖아. 오로지 설비생산성과 효율 최적화, 설비 오리지널, 그걸 30년 동안 하면서 기록하고, 설비관리의 최적의 방법이 뭔가를 고민한 거지.

　그는 삼성이 최고의 회사라는 자부심 때문에 사원복을 입을 때는 늘 어깨에 힘을 주고 다녔다. 그가 조금 더 높은 관점을 원하고, 원칙을 세우고 지키려 하는 점은 회사에서 제공한 선진 교육의 결과일 수 있다. 그는 배우려고만 하면 교육의 기회가 있고, 성장할 생각만 있으면 언제나 새로운 것을 만들 수 있어 행복해했다. 그는 제안 제도에 충실하고 TPM 연수도 받으며 생산에 충실했지만, 위기에 처한다. 생산만 무식하게 했는데, 생산보다 공정이나 설비기술의 미래가 더 밝을 것 같다고 판단했던 것이다. 그 이유에 대해 그는 이렇게 답했다.

우리는 너무 주먹구구식이어서, 미래가 안 보이고, 조직관리를 어떻게 해서 키우겠다는 생각도 없었던 것 같아. 부장도 그렇고, 우리 과의 과장도 그렇고. 그래서 나는 이제 여기서는 더이상 성장을 못하겠구나 생각했지. 두 번째는 그때 대졸 출신들이 막 현장 직장으로 들어왔어.

끝없이 성장하려고 몸부림쳤던 그는 생산 부서가 아닌 기술 부서로 이동을 요청했지만, 받아들여지지 않았다. 그리고 선배들의 인사 적체와 대졸 사원들의 대거 입사로 경쟁이 치열해져서, 그는 과장 진급에 두 번이나 떨어졌다. 성장의 욕구에도 불구하고 그는 온갖 차별의 상황에 놓여 있었다. 돌파구가 필요했다.

현장 연구와 참여관찰

인류학이 다른 학문과 가장 대별되는 지점이 '현장'과 '사람'이 직접 등장한다는 점이다. 천부장이 삼성전자 반도체 후공정 제조 직반장으로서 바라보는 '현장'과 시를 읽고, 제안을 하고, TPM 활동을 하는 '사람'은 전형적인 대기업의 이미지, 반도체라는 첨단 기술에 대해서 다시 한번 생각하도록 이끈다. 이러한 현장이 있기 때문에 이야기는 끝없이 새로워질 수 있으며 거기에서 인류학 연구는 생명력을 확보하게 된다.

예전의 인류학 연구가 해외의 낯선 곳에 외계인처럼 떨어져 새로운 인류를 발견한 이야기를 썼다면 현재는 지구상 대부분 지역이 근대 문명을 받아들여, 아주 새로운 현장은 찾아보기 어렵다. 그렇지만 역설적으로 오늘날에는 기업 현장의 생생한 모습을 그려내는 일이 어려워지면서 또 다른 낯설음으로 등장했다. 그래서 인류학 연구자가 현장을 구성해서 새로운 시선을 제시할 수 있게 되었다.

이번 책에서 나는 천부장이 그려가고 내가 경험한 삼성전자 반도체 현장을 기반으로 하지만 동시에 그와 나의 만남의 장소, 둘이 나눈 SNS 플랫폼도 현장에 포함했다. 현장에 직접 들어가서 연구하는 참여관찰이 인류학 연구에 중요한 방법론이라고 할 수 있다. 말과 행동의 간극에서 볼 수 있는 현장의 맥락과 개인의 사정 등 다양한 이야기들을 현장에 포함하고 들여다본다. 육하원칙으로 구분해보면 기존의 학문에서 '왜, 무엇을, 어떻게(Why, What, How)'라는 논리를 발굴했다면, 인류학에서는 '시간, 공간, 인간(When, Where, Who)'의 장면을 포착한다.

참고도서 팀 잉골드, 김지윤 옮김(2020), 『팀 잉골드의 인류학 강의 : 왜 그리고 어떻게 인간을 연구하는가』 프롬북스.

'경영'에 대한 태도

　직장과 반장, 그리고 조장은 삼성전자 제조 현장의 현장관리자이다. 그는 제조 현장에서 생산 납기를 맞추기 위해 불철주야 뛰어다녔지만, 현실은 녹록하지 않았다. 그가 가진 경영에 대한 큰 뜻, 회사와 함께 성장하겠다는 진정성 있는 목표는 과장 진급에서 벼랑 끝에 내몰렸다. 그는 노사위원에 도전하기로 했다. 이유는 무엇보다도 진급을 위해서였다. 노사협의회의 직원 대표에게는 일정 정도 유리한 처우를 해줬다. 그래서 '어용'이라는 소리를 듣기도 한다.

천　직장이 하는 일은 늘 같은 패턴의 반복이라 미래가 암울하다는 생각이 들더라고. … 그래서 기술로 전배시켜 달라고 했는데, 안 보내줬지. 이래서는 과장 진급을 할 수 없겠다, 어떻게 해야 할까, 고민하다 노사위원이라도 해야겠다고 생각했지.

박 그때도 노사위원에게 상위 고과를 주지 않았어요?

천 일을 잘하면 상위고과를 받기도 하지.

　삼성전자 DS부문의 전신, 삼성반도체통신은 1984년부터 기흥, 화성사업장에서 노사협의회를 발족했다. 지금은 노동조합이 활동 중이나, 회사 인수합병 이후 반도체 사업에 뛰어들 때부터 경영진은 노동조합보다는 노사가 같이 성장해가는 상생의 노사협의회를 선호해왔다. 이병철 전 회장부터 내려온 '내 눈에 흙이 들어가도 노조는 안 된다'고 했던 비노조 경영 원칙이었다. 삼성에서 아주 오랫동안 주장해온 이 원칙은 노조를 없애는 '무노조'가 아니라, 노조는 아니라는 '비노조' 방침이었다.

　기흥 전공정 3라인 건설과 동시에 후공정 라인이 온양에 만들어진 1991년에 온양사업장에 노사협의회가 만들어졌다. 온양사업장에서는 9개 부서에서 노사위원을 한 명씩 선발했고, 그중에서 대표를 선출했다. 보통의 경우 한 부서에서 한 명이 입후보해서 찬반을 묻는 것으로 선거가 진행되는데, 그가 노사위원에 나갔을 때는 공교롭게도 같은 부서에 후배 입후보자가 있었다. 물밑 작업을 통해 "너는 나보다 어리니까, 양보해줘라, 다음에 하면 안 되냐?"고 물어봤지만, 결국 경선을 통해 그가 제조 부서의 노사위원으로 당선됐다. 대표 노사위원까지 생각했지만, 분과 위원장으로 일했다. 그는 다시금 정의감과 원칙이 발동했다.

천 노사법을 연구해서 제안하고 또 연구하며, 아이디어 제시했지. 협상하러 들어갈 때 대표가 나를 꼭 데려갔어. 내가 대표는 아니지만, 주도하고 상담하는 일은 내가 작전을 짜가지고 갔거든. 그럴 만한 사람이 없었어. 노사위원이 되겠다는 사람만 있지, 제안을 가져가서 노사 안건으로 올릴 사람이 없었던 거야.

박 부장님은 왜 그런 거예요?

천 나는 미션과 사명이 있었으니까. 그래서 진정성 있게, 노사를 위한 일을 하자고 생각했지. 노사위원들이 그동안 뭘 했냐 이거야. 스태프 부서에 동조하는 거수기만 했지. 현장의 아픔이 뭐고, 회사에 원하는 게 뭔지, 건의하자고 노사위원들에게 안건을 뽑아오라, 요구했는데 다른 사람은 잘하지 못하더라고.

삶을 견뎌내고 이겨내야 한다

그는 역시 허투루 일하는 바가 없었다. 아무리 자신이 과장 진급을 위해 활용하는 노사위원이라도, 그 직무에 충실했다. 다른 노사위원들은 그를 부담스러워했을 것이다. 그는 앞으로 여러 자리에서 바로 그 '정의'와 '역할'에 맞는 일이 무엇인지를 외치며 끝없이 자가발전을 시도한다. 자주 나올 일이니, 너무 놀라지 마시기 바란다. 노사위원들은 현장 직원들에게 회사의 어려움이 있으니 이해해달라고 말한다. 사측 대표인 사업장의 대표 임원이나 인사 담당자의 필요사항을 해결해주기 위해 현장을 다독이는 역할을 한다. 특히나 사측과 이견이 있는 직원들도 노사위원들의 말에 동의하는 방향도 만들어졌다. 그럼에도 그에게는 발동하는 공명심에 '미션'과 '사명'이 있었다고 말한다. 삶의 어려움에 대한 아픔과 연민이라고 볼 수도 있다. 그렇지만 그는 삶을 견뎌내고 이겨내야 한다는 생존과 전투의 언어에 익숙했기 때문에 '연민'이라는 단어를 쓰지 않았다. 그가 가진 애매한 위치는 오랫동안 회사의 방침에 따랐던 사람이 회사의 절차가 인정하는 방법론 아래에서 변화를 꾀하는 실용적이고 현실적인 접근이면서, 때로는 큰 문제를 일으키지 않으려는 안일함이라고도 할 수 있다. 그의 정의감도 회사에 반대할 정도로까지 강하지 않았다. 그는 모두가 만족할 수 있는 대안을 찾으려고 애썼다. 다소 긴 대화를 인용하며 그와 나의 간극과 긴장을 제시해보려 한다.

천   노조는 노동조합이잖아. 그런데 노사는 협업하는 관계라고. 노사하고 노조는 다른 거야.

박   노조를 왜 이렇게 싫어하세요?

천   노조는 워낙 강성들이 많고, 자기들 기득권을 챙기는 모습, 나는 그게 싫은 거야. 정말로 전체를 위해서 활동하고, 기득권을 안 챙겼으면 좋겠어.

박   삼성은 노조보다 노사협의회를 중시해왔잖아요.

천   나는 회사가 잘 대응해왔다고 생각해. 노조가 있었으면 이렇게 발전하지 못했어.

박   너무 세뇌교육을 받은 거 아니에요?

천 　아니지, 그건 아니야. 반도체가 이렇게 빠르게 발전할 수 있던 건 하나가 됐기 때문에 가능했던 거야. 우리가 세계를 이긴 것은 빠르게 한 덕분이잖아.

박 　부장님이 너무 몸을 갈아 넣은 거 아니고요?

천 　아니, 그건 내 개인적인 생각이고, 회사 전체의 발전이라는 측면을 봤을 때는 그렇게 갈 수밖에 없었다는 거지. 다 같이 일했기 때문에 나쁘다고는 생각 안 해. 임원이고 뭐고 12시간씩 일했으니까.

박 　그래요?

천 　나는 노조가 필요하다고는 생각해. 그런데, 진정한 노조의 역할이 뭐냐를 고민해야지. 나는 발전이 없는 개인과 조직은 있으나 마나 하다고 생각해. 동전의 양면을 봐야 한다는 거지. 둘 다 봐야 해.

박 　노조는 단면만 있다?

(중략)

천 　나는 양쪽을 다 봤어. 노동 현장에서 실제로 노조 문제로 회사가 망하는 것을 봤지. 노조활동하는 사람들이 기득권을 가지는 순간, 회사가 망하더라고.

박 　경영진도 기득권이잖아요?

천 　그렇지. 그런데 경영진은 종업원을 취직시켜서 끌고 가는 게 있잖아. 노조는 생산적인 측면이 없고.

박 　그래요? 그게 무슨 의민데요.

천 　노조는 노동자가 피해를 입을 만한 상황에서 보호해주는 역할을 하지. 그런데 가치창출의 측면은 없잖아. 경영은 없는 회사를 만들고, 공장을 짓고, 일자리 창출해주는 영역도 있고, 돈을 만들어서 주잖아. 노조는 다 만들어진 상태에서, 그 안에서 그 이익을 얼마만큼 대변하는 거지. 그래서 노조 자체가 생산적이지 않다는 말이야.

박   그게 생산적이라고 볼 수도 있잖아요?

천   내가 봤던 노조들은 그런 건전한 제안, 생산성을 올리기 위한 제안, 더 좋은 회사를 위해서는 어떻게 해야 한다고 제안하는 걸 본 적이 없어. 얼마 벌었으면 얼마 내라라. 우리의 기득권을 보장해라, 그런 주장만 있었지.

그 시절의 현재에 맞게

아마 그도 오랜만에 노조나 노사와 관련된 언쟁을 벌였을지 모른다. 주류 언론은 노조를 '강성'과 '귀족'이라는 프레임으로 표현한다. 그러나 언론은 한국 사회의 노동 조건이 양극화되어 있으며, 노동조합 가입률이 10퍼센트를 겨우 넘어서는 수준임을 알리지 않는다. 더구나 우리나라의 GDP 성장 대비 실질임금의 성장이 매우 더디다는 사실에 침묵하며, 삼성과 몇몇 기업의 뛰어난 매출과 높은 성과금만을 연일 보도한다. 노조의 전형적인 모습, 곧 머리에 띠를 두르고, 단체로 조끼를 입고, 확성기를 트는 모습이 비합리적이고 세련되지 않다고 평가할 수도 있다. 약자는 표현해야 한다. 밀양 송전탑 건립을 반대하기 위해서 거리에 누웠던 할머니들의 울음과 몸짓 속에서 못 사람들은 느끼는 바가 많았다. 강자는 명료한 언어와 매끈한 서류를 내밀지만, 약자는 호소를 통해 자신의 상황을 토로한다.

그는 사측 논리를 중심으로 한 임금 정책을 지키는 것이 합리적이라 생각했다. 조금 더 노동자 측을 대변하면 기득권을 챙기려 한다거나, 회사의 발전에 저해되는 무리한 요구를 한다고 판단했다. 그는 임원도 직원도 '우리'로 묶어서 다 같이 일하면서, 세계적인 성공을 조기에 달성했다고 자부했다. 그리고 경제적 보상이 분명 '나'로 개별화되었기에, 개인적 불만이 있더라도 회사를 위한다면 참을 수 있어야 한다고 믿었다. 이런 그의 사고방식이 현재도 설득력을 가질 수 있는가 묻게 된다.

이는 인간의 헌신과 기여, 그리고 보상에 대한 비용과 정도의 문제와 연결되어 있다. 노조의 요구가 '가치창출'을 저해한다는 논리는 노동자는 임금만큼 일하게 되어 있으며, 복리후생을 증진해도 기여는 증가하지 않을 것이라는 가정이다. 그는 이런 입장에 서 있다. 왜냐하면 노동을 정형화된 자원이라고 여겼기 때문이다. 게다가 개인보다 회사의 생존이 앞서고 개인은 교환가능하다는 논리를 가지고 있다. 그는 노동의 질을 어떻게 높일 수 있을까를 묻지 않는다. 반면, 회사가 일정 정도 성공을 거둘 때까지는 파이를 나누기보다 키워야 한다는 논리와 기다림을 받아들인다. 그를 비롯한 수많은 삼성의 직원들에게 성공을 나누는 미래는 아직도 온 적이 없거나, 나누었다 해도 그들의 것이 아니었다.

그와 나의 평행선을 달리던 대화에서, 그는 원래 주제로 유려하게 복귀했다. 그는 노사위원으로서 '정의'를 달성하고, 실용적으로 사측과 협상하기 위해 혹은 사측 대표의 관점에서 설득과 허락을 받기 위해 면밀히 준비했다.

천 노사위원을 하면서 느꼈던 것은 매일 생산만 하고, 품질을 따지다가 임원, 공장장을 만나다 보니까, 격이 다르더라고.

박 그 사람들은 어떻게 달라요?

천 우리는 '생산'이고, 그 사람들은 '경영'이잖아.

박 부장님은 경영과 생산, 이런 것에 차이를 많이 두는 거 같아요.

천 나 스스로 그 사람들을 높게 봤어. 그래서 그 사람들과 비슷한 시선을 가지려고 무진장 노력했지. 학습을 많이 했어. 노사관계법, 노동법, 사회복지법 등등.

박 그 사람들은 그것을 잘 모를 거 아니에요.

천 그건 상관없어. 적어도 내가 제안이나 설득을 하려면 뭘 알아야 할 거 아니야. 나사 하나 바꾸는 게 아니니까, 전 사원을 대상으로 하는 거니까 그에 따른 무게가 있지. 조직원 댓 명, 우리 부서가 아니라, TP센터 전체를 보고 삼성전자를 보고 해야 하니까.

꼬치꼬치 묻는 나에게 그도 대화 말미에 언성을 상당히 높였다. 충분히 알 만한 사람이 왜 그런 것을 묻느냐는 짜증일 수도 있고, 그런 것도 모르면서 어떻게 회사생활을 했느냐는 꾸중일 수도 있다. 그는 생산보다 경영, 사원보다 사장, 노조보다 회사를 더 높이 생각하는 주류의 시각을 가지고 있었고, 소위 마이너리티는 중요하지 않다고 여겼다. 옳은 것보다는 강한 것, 혹은 강한 것이 옳다고 생각하는 것 같았다. 그런데 나도 회사를 나온 뒤 그와 같은 입장에서 비슷한 이야기를 한 적이 있다. 성소수자 운동이나 소수정당 운동을 하는 대학원 동료에게 현실적으로 의견을 관철할 전략이 무엇인지 물었다. 현실감 없는 외침이나 전복적인 주장이 자기 위안이 아닌지를 물었던 것이다.

내가 회사를 나와 상아탑에서 인문학을 전공하며 놀란 것은 학문적으로 모든 차별은 철폐될 충분한 논리와 연구가 즐비하다는 점이었다. 성평등, 경제적 불평등, 지구환경의 지속가능성을 넘어서 세계의 평화까지 이론적으로는 아주 탄탄했다. 그러나 그런 유토피아는 존재하지 않는다. 어떤 사회적 현상에도 개개인의 욕망이 투영되지 않은 것이 없다. 유토피아를 향해 욕망을 조절하고 협상할 뿐이다. 결국 어느 곳에서 나 또한 그와 같이 주류였고, 그 또한 어떤 면에서 나와 같은 비주류다.

오랫동안 그가 갈구했던 '경영'을 중요시하는 태도는 삼성을 한 방향으로 움직이게 했던 원동력일 수 있다. 통상, 임원이 되는 것이 회사원의 궁극적 목표이기 때문에, 임원의 말을 무조건 신속히 해결해야 하고, 사원이라도 임원과 사장의 시각에서 생각하기를 강요받는다. 그런데 만약, 임원이 되는 일을 목표로 하지 않는 회사원이 있다면 어떤 지점에서 설득력을 확보할 것인가?

그는 노사위원을 하면서 현실적인 의사결정권자의 시각에 맞춘 준비로, 그가 강조하는 '굵직한' 두 가지 일을 성사시켰다. 사업장 내 흡연실 설치와 잔업 시 특근수당을 올린 것이다. 흡연실 설치의 논리는 탄탄했다. 생산 현장에서 설비유지관리 인력 중에서 60퍼센트가 방진복을 평상복으로 갈아입고 담배 피우러 가는 데 하루 평균 약 3시간을 쓰고 있었다. 작업장과 흡연장의 거리를 줄이면, 인건비 손실을 훨씬 줄일 수 있다는 것이 그의 논리였다. 특근수당 인상건은 삼성전자의 정책으로 반영될 정도였으며, 그의 말을 그대로 인용해 표현한다면, "온양 촌구석에서 삼성전자 본사까지 가서 설명회를 성공적으로 진행"했다. 그 논리도 탄탄했다. 특근수당이 일정 금액 이하일 때 무의미하게 남아 있는 사람들이 있고, 생산성도 나오지 않기 때문에, 노동 생산성과 비용의 최적점은 특근수당을 올리는 것이라는 게 그의 주장이었다.

특근수당 상승이 잔업의 감소를 불렀을지는 미지수이지만 소득을 더 높이 받을 수 있었고, 흡연실 이동시간 단축을 통해 제조 현장의 인원 부재를 해결할 수도 있었을 것이다. 하지만 다른 한편으로 직원들의 여유는 사라지기도 했을 것이다. 그는 현실에서 방법을 찾으려 부단히 애를 썼다. 거수기가 되지 않았던 노사협의회를 처음에는 스태프 담당자들도 꺼렸다. 하지만, 그의 평가를 빌리면 굵직한 성과를 거두고 경영진도 설득했기 때문에 나중에는 호응도가 컸다고 한다.

내가 두 건 정도 굵직한 일을 3개월 이상 준비했어. 데이터를 조사하고, 분석하고, 법적 자료, 과거 협의했던 자료를 혼자서 다 뒤져 6

쪽씩 자료를 만들었으니까. 노사 안건, 1매 요약 현황, 손실 현황, 물가 동향, 법적 근거, 과거 협의사항, 요구사항 정도로 올려야지 사원과 회사에 도움이 되지. 제안 사항에 대한 근거를 마련하려고 사진 찍고, 데이터 조사한 거 첨부해서 올리고, 그랬으니까. 하나 준비하는데 2, 3개월씩 걸렸지. 틈날 때마다 주말도 없이 인터뷰도 하고, 직반장들한테 물어봤지, 담배 피우러 몇 명이나 가냐, 얼마나 걸리냐, 어디까지 가냐, 조립·유틸리티 부서에 다 물어봤지. 근거를 제시하려면 100명에서 150명 정도 해야잖아. 나는 200명 정도 했지. 그래야 씨알이 먹히거든.

1997년 3월 굵직한 두 건의 성과가 없더라도 그는 과장으로 진급할 수 있었을 것이다. 1997년 말까지 노사위원의 역할을 해야 했지만, 과장은 노사위원을 하지 못한다는 규정에 따라 노사위원을 그만두었다. 그간의 공로를 인정받았다고 할까, 그는 제조 현장의 직반장이 아닌, 제조팀의 교육 담당 스태프로 직무가 전환되었다. 과장 진급 누락 두 번의 어려움을 그는 자기 노력으로 이겨냈다. 그가 바라던 경영으로 조금씩 힘찬 발걸음을 내디딜 때, 한국 사회의 역사적 전환점, IMF가 왔다.

응용인류학과 비판인류학

천부장이 '어떻게 한 걸음이라도 회사나 임직원이 나아질 것인가'를 고민하는 것과, 과연 '나아지는 것은 무엇인가, 왜 나아져야 하는가?'를 묻는 것은 큰 차이가 있다. 인류학을 나누는 다양한 방식이 있으나, 이 질문의 차이를 기반해서 응용인류학과 비판인류학으로 구분할 수 있다. 응용인류학이 어떻게(How)를 물으며, 방법과 효율에 집중한다면, 비판인류학은 방향과 효율은 무엇(What)이라고 할 수 있으며, 왜(Why) 방향과 효율이 정해졌는지를 고심하는 것에 가깝다.

예를 들어 앞서, 계몽으로 무지몽매한 비서구 지역을 일깨우는 도구로 활용되던 인류학이 제2차 세계대전을 겪고 성찰의 학문으로 돌아섰다는 이야기를 했다. 게다가 서구는 제2차 세계대전 이후에 선진국과 개발도상국으로 세계를 구분하고, 선진국의 잉여물자나 근대적 기술을 개발도상국에게 전달하고 경제를 성장할 수 있도록 도움을 주는 것을 국제개발, 경제발전의 정책으로 구축해갔다. 그에 따라 공여국과 수혜국의 지위가 생겼다. 인류학도 어떻게 하면 선진국처럼 발전할까에 집중하는 것이 개발인류학이라면, 과연 개발과 발전은 무엇이며, 어떤 의미가 있는가를 궁리하는 것이 발전인류학이다. 다양한 현장 연구, 참여관찰, 인터뷰가 진행되겠으나, 연구자의 위치에 따라서 그 결과는 달라진다.

참고도서 제임스 퍼거슨, 조문영 옮김(2017), 『분배정치의 시대 : 기본소득과 현금지급이라는 혁명적 실험』 여문책.

초격차의 서막

IMF는 국제통화기금International Monetary Fund의 약자이다. 제2차 세계대전이 종식될 무렵 승전국을 중심으로 금본위제, 달러 연동으로 축약되는 브레튼우즈체제가 도입된 이후에 환율안정, 경제성장, 국가의 지불능력 제고를 위해 설립되었다. 그 후 베트남전쟁 비용 충당을 이유로 미국은 금과 달러의 연동을 없애고 화폐를 무한히 찍어낼 수 있는 '금태환 중지'를 선언했다. 그런데 믿을 수 있는 화폐가 달러밖에 없다는 사람들의 판단에 따라, 달러는 여전히 기축통화의 자리를 지키게 되었고, 영어와 함께 미국의 최대 수출품이 되었다. 왜냐하면, 미국이 자국의 소비를 증진하기 위해 경기 부양책을 써서 달러 가치가 하락하면, 신흥국은 상대적으로 낮은 가치의 달러를 재빨리 매입해서 자국의 외환보유고를 높이려고 한다. 그러면 다시 달러 가치는 상승한다. 이는 미국의 소비를 각국이 떠안는 결과를 초래했다. 동시에 IMF는 한국과 같이 외환위기를 겪는 국가에서 금융시장 개방, 노동시장 유연화, 고환율 정책을 강제함으로써 흑자 기업마저도 싼값에 사들여서 비싼 값으로 팔아넘길 수 있게 되었다. 금융시장 개방을 통해 국가의 부는 쉽게 빠져나가게 된다.

1997년 12월 3일, 한국은 IMF에서 긴급자금을 지원받으면서 위에서 말한 금융정책들을 받아들이게 된다. 국내 언론은 샴페인을 일찍 터뜨렸다며 국민의 과소비를 지적하다가, 허리띠를 졸라매야 한다고 주장하거나, 대우·한보로 대표되는 부실기업의 방만한 경영이 잘못이라며 한국의 경제주체에 대한 비난을 일삼았다.

IMF의 결과는 사회 전반적인 현상으로 드러났다. '87년 민주화' 이후, 90년대 초 여소야대 정부에서 임금의 상승, 노동자 대투쟁과 노동자 정당의 등장, 페미니즘 운동 등 차별을 해소하자는 움직임이 잠깐 일어났다. 권위적인 정부가 사라지고 집단의 일원이 아닌 한 인간으로서 개인이 등장하려는 찰나, 경제적 파국은 모든 것을 앗아가 버렸다. 서로를 존중하지 않는 세대론과 각자도생의 개별 인간이 등장했다. 협력보다 경쟁에 익숙한 학창 시절을 보낸 세대는 평생 고용이 불가한 노동환경을 당연하게 받아들인다.

IMF 이전부터 회사생활을 해온 그에게 한국 사회의 격변은 어떻게 다가왔을까? 그 시간을 들춰 보는 일은 만만하지 않으면서도 동시에 상당히 낯설게 느껴지기도 한다. 국가와 가족, 개인을 동일시했기에 가능했던 '금모으기 운동'은 지금은 더이상 가능하지 않다. IMF 이전까지는 추석 때 큰 선물 보따리를 임직원들에게 안겨주었는데

IMF가 터지자마자 많은 복리후생은 사라졌고, 회사에서 선물을 받는 것이 오히려 낯설게 되었다.

IMF사태에 따른 전 지구적인 금융시장 일원화와 노동 유연화는 삼성전자에도 직접적인 영향을 미쳤다. 회사와 경영의 언어로는 구조조정, 다운사이징, 인력효율화라는 단어이지만 한 인간에게는 해고, 사회적 죽음으로 표현된다. 『삼성전자 40년사』에도 전체 인원의 1/3가량 감원되었고 임직원의 헌신적인 노력으로 구조조정이 이루어졌다고 밝히고 있다. 하지만 그 업무를 직접 감당해야만 했던 사람의 감각은 달랐다. 그는 처음에 외환보유고가 바닥이라는 얘기를 들었지만, 그 정도로 심각한 줄은 몰랐다고 한다. 그렇지만 곧이어 그가 생전 처음 접한 '인력효율화' 프로젝트가 등장했다. 안타깝게도 그는 인력효율화의 현장 실무자가 되었다.

박 부장님이 노사위원을 한 다음에 교육센터로 가서 사람을 정리하게 된 거예요?

천 그렇지. 과장 달자마자, IMF가 터졌고, 경영 스태프에서 인력효율화를 하다가, 우리한테 넘겼어. 50% 정도로 줄여야 한다고.

박 1/3만 줄이는 거 아니었어요?

천 원래 절반으로 줄이라고 했어.

박 다른 삼성 선배도 그때 딱 1/3을 줄였다고 하더라고요.

천 전공정Fab은 그랬는지 모르겠는데, 우리는 후공정이라서 그런지 50퍼센트라고 했어, 2,000명으로 가라고.

박   노사위원했던 사람이 1년 후에 갑자기 사람을 자르고 있잖아요. 그때 느낌이 어땠어요?

천   나는 노사위원이 끝나고, 제조교육센터에서 직무교육을 했는데, IMF가 터지니까, 우리 업무에 스태프에서 추가로 준 거야. 내가 7대 노사위원 경력이 있으니까, 어쨌든 나는 사측의 입장을 주로 반영했으니까.

그는 맡겨진 직무에 충실할 수밖에 없었다

그는 IMF 이야기를 꺼내자 쉽게 감정을 드러내지 않았다. 어떤 때보다 차분하게 말했고, 말투도 사뭇 조용해졌다. 인터뷰 녹취록을 만들면서 볼륨을 최대로 높여야 할 정도였다. 삼성전자 반도체의 맨 마지막 공정에서 생산을 담당, 치열하게 일하면서 피로도 쌓였지만, 최선을 다했다는 자부심이 남아 있다고 하던 그였다. 직반장으로 근무태만인 여사원들을 근무지에서 내쫓았던 목소리, 삼성의 노사 운영 정책에 대한 확신에 찬 눈빛, 노조가 가치를 창출하지 않는다는 강한 확신. … 그의 몸에는 힘이 있었다. IMF 때 내가 "느낌이 어땠는지?" 물어도 단지 직무를 연계 받았다는 이야기로 우회해서 대답하기만 했다. '노'와 '사'의 중간에서 모두가 만족할 만한 굵직한 결과를 만들어낸 노사위원의 경력도 결국에는 사측 입장을 반영했다는 조용한 말투로 바뀌었다. 목소리가 조용하다 못해 희미해졌다.

천 처음에는 IMF가 뭔지도 몰랐어. 한 3개월쯤 흐른 뒤, 관리자들을 막 내보내는데, 누구는 스스로 옷 벗고 나가더라고. 소문이 도는 거야, 회사가 문 닫을 수 있다, 이런 설들이 많이 돌았고. 절반으로 줄인다더라 그런 소문도 돌았어. 6개월쯤 되니까 실제 목록을 작성하라는 거야. 그래서 느꼈어. 과장된 지 1년밖에 안 됐는데 잘리는 거 아니야? 불안하다, 집사람한테 뭐라고 하지? 부동산을 해야 하나, 걱정하면서 출근한 거지. 그런데 인력효율화 업무를 하라는 거야. 안 하려고 했더니, 안 하면 안 된다기에 어쩔 수 없이 했지. … 어쨌든 인력효율화하면서 뭘 느꼈느냐면, 회사가 없어질 수 있으니 해야 한다고 생각하다가도 어느 순간, 정말 못 하겠더라고. 우리 팀장도 너무 많이 하지 마라, 숨겨라, 어떻게 블록을 해가지고 필요한 인력이 2.5명이면 필요 인력을 두 명 하지 말고, 세 명이라고 해라. 그러다가 너무 열심히 했나, 어느 순간 더 이상 못 하겠더라고.

박 못 하겠다는 이유가 뭐예요?

천 알고 있던 주변 사람들을 내보내야 되니까.

　그가 그토록 원했던 과장으로 진급된 후에, 혹시나 월급이 높은 간부로 여겨져 회사에서 해고당하는 것이 아닌가 전전긍긍하면서도 그는 인력효율화를 실행하지 않으면 안 되었다. 그는 연약한 인간이었다. 자기 가족이 먹고살기 위해, 그는 맡겨진 직무에 충실할 수밖에 없었다. 제조팀의 블록 단위를 인원이 절반이 되도록 목표를 잡는다.

그가 라인마다 필요 인원을 산정할 때 한 명이 담당할 수 있는 블록을 2배로 확장하게 되면 인원수가 감소하게 된다. 그가 구획하는 대로 산정된 필요 인원은 소숫점으로 떨어지게 되고, 결과를 각 부서 임원들에게 전달한다. 다섯 명이던 블록이 2.5명이 됐을 때, 감원할 숫자를 두 명이 아니라 세 명으로 산정하면, 현업 부서장들은 세 명을 선발해서 옷을 벗겨야 한다.

아마도 한국 사회와 삼성에서 처음으로 맞닥뜨린 경험이었을 것이다. 여기에는 복잡한 관료적 체계가 있다. 『삼성전자 40년사』에서 보듯이 구조조정 규모를 1/3로 정한다. 계열사마다 총원의 1/3씩 인력 효율화 목표를 정한 것이다. 그가 이전 대화에서 언급했듯이, 중요하다고 생각되는 전공정은 1/3, 후공정은 1/2 규모가 되었는지 알 수 없으나, 삼성전자 반도체 경영 스태프에서 각 사업부에 감원 규모를 전달한다. 그가 속한 조직의 스태프는 해당 규모를 전체 현업 부서에 전달한다. 업무 스타일에 따라 차이는 있겠으나, 그중 어떤 이들은 자기가 해보겠다면서 현업 부서장들을 설득하거나, 혹은 그들이 직접 대상자를 선발할 수도 있다. 소위 자기 손에 피를 묻히느냐, 지표관리를 하느냐의 차이이다. 대상자에게 결과는 같지만, 직접 사람을 대면하는 일은 만만치 않다. 임원이라고 다르지 않았다. 그들도 월급쟁이고, 사람들을 벼랑으로 내모는 일을 하고 싶지 않았다. 조금이라도 줄여 보자, 조용히 부탁하고, 통계를 가공하자고 한다.

나는 방문 영업에서 IT기반 보험영업방식의 변경으로 대기업 생명사 FC를 절반 가까이 구조조정했던 담당자와 대기업의 실적 악화로 해고자 면담을 진행했던 인사 담당자와 이야기를 나눈 적이 있다. 그들은 공통적으로 구조조정을 마친 후 퇴직을 선택했다. 같은 월급쟁이가 테이블 위에 사인할 서류를 두고 신경이 곤두서 있다. 누구는 소득이 없어진다는 절망감에, 내가 헌신했던 회사에서 인정받지 못했다는 실망감에, 해고를 받아들이지 않는다. 그러다 나중에는 언성을 높이거나, 애걸복걸하다가 결국 포기하게 된다. 인간의 바닥을 지켜보는 일 앞에서 또 다른 인간의 바닥이 드러나게 된다. 그 바닥은 그간의 예의와 문화적 관습을 모조리 앗아간다. 어떤 이들은 해고 권고를 직무라고 순순히 따른다고 말하지만, 어떤 이들은 나와 타인의 민낯을 마주했다는 고통에 자신의 직무마저 멈추게 된다. 내가 어떤 권한으로 그 일을 행해야 하는지 도무지 알 수 없다며 그들 또한 휘청인다.

박   인력효율화의 판단기준은 뭐였어요?

천   일단 직무 블록을 통합해서, 될 수 있으면 고참들, 조금 문제 있고 역량이 부족한 사람들로, 부서에서 선정해달라고 해. 부서에서 선정해오는 곳도 있고 아닌 곳도 있고, 그걸 안 하면, 왜 안 했냐고 현장 실사를 가는 거야. 나랑 스태프랑 가서, 여기 몇 명, 이렇게 정하는 거지.

이때 연봉이 높은 고직급자들과 저성과자들 혹은 조직에 불만이나 문제의식이 있는 사람들이 주요 선정 대상이 될 것이다. 아마도 팀장들이 대상자들을 선발할 때 기반이 될 자료는 스태프에서 제공했을 것이다. 사회적 죽음 앞에서 끝까지 그 잔을 넘기고자 하는 이들은 명확한 사유를 달라고 요구할 것이다. 그러면 인사고과, 그간 사건 사고, 조직에 문제가 됐던 상황들을 이리저리 만들어가며 그들에게 나가달라고 한다. 빈자리는 하나씩 늘어나지만, 주변은 무게감으로 더욱 가라앉게 된다.

인지부조화를 겪다

IMF는 제2차 세계대전 후, 승전국들이 전 지구적인 금융 안정을 목표로 했지만, 금융은 무한히 전 세계적으로 몸집을 불리고, 미국을 중심으로 한 기축통화국들의 영향력을 공고히 하는 계기가 됐다. 금융은 직접적인 잉여생산 없이 전 지구적인 가치를 측정하고, 공동체와 국가의 수준을 판단한다. IMF 외환위기의 원인이 개인의 과소비, 방만한 정부지출 운영보다는 투기자본의 신흥국 탈취에 따른 아시아발 금융위기라는 성격이 강하지만, 외환위기를 맞닥뜨린 구성원들은 부담과 불안을 느끼고, 자신이 실패했다는 생각까지 하게 된다. 개인과 집단이 가지게 된 불안과 공포, 그리고 일상의 위험성은 IMF를 기점으로 한국 사회에 강력하게 뿌리내린다. 이제 해고가 일상이 되었다. 어떤 회사가 망하고, 누군가 실직하고, 예측할 수 없는 폭력적 상황이 발발할 때, 사람들은 스마트폰의 기삿거리 정도로 치부하고 대수롭지 않은 듯 페이지를 넘기거나 '슬퍼요' 표시를 하며 자신의 감정적 총량과 신체적 감각을 제한한다. 그에게 IMF 때 인력효율화에 관해 덧붙여 물었다.

박   인력효율화는 몇 개월 걸렸어요?

천   7, 8개월 했지, 그런데 갑자기 IMF가 풀린다는 거야. 이젠 인력
        을 자르는 거보다 정비를 해야 한다. 해를 넘기자마자, 생산량을
        늘려야 한다. 사람을 뽑아야 한다. 그런 분위기가 되었지. 그다
        음 해 2월인가, 식스시그마 교육을 받으러 갔는데, 신입사원 조
        기숙련화에 관한 프로젝트를 하라는 거야. 조기숙련화를 주제로
        BB Blackbelt, 블랙벨트과제를 하라고, 센터장이 지시를 한 거지. 신입
        사원 숙련 기간을 절반으로 줄이라고.

그가 "더는 못하겠다고" 고백하며 인력효율화에서 빠지려고 할 때,
회사는 전혀 다른 소식을 전한다. 삼성은 신용등급도 우수하고, 다시
글로벌 경기가 나아져 반도체 생산량을 늘려야 한다는 것이다. 이제
사람을 자르는 것이 아니라 급히 사람을 뽑아 조기전력화해야 한다고
했다. 1998년 전반기는 그에게 지옥이었다. 자신이 해고당할지도 모
른다는 두려움과 월급을 받았으면 직무에 충실해야 한다는 책임감이
교차하던 시간이었다. 옆 사람을 깎아내려야 했던 그 고통은 마침내
끝났다. 하지만 이듬해 그가 겪었을 인지부조화는 어찌해야 할까.

그가 삼성에 들어와 딱 10년이 지났을 무렵, 삼성은 물론 한국 사
회는 격변을 맞이하게 된다. 삶은 자신이 걸어온 발자국의 무게로 만
들어지듯이 수많은 업무를 거친 결과는 그의 몸에 켜켜이 쌓인다. 그

는 반도체 후발주자인 삼성반도체통신에 입사해서 생산관리자와 직반장으로 일했다. 그는 자신의 업무인 후공정의 육안검사 공정에 몸을 적응시킬 수밖에 없었다. 고된 근무를 버틸 수 있도록 그의 몸은 각성 혹은 단련되었다. 하루 생산량 지표의 직접적인 담당자로서 그는 멍키스패너를 들고 싸우거나 기술 엔지니어들의 부정행위에 이단옆차기를 하면서 바로 반응해야 했다. 가난의 아픔을 겪으며, 옛사랑의 이름도 불러보지 못했던 여린 감정과 남의 선거운동의 빚까지 변제하려던 마음은 회사와 함께 성장한다는 마음으로 바뀌었다. 그는 현장관리자로서 때론 불만을 표현하는 현장 오퍼레이터들에게 생산량까지 포기하며 밀어붙여 원칙주의자라는 인상을 심어주었다. 심지어 자신이 온갖 차별을 겪으며 차별에 저항하기보다, 그는 차별을 극복하기 위해서 주위 사람들에게 성공과 학습을 강조했다.

그의 드라마틱한 변화는 삼성의 급격한 발전의 원동력이라고 할 수 있다. 삼성의 생산방식은 단순히 기존 것을 답습하는 것이 아니라 일본의 생산방식을 수용해 보전활동과 개선활동으로 끊임없이 달라졌다. 그 변화는 단순히 생산설비와 운영 방법론의 발전이 아닌, 임직원 몸의 변경이었다. 설비보전을 하는 이들은 청결과 청소, 정리와 정돈을 체화해야 했는데, 원래 깔끔한 환경을 선호하는 이들이나 정리정돈을 좋아하는 사람들은 부담이 없겠지만 정리에 대한 감각이 무딘 이들에게는 어려운 일이었다. 그러나 직무에 맞게 나를 변화시켜야 했다. 소리를 지르며 목소리로 몸과 마음을 단련하는 정신 훈련으로 신속하고 빠른 몸으로 바뀌었다. 회사의 부담스러운 업무지시에도 불만을 말하기보다 이겨내고 겪어내야 한다는 도전과 단련하는 몸으로 달라졌다.

　IMF는 대표적인 국가적 위기였지만, 대량 해고 혹은 구조조정을 마쳤던 삼성에게는 더 큰 기회로 작용했다. 그리고 회사를 떠난 1/3에 속하지 않고, 2/3에 들어 남은 사람들에게 사업장은 기회로 넘쳐났을 것이다. 물론 더이상 회사에서 종신고용을 책임지지 않는다는 불안감이 지층에 깔리고 있었다. 이제, 그의 인생에서 가장 빛나는 순간이 짙은 어둠 속에서 피어오른다. 그는 1998년부터 삼성에서 도입한 식스시그마라는 경영기법과 철학을 마주하게 된다. 그가 그토록 원하는 경영 전면에 생산으로 단련된 몸을 가지고 뛰어들게 된 것이다.

발화(enunciation)

IMF 시기의 인터뷰에서 천부장의 침묵과 희미해지는 목소리는 인터뷰를 했던 나는 물론, 독자들에게도 복잡한 삶의 궤적을 드러내며 공감을 불러일으킬 것이다. 지그문트 프로이트와 미셸 푸코를 통해서 새로운 연구 영역으로 구축된 '발화'는 인류학 현장 연구에서 더욱 빛을 발한다. 발화는 언어화되지 않았고 발화자가 의도하지 않았던 놀람, 헛소리, 탄식, 몸짓 등을 포괄한다. 프로이트의 정신분석학에서는 이러한 발화의 원인을 무의식에서 찾는다. 물론 이성적 인간이라는 관념에 망치를 가했던 정신분석학은 인간의 생물학적 한계를 제시하기는 했으나, 현재의 문제를 '무의식'이라는 모호한 개념으로 해석하기 때문에 나는 지지하지는 않는다. 푸코도 무의식이 중세의 고해성사에서 비롯됐다고 정신분석학을 비판하면서도, '발화'는 중요한 기제임을 강조한다.

몸을 가진 인간으로서 권력에 억눌린 감정 표출, 견딜 수 없는 몸과 마음의 불일치의 표현인 발화는 말보다 더욱 설득력을 지닌다. 그렇다고 통계적으로 언어적, 비언어적이라는 수단으로 타인의 의도를 간파하려는 것도 지나치다. 인류학 현장 연구에서 발화의 순간은 중요하다. 따라서 그 발화의 의도를 상대에게 재질문하는 것이 합당한 방식이라고 할 수 있다.

참고도서 미셸 푸코, 이규현 옮김(2020), 『광기의 역사』 나남.

식스시그마로!

그 와중에 진공관이 나와서 인류의 문명이 달라졌다. 반도체가 나와서 또 전혀 달라졌다.

여기 컴퓨터가 달라져서 더 달라졌다. 한없이 달라진다. … 나 자신이 완벽하다는 뜻은 절대 아닙니다. 조직회사라는 게 나쁜 쪽 5퍼센트와 좋은 쪽 5퍼센트가 어느 사람이 출세하느냐에 따라 나머지 90퍼센트가 그쪽으로 다 따라가요. 요 몇 명이에요, 몇 명. 삼성이 뭐냐 이거야. 나는 이 몇 명, 두서너 명 다섯 명만 집어낸다 앞으로. 잘하려는 사람, 잘 가려고, 5퍼센트로 가면 된다 이거야.

이건희 전 회장(유럽 주재원 간담회, 프랑크푸르트, 1993. 6. 13)

벌써 30년 된 이야기다. '마누라 자식 빼고 다 바꾸자!'는 '삼성신경영선언(1993. 6. 7)' 이후, 사장단 간담회 때 나온 말로 삼성은 물론 우리나라에서도 모르는 사람이 없을 정도다. 지금이야 독보적인 매출액과 이익으로 코스피KOSPI는 삼성전자와 같이 움직인다고 할 정도지만, 저 선언이 있을 때만 해도 현대에 뒤지고 있었다. 선언이 나온 1993년은 삼성이 메모리반도체 시장에서 세계 1위를 했던 첫해였다.

'신경영선언'은 한마디로 양적 경영에서 질적 경영으로의 변화였다. 그에 앞서 10년 전에 삼성반도체통신은 본격적으로 반도체 사업에 뛰어들었다. 그 이후 10년이 지나서 삼성의 메모리반도체가 세계 1위를 했다. 대화록에서 나오듯이 진공관과 반도체, 그리고 컴퓨터로 대표되는 전자 산업의 발달은 개발도상국으로 중화학공업에 매진했던 한국 산업의 전환점이 됐다. 이건희 전 회장의 앞선 방향 제시와 아이디어는 놀랄 만하다.

그러나 질적 경영으로의 변화는 회장의 일성으로만 가능하지 않았다. 지난하며 복잡한 과정을 거쳐야 했다. 경영진은 충격요법도 썼다. 삼성전자에서 생산한 세탁기 문이 불량이 나자 제조 라인에서 불량이 난 문을 칼로 가공해서 팔려고 했던 시도가 있었다. 이때 이건희 회장 지시로 구미사업장에서 불량품 전화기를 포함해서 수백억 원에 달하는 제품을 태우는 화형식을 진행했다. 그때 영상을 자세히 보면 머리에 띠를 두르고, 사원복을 입고 무릎을 꿇고 있는 삼성전자 직원들이 보인다. 자신들의 분신과도 같은 제품이 검은 연기로 사라지는 참담한 순간을, 나도 2005년 신입사원 교육 때 영상으로 봤다. 무척이나 인상 깊었다.

그간 TPM을 중심으로 설비의 보전에 최대한 힘을 집중했던 삼성에서는 1990년대 후반부터 질적 경영의 중심 방법론으로서 IMF 전부터 식스시그마를 도입한다. 식스시그마는 통계적으로 높은 품질을 지향하기 위한 경영 철학이며 방법론이었다. 삼성 그룹은 식스시그마를 처음 시작한 모토로라에서, 한동안 백색가전 시장을 주름잡고 경영 방법론으로도 세계의 중심에 있던 제너럴 일렉트릭GE의 크로톤빌 리더십개발센터까지 직접 방문했다. 그리고 마침내 식스시그마를 전 삼성 그룹의 문제해결 방법론으로 적용하기로 한다.

시그마는 통계학에서 편차를 말한다. 식스시그마는 편차의 3배수가 되는 범위까지 양품良品이 나온다면 매우 우수한 품질 경영이 가능하다는 논리이다. 다음 그림과 같이 평균μ을 중심으로 표준편차σ가 아래와 같은 정규분포를 따른다고 했을 때, 시그마의 수준이 올라갈수록, 해당 양품의 범위가 올라가고, 그만큼 품질의 수준이 올라가게 된다. 식스시그마라는 이름처럼 평균을 사이에 두고 6시그마까지 양품이 된다면, 10억 개 중에서 2개 정도만 불량이 나오는 2ppb parts per billion, 10억분의 1 수준인데, 현장의 실측 데이터를 기반으로 3.4ppm parts per million인 100만 개 중에 불량 3.4개 이하일 때 6시그마를 달성한 매우 뛰어난 품질 수준이 된다.

경영학의 구루 피터 드러커가 말하듯이, "경영활동의 결과를 측정해서 관리하지 않으면 경영이 불가능하다." 이와 유사하게 이건희 전 회장이 1993년에 상위 5퍼센트가 어떤 문화를 이끄는가에 따라 나머지가 따라간다고 했던 의미는 90년대 GE의 유명한 경영자 잭 웰치의

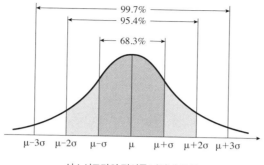

식스시그마의 정의를 나타낸 도식

주요 논지이기도 했다. 그는 중간의 80퍼센트와 양 끝의 10퍼센트에 주목했는데, 상위 10퍼센트에게는 보상과 양성의 기회를, 하위 10퍼센트에게는 재도전 기회를 주고 실패하는 경우에 해고하는 방법을 택했다. 10퍼센트를 해고한다는 의미에서 중성자탄이라는 별칭도 있었다. 경영에서 상위 몇 퍼센트를 챙긴다는 것은 어쩌면 당연한 일이다. 큰 기업에서 경영자가 모든 것을 다 챙겨볼 수는 없기 때문이다. 숫자와 지표를 보고 판단하지 않을 수 없다.

그의 인생을 송두리째 바꿔놓은 사건

항상 현장보다 경영을 먼저 생각했던 그였으며 회사에 충성을 다하던 그에게 IMF는 커다란 인지부조화의 경험이었다. 인력효율화를 목표로 한 인간과 집단에서 헤어짐이 1999년 말까지 계속됐다. 그런데, 갑자기 그에게 신입사원 조기전력화라는 숙제가 떨어졌다. 1999

년과 2000년, 천년 만에 자릿수가 바뀌었다는 핑계 말고는 너무나 달라져 버린 회사의 인사 정책 방향에 단순히 고개만 끄덕이며 받아들일 수는 없었다. 그에게 일기장을 선물했던 조장도 떠나고, 라인의 각 블록 단위에는 낯선 이들이 자리를 차지했다. 사람들이 물질적 공간에서는 들고나겠지만, 그가 줄곧 간직했던 일기장처럼 인간의 마음속에는 그 장면이 여전히 남아 있다. 경영에서의 구조조정 성공은 현장에서 언젠가는 나도 사라질 수도 있다는 감각으로 자리 잡았다. '위기'라는 이야기만 나와도 자동 반사처럼 가슴이 두근거린다. 그것을 감추기 위해서 아무도 이야기를 쉽게 꺼내지 않는 IMF였다.

그런 가운데 그는 센터장의 지시로 신입사원 조기전력화를 위한 식스시그마 과제에 참여하게 되었다. 현장을 벗어나 새로운 도전을 해보려는 시기, 그와 달리 다른 사람들은 식스시그마 프로젝트에 참여하려고 하지 않았다. 많은 이들이 부담스러운 업무를 떠맡고 싶지 않았던 것이다. 통상 한 부서에서 자리를 잡으면 그곳에서 진급이나 직책을 맡을 기회가 더 커진다. 삼성에서 처음 식스시그마 1기를 뽑으며 선발한 업무 분야는 개발과 제조였다. 1기가 성과를 거두자 범위를 개발과 제조뿐 아니라 사무간접 부서까지 확대했다. 그렇지만 통상 경영 스태프 부서원은 해바라기처럼 상사의 얼굴만 바라보기 마련이다. 그래서 다른 이들은 상사에게서 멀어지는 장기 교육에 참석하기를 꺼렸다. 현장에서 제조팀의 교육 스태프가 된 그가 그 자리를 대신 차지했다.

그는 2기로 삼성전자 식스시그마 교육에 참여했다. 그의 인생을 어쩌면 송두리째 바꿔놓은 일이다. 대학 입시에서 산업공학과에 떨어져, 전문대도 꼭 공업경영학과를 간 그의 포부에 서광이 비치는 때였다. 1999년 처음 삼성에 도입된 식스시그마 교육과정은 크게 GB Greenbelt, 그린벨트 와 BB Blackbelt, 블랙벨트로 나뉘었다. GB는 식스시그마 프로젝트를 수행할 대상을 기르고, BB는 프로젝트를 진행할 지도자 양성을 목표로 했다. BB는 과장급 이상이 대상인 교육으로 이후에 인사고과에도 반영되었기 때문에 진급 대상자들은 교육 참여의 기회를 잡으려고 노력했다. 그는 10년 동안 이어진 삼성전자의 식스시그마 교육에 비교적 초기인 2기에 참여했고, 위기와 기회는 함께 왔다.

가장 큰 기회는 저자에게 직접 강의를 듣는 것이었다. 식스시그마 품질 경영의 원리를 만든 학자 조지프 주란Joseph Juran은 2008년 103세 나이로 세상을 떠났다. 그는 미시경제학의 수요와 공급이 최적화되는 파레토최적을 공부했다. 제2차 세계대전 이후에는 뉴욕대학교에서 품질관리Quality Control, QC를 가르쳤고 1951년에 『품질관리핸드북QC Handbook』을 출간한다. 이후 1954년부터 아홉 차례 일본의 과학과 기술 단체에서 품질 경영을 논의했다. 1979년에 자신의 이름을 딴 주란연구소Juran Institute를 만들었고, 90세가 되던 20세기 말까지도 현장에서 활동했다.

천기주 부장이 참여했던 2기까지만 주란연구소 교수들이 직접 강의하고 통역하는 방식으로 수업을 진행했다. 그는 그 교육에 참여한 것이 너무나도 뜻깊었다고 했다. "사람들이 식스시그마를 통계기법으로 생각하는데, 그게 아니고 철학과 사상이야"라고 힘주어 말하는 그에게서 진심이 느껴졌다. 왜 이것을 해야 하는지 알지 못하고 데이터나 돌리는 것이 식스시그마가 아니라는 이야기였다. 주란의 제자들이 직접 강의하는 것을 보고 그는 자신의 미래상을 그렸다. 강의와 컨설팅에 목숨을 걸겠다는 것! 그의 비장함은 어디서나 부담과 과몰입을 유발하지만, 대화할수록 그의 진정성이 느껴졌다. 그의 고집스러운 원칙주의는 식스시그마 원리를 설명하는 교수들의 설명방식과 좋은 교감을 이뤘다.

내가 여기에 목숨을 걸어야겠다는 생각이 들더라고, 그래서 6개월 동안 첨기연—삼성의 첨단기술연구소의 약어로 이병철 전 회장이 이름을 지어서 여전히 조직도에 남아 있는 교육 부서—에서 모두가 집에 가더라도 나는 숙박을 하고 코피 터져가면서 새벽 4시까지 공부했어. 영어도 안 되는데 교수들한테 직접 영어로 물어보고 그랬다니까.

물론 위기도 있었다. 그는 전체 삼성전자에서 선발된 48명의 2기 교육생 중에서 45등이었다고 한다.

박 무슨 선발 시험이라도 있어요? 웬 45등?

천 그건 아닌데, 대부분 학사 출신이고, 석박사도 있더라고, 영어도 잘하고 말이야. 자세히 보니까 전문대 출신이 세 명이고, 고졸도

한 명 있더라니까, 나는 뒤에서 4등, 45등이었지.

0.5에서 1.0으로

전문대 졸업이 삼성전자 입사 학력인 그는 끊임없이 직, 간접적인 차별에 시달렸다. 그의 결핍은 회사생활에서 원동력으로 작용했지만 한편으로 그를 여전히 괴롭혔다. 차별이 계속 드러나면 결핍은 상처가 된다. 그는 자신이 가진 조건을 억울하지만 받아들였고, 그것을 극복하는 방향으로 나아갔다. 식스시그마 교육을 받는 동안 무척 힘들었다. 그는 어렸을 때 공부 습관이 식스시그마 교육받을 때도 영향을 미치더라고 솔직히 인정했다. 목숨을 걸었다는 표현이 몇 번 등장하긴 했지만 식스시그마 관련 인터뷰 때 그의 눈은 더욱 빛났다.

그는 결국에 식스시그마 BB교육을 마치고 선발된 우수한 사람들만 추린 MBB Master Black Belt 교육의 마지막 단계에서 자신의 분야인 사무간접에서 유일하게 우수 MBB로 뽑혔다. 5명의 최종 우수수상자에 들었던 것이다. MBB는 BB를 지도할 수 있고, 소위 과제 총책임자 및 의사결정권자인 챔피언Champion의 시선에서 식스시그마 방법론으로 품질 경영을 주도하는 자격을 갖췄다는 인증이었다. 위기와 기회의 순간에 그는 이를 악물었다가 잠시 웃었을지 모른다. 가끔 대화에서 새어 나오는 그의 토로에 나는 눈시울을 붉혔다. 내 눈물은 그와의 관계가 어떤 수준인가를 보여주는 것이었다. 오랜 관계에서 시작된 대화였지만, 그가 겪은 기쁨의 순간을 상상함과 동시에 드러낸 아픔을 함께한다는 것은 회사 선후배이자 동료를 넘어선 더 깊은 관계로 진입이기도 했다.

나 같은 경우는 삼성에 들어오면 안 되는 사람이었어. 삼성에 속하면 상위 1퍼센트라지만, 거기에 맞추려면, 기본적으로 학사는 되어야 하고, 석박사까지 해야지. 학사가 1점이면, 나는 0.5점이야, 전문대 출신이니까. 기본적으로 나랑 한두 구간 차이가 나는 거지. 두 번째는 경제적으로 보니까, 나는 전세금도 없어서 월세를 살면서 이사를 열네 번 했는데, 그 사람들은 기본적으로 부모들이 살고 있는 자기 집이 있어. 그러다 보니 즐기고, 맛집을 찾고, 골프를 치고 그러더라고, 나는 그걸 못하는데. 거기에 있는 사람들이 쟤는 맨날 일만 한다고 하던데, 나는 그 문화에 못 끼는 거야. 같은 레벨에 있으면서도, 회사에서 이렇게 처지고. 어디 가려고 해도, 차도 없었거든. 2004년에 SM5를 샀는데 하도 오래 탔더니 주위에서 차 좀 바꾸라는 거야. 근데 듣는 나는 기분이 나쁜 거지. 알면서 쫓아가려니까 너무 힘이 들었어. 0.5가 1.0을 쫓아가려고 했으니….

숫자와 잣대로 자기를 표현하면 그것은 머리가 아닌 몸으로 다가온다. 학벌과 학력은 여전히 한국 사회에서 가장 힘이 세고, 공정과 차별의 양면성을 띤 판단기준이다. 열심히 공부한 결과를 인정하는 것이 공정하다는 주장과 그 학벌을 만든 조건이 차별이라는 주장이 부딪힌다. 결과의 공정과 과정의 차별이 부딪히고, 과정이 공정하더라도 결과의 측정 자체가 차별이라는 것도 부딪힌다. 한 인사 담당자는 출신학교를 상/중/하로 나누어서 면접을 보면, 그나마 학교마다 배분도 가능했는데, 대학 학력 기입란을 없앴더니 합격자들이 모두 상위권 대학이라고 고백하기도 했다. 그는 학벌이 어느 정도 공정하다고 생각한다. 반면에 나는 삼성이 가지고 있는 힘은 최대한 성과에 따라서 출신학교와 학력에 따른 차별을 없앤 데 있다고 본다.

물론 제도의 운용과 문화적 실재에는 자기 경험과 가치관에 따라서 차이가 크다. 삼성도 한국 사회에 속해 있기 때문에, 학벌에 대한 말이 끊이지 않는다. 2022년 기준으로 삼성전자의 임원은 1,000명 정도이다. 대기업 중에서 삼성 임원의 출신학교와 학력이 가장 다양하다. 나도 삼성에 들어와서 동료의 출신학교를 알기는 했으나, 의식하지 않았다. 신입사원은 모두 출발선이 같다는 생각이 있었기 때문이다. 삼성의 신입사원 공채를 통과했다면 일정 정도의 수준을 갖췄다고 믿었다.

그렇더라도 여전히 입사할 때 학력에 구분은 있다. 한 동료는 삼성전자에는 대졸 이상의 연구개발직만 있어서 고졸이나 전문대졸 학력자가 없을 것이라고 생각했는데, 동료가 고졸 학력이라는 말을 듣고, "에이 농담이시죠?"라고 반문했다고 한다. 반문을 들었던 동료의 아픔은 상당했을 것이다. 앞서 말한 대로 90년대 초까지는 학력에 따라 3~5급 사원으로 나뉘었고 공채 급수에 따라 사원의 번호체계도 달랐다. 현재는 사원 번호도, 공채 급수도 사라졌다. 이는 무한한 기회와 희망 고문이라는 또 다른 공정과 차별의 양면성으로 다가온다. 모두에게 열린 기회의 창이 좌절일 수 있기 때문이다.

삼성과 경쟁하는 미국 반도체 기업 인텔의 경우 설비유지보수를 전담하는 인력을 테크니션technician이라고 해서, 추가적인 기획과 개선 업무의 역할을 주지 않는다. 혹은 설비유지보수 업무를 협력사에 외주 업무로 부여한다. 테크니션이나 협력업체 담당자는 정해진 직무 기술서대로 역할만 해서 추가 수명 업무의 부담이 없다. 그런데 삼성은 설비유지보수 업무를 기술 내재화의 관점으로 추진했다. 설비유지보수를 담당하는 직원들이 설비개조개선, 국산화, 설비기획 업무까지 성장할 수 있는 경로를 제시했다. 그들에게 설비직무로서 신입사원과 대리 직급 때까지는 유지보수를 하지만 이후에는 소위 머리를 쓰는 업무로 확장할 수 있다고 말한다. 설비유지보수는 누구나 할 수 있고 언젠가는 비숙련 노동자로 대체할 수 있기 때문에 어렵지 않고 가치가 떨어지는 일로 단정한다. 오퍼레이션 업무는 단순 반복 업무이니 더 나은 업무를 준비하기 위해서는 노력해야 한다고 생산직 여사원들에게 말했던 그의 현장관리자 때 생각과 다르지 않다.

통상 반도체 장비를 몸으로 대하고 땀 흘렸던 이들의 역할을 단순 반복적인 일이라고 생각한다. 볼트와 너트를 만지며 굳은살이 생긴 손가락의 무게를 펜을 쥔 매끈한 손가락들이 느끼지 못한다. 기술발달로 반도체 장비 유지보수의 난이도가 더 올라가고 숙련도가 요구되지만, 유지보수 업무는 당연히 해야 하는 일이며 담당자 교체가 가능한 일이라고 여긴다. 삼성에서는 유지보수를 전담하는 엔지니어들을 부르는 이름도 여러 차례 바뀌었다. 원래 회사에서는 T직군으로 기술자technician와 유사한 역할을 요구하다가, 1998년부터 처음으로 학사 학력을 채용했다. 설비 경쟁력을 강화하기 위해서 2000년대 이후에 대졸자의 비율을 늘리고, F직군으로 구분해서 설비 엔지니어facility engineer로 이름을 변경했다. 2020년 전후로는 모든 기술직무를 엔지니어engineer로 통합했다. 그렇지만 여전히 반도체 기술의 정점은 설계나 공정에 있다며, 설비를 조작하는 일보다 더 상위의 업무로 여기는 경향은 사라지지 않았다. 2022년이 되어서야 대졸 출신의 설비 엔지니어가 처음으로 임원으로 승진했다. 가뭄에 콩 나듯이 드문드문 생기는 승진 기회는 희망 고문이다.

사회의 인식도 여전히 답보상태이다. '기름밥' '공돌이'라는 표현에는 기술과 숙련에 대한 무시가 담겨 있다. 자동차 고장은 물론 전자제품의 간단한 수리도 외부에 맡기는 일이 당연시되면서 인간이 몸을 쓸 여지가 점점 사라지고 있다. 그래서인지 머리를 쓰고 새로운 일을 기획하는 것이 더 중요하고 세련되며 멋지다고 생각한다. 거기에 반기를 든 사람이 시카고대학교에서 정치철학을 가르치다가 오토바이 수리공이 된 매슈 크로퍼드다. 그는 펜을 굴리는 이들이나 오토바이를 수리하는 사람들이 모두 세 끼를 먹는데, 왜 펜을 굴리는 일이 높은 가치를 얻는지 모르겠다며 통계지표를 집어던지고 오토바이 수리공으로 사는 삶을 택했다. 그는 『모터사이클 필로소피』라는 책에서 사무실에서 양복을 입고 통계지표로 침을 튀기며 대결하던 답답하고 공허한 말의 기술보다 공구를 허리춤에 차고 땀을 쏟으며, 숙련된 이들끼리 매뉴얼에 없는 자기만의 최적화된 문제해결방식을 공유하고 인정하는 몸의 감각이 상당히 소중하다고 밝힌다. 통계의 힘은 무척 세다. 숫자는 사실을 전달하는 것 같다. 그러나 물가상승률 지표를 쥐고 있는 이들보다 시장에서 물건을 사면서 가격이 올랐다는 사실을 몸으로 겪으며 삶의 팍팍함을 느끼는 이들의 감각이 더 현실적이다. 통계의 난무는 삶의 영역을 가려왔다. 숫자는 부딪히고 말은 공중에 가득하지만, 숫자의 기원인 손가락과 음성의 근원인 입에서 멀리 떨어져 있다.

천부장이 처음 일했던 공간은 삼성에서 여전히 주목도가 떨어지는 부서였다. 그도 '촌구석'이라고 비하하기도 했다. 학력 차별과 마찬가지로 삼성에서 후공정 출신이라는 말은 여전히 공격적인 언사로 활용된다. 그는 반도체를 눈으로 확인하던 일을 마치고, 품질 경영의 철학과 방법론을 배운 공인된 전문가로 직무를 전환했다. 그는 이제 제조현장관리자에서, 후공정 제조팀 교육 담당자 및 인력효율화 스태프였다가, 삼성전자 본사의 식스시그마 사무국 MBB가 되었다. 그는 '촌구석'으로 불렸던 온양사업장에서 반도체 사업의 본사 격인 기흥사업장으로 이동하며 그의 표현대로 '금의환향'했다. 그는 드디어 그토록 원하던 경영의 시선으로 회사를 바라볼 수 있었다. 그는 경영의 시선, 강자의 위치를 왜 그토록 원했을까? 그가 가랑이가 찢어지고, 0.5점 전문대 출신이라고 자신을 폄하하며 오르려 했던 결핍의 계단은 진짜 그가 원했던 것일까? 아울러 그는 나와 대화하며 조언을 잊지 않았다. 그는 여전히 글로벌, 미국, 일본을 추앙하고 한국을 비판적으로 바라봤다. 그가 강조하는 그릇의 크기, 얼굴의 두께, 시선의 탁월함이 너무 전형적이었기 때문에 나도 반문할 때가 많았다.

천 새로운 길을 만들어가는 것은 스스로 할 수밖에 없는 것 같아. 요즘은 데이터 시대고 유튜브 시대니까, 반도체 쪽으로 그런 생태계를 잘 활용해보라고. 난 디지털 시대랑 거리가 멀지만 준영 선생은 시대에 맞춰서 잘해봐. 유튜브를 한국어로 올리지 말고, 영어를 공부해서 동영상도 영어로 올리면 어떨까 해. 사람들이 죄다 한국어로 하다 보니까, 국내시장에서 서로 출혈경쟁을 하느라 우리 거를 해외로 뽑아내지 못하는 거 같더라고. 나는 영어로 하고 싶어. 어설프지만 영어로 영상을 올려서, 외국인들이 댓글 달아주는 거, 영어 영상을 늘리는 게 우리가 할 일인 거 같아. … 왠지 영어로 하면 멋져 보이잖아.

박 저는 그렇게 생각하지 않아요.

천 해봐, 내 꿈이야. 동영상 잘 만들어서 가봐.

미국식 영어 발음을 강조하며 오렌지가 아니라 어린쥐라고 해야 한다는 논란이 십여 년 전에 있었다. 정작 대화에서 중요한 것은 의미 전달이지 발음이 아니다. 그는 식스시그마라는 새로운 기회의 장에 들어가서 새벽까지 목숨을 걸며 노력했다. 그리고 의미만 통한다면 콩글리시로 용기 내어 질문했다. 그가 벼리던 감각과 땀의 목적이 평생의 목표로 삼은 '멋져 보이는 삶'으로 전환되는 시간이었다. 그는 글로벌화, 선진국화를 지속적으로 강조했다. 물론 나도 거기에서 자유롭지 못함을 고백하지 않을 수 없다. 동시에 나는 왜 그의 주장 앞에서 그간 영어의 괴로움을 솔직히 말하지 못했을까, 내가 그와의 대화에서 다시금 차이를 드러내려고 했던 것은 아닐까?

실증주의와 인류학

천부장이 목숨을 건 식스시그마는 통계적 방법론이다. 통계는 오귀스트 콩트의 실증주의를 기반으로 한다. 지금은 냉정한 숫자로 보이지만, 콩트가 실증주의를 주창한 이유는 그가 살았던 시대까지 손을 뻗치던 귀족과 권력의 수탈을 합리적으로 배격하고, 객관적인 단서를 찾아서 사회가 불평등을 해결할 수 있음을 드러내고자 했기 때문이다. 이제는 콩트의 의도와 상관없이 국가와 기업, 개인마저 숫자만 강조하게 되었다.

인류학에서 양적 연구로 대표되는 통계적 방법론을 활용하지 않더라도, 통계는 주류의 시각이자 힘이 있는 지표로서 인류학 연구의 주요한 연구대상이 되어야 한다. 천부장이 통상적으로 통계 툴로만 생각하는 식스시그마는 방법론이 아니라 철학이라고 주장하는 것과 같이 새로운 개념과 방법론을 학습할 때는 여전히 그 목적에 대한 고찰은 필수적이다.

참고도서 이기홍(2014), 『사회과학의 철학적 기초 : 비판적 실재론의 접근』 한울아카데미.

그룹경영의 시기

천MBB

그가 10년이 훨씬 지난 사보를 보여줬다. 사보 속에서 그는 살짝 미소짓고 있다. 식스시그마 3.4ppm의 차이가 곧 품질의 차이임을 강조하기 위해 검지와 엄지로 작은 한 뼘을 만들었다. 안경테가 얇은 금색이고, 비즈니스 캐주얼이 등장하기 전이라 여름에도 반소매 와이셔츠에 양복차림이다. 당시 유행에 따른 듯 넥타이 폭이 넓다. 왼손에는 시계와 반지가 보이고, 두꺼운 교재가 인상적이다. 생년월일 옆에 뱀띠라고 적혀 있고, 고향과 가족사항까지 밝힌다. 그는 가치관이 '한 송이 아름다운 장미꽃보다 영원히 변치 않는 소나무'라며, 식스시그마는 '진실의 순간the time of truth을 기다리는 소녀의 마음설레임과 같은 것'이라고 정의했다. 옛 시인 김춘수의 시를 보는 것 같다. 그는 더이상 천기주 직장, 천기주 과장이 아니라 천MBB로 불렸다.

그는 삼성을 대표하는 경영철학과 방법론의 중심, 식스시그마 전도사가 되었다. 삼성전자 MBB 48명 중 한 명이었고, 그는 반도체총괄[6] 사무간접 부분으로 재배치되어, 반도체 경영지원실에 속했다. 경영지원실은 통상 인적자원을 관리하는 인사팀, 물적 자원을 관리하는 지원팀, 자원운영과 전략을 담당하는 기획팀을 중심으로 구성되어 있다. 그들 중에 몇몇은 삼성 그룹의 직접적인 의사결정에 참여하는 구조조정본부—이후에 미래전략실, 그리고 사업지원T/F로 명칭이 바뀌었다—로 오간다. 앞서 경영학 연구에서 삼성의 성공요인이 이건희 전 회장의 선견지명, 미래전략실의 컨트롤, 전문 기술을 갖춘 계열사 경영인의 삼각구조라고 주장했을 때 등장하는 부서이다.

그들은 자기들이 회사를 이끈다고 강력하게 믿고 있었는데, 내가 겪었던 사례도 있다. 내가 스태프 부서에 있을 때 드물게 미래전략실의 연락을 받은 적이 있다. 토요일 오후 압구정동에서 밥을 먹고 도산공원을 산책하던 중, 모르는 번호로 연락이 왔다. 031로 시작해 꺼림칙했는데, 역시 회사였다. 다짜고짜 미전실 누구라며 내가 하는 업무에 대해서 현황조사를 해달라고 했다. 그런데 언제까지 보내야 하느냐고 물으니 당연하다는 듯이 "ASAP이죠"라며 전화를 끊는 것이다. ASAP는 알다시피 'as soon as possible'이다 가능한 한 빨리, 말하자면

---

6 현재 삼성전자의 양대 부문의 전신에는 총괄이라는 조직 단위를 썼다. 총괄은 부문보다는 더 작은 규모의 조직 단위를 가리킨다. 조직 단위의 크기로 봤을 때, 삼성에서는 본사-부문-총괄-사업부-실/센터-팀/그룹-파트 정도로 구분한다. 실제 실물이 있고 담당할 장비가 있는 기술 부서는 조직도에 큰 영향을 받지 않지만, 조직도에 따라 역할과 책임이 달라지는 경영 스태프는 조직 변화에 민감하다.

토요일 오후라도 당장 달라는 것이었다. 별수 없이 아내를 보내고 양재에서 회사로 들어가는 버스를 탔다. 토요일 오후에 거리낌 없이 자료를 요구하는 그의 당당함과 그럼에도 별말 없이 자료를 만들러 가는 나의 비루함이 묘한 감정의 쌍곡선을 그렸다.

스태프의 역할이 통상 '의사결정' 시간을 줄여주는 일이기에, 윗사람을 바라볼 수밖에 없다. 그래서 상대적으로 힘이 있는 그들의 고충도 만만찮다. 나도 스태프 부서에서 단기 프로젝트를 진행했는데 스태프 부장이 "임직원들이 smart하게 일하기 위해서는 우리는 결국 unsmart할 수밖에 없다"며 헌신을 강조했던 모습은 애처롭기도 했다.

그리고, 다수의 임직원을 '지원'하다 보니 예민할 수밖에 없다. 나도 교육 프로그램 관련 사내 메신저를 하다 실수로 친구에게 보내려던 비속어를 다른 분에게 보냈다가 전화가 와서 "스태프가 그러면 안되죠!"라고 비판을 받았던 기억이 아직도 떠오른다. 직접 현장에 뛰어들 수도 없는 전전긍긍과 부서장의 시선에 맞춰야 하는 동동거림은 만만한 일이 아니다. 유관 부서와의 갈등도 있다. 나는 제도 운영 부서에 연락하는 것이 부담스러웠다. 어쩔 수 없이 교육제도를 만들기 위해 그쪽 부서에 연락했는데, 별안간 나를 친절한 말투로 대하는 것이었다.

박   안녕하세요. 교육 부서 박준영입니다.
담당자   (최대한 반갑고 친절하게) 어! 과장님 안녕하세요? 웬일이세요?

박　　네? 교육 부서 박준영 대리라고요.

담당자　아아 … 무슨 일이에요?

　나는 퍼뜩 미전실에 가 있는 나와 이름이 같은 이가 떠올랐다. 스태프 부서 내에서 목에 힘주고 다니는 그가 미전실의 담당자 이름이 반가웠을 것이다. 역시 비굴한 상황이다. 부서의 힘 말고 무엇도 나를 대별해주지 않는 스태프 부서 상황은 내가 보기에 민망하기 이를 데 없었다.

　천부장은 그런 행동에 익숙한 사무간접 직무자들을 대상으로 과제를 담당했다. 이곳은 자격과 부서와 학력에 대한 구별 짓기와 차별을 당연시하는 조직에 가까웠다. 나는 삼성전자 반도체연구소에 있을 때 쉽게 누가 어느 대학교를 나왔는지 알기 어려웠고 발설하는 것도 어색한 일이었는데, 이곳에서 출신학교와 학력은 굉장히 중요한 역할을 하고 있었다. 다시금 그의 발목을 잡을 일이 생긴 것이다.

　임직원 인사정보를 열람할 수 있는 그곳에서 그는 MBB이지만 전문대 출신이었고, 사무간접이었지만 현장 출신이었다. 그가 스태프로 있으면서 겪게 될 차별의 시작이기도 했다. 그래도 그는 성공의 경험이 있었다. 타의 추종을 불허하는 실행능력과 과제의 끝을 보고 성과를 낼 때까지 밀어붙이는 힘이 있었다. 게다가 식스시그마 MBB 양성 과정에서 48명에서 5등 안에 드는 놀라운 성취도 이루었다. MBB를 하면서 온양에서 수원으로 올라오자, 그는 야간 대학교 학사 학위를 업무와 병행했다. 작은 성공을 그는 또 다른 결핍을 극복하는 원동력으로 삼았다. MBB 업무에서도 그는 성과가 좋았다. 그는 스태프 부서의 프로젝트 수행에 있어 식스시그마 방법론을 전파하고 적용하는 사내 컨설턴트로 활약했다. 그렇지만 현장 출신에 전문대졸이라는 수식어는 계속 그를 따라다녔고, 그의 실행력을 거칠고 무식하다는 시선으로 보는 사람도 있었다.

천 그때를 생각하면, 아! 진짜 뺀질이들이 많았어. 특히 사업부에 명문대 철학과 나온 양반이 있었는데, 뭐든 꼬치꼬치 캐묻고 그게 맞느냐며 질문을 하더라고. 늘상 토를 달고. 말을 진짜 안 듣더라니까. 그 사람이 사업부 스태프 임원과제 담당자였는데, 진짜 골치 아팠지. 그 팀 과제를 달성하게 하는 게 정말 힘들었어. 결국 그 양반 임원 승진을 못 하고 나가더라고. … 과제관리를 하다 보니까, 내가 좀 빡빡하게 굴었나 봐. 어느 날 스태프 임원이 나더러 '드라이'하다면서, 『칭찬』『배려』『관심』이라는 책을 세 권이나 주는 거야. 부드럽게 좀 해달라, 어투가 강하다. 사람들이 상처를 입을 수 있다. 천MBB 님은 훌륭하신데, 그래서 도움이 되라고 『칭찬』『배려』『관심』 3권을 줬다는 거지. … 나 자신이 피폐해졌지 싶었어. 현장에서 쉴 틈이 없어서.

박 저는 반면에, 부장님이 그럴 수밖에 없는 상황 아니었을까 생각해요. 스태프 부서 사람들은 자기가 일을 안 해도 회사는 돌아가잖아요.

'드라이'하다는 말

그는 스스로 학력 차별에 대해 비판하면서도 학력을 기준으로 사람을 판단하고 있었고, 명문대 출신이라서 까다롭다는 편견도 있었다. 그리고 그 사람도 역시 그릇이 작고 머리만 쓰다 보니 임원을 못 달았다면서, '학교 우등생'이 '사회 열등생'이라는 일반적 역설을 판단기준으로 삼기도 했다. 동시에 그도 현장 출신으로 거칠다는 이미지가 있었다. 그는 그때 스태프 임원에게 고마운 마음을 가지고 있었는데, 스태프 임원이 그에게 거칠다는 이미지를 솔직하게 이야기해줬기 때문이다. 그 임원은 "과제를 몰아붙이고 원칙만 내세우면 사람들이 부담을 느낄 수 있으니, 칭찬과 배려와 관심의 자세를 보여달라"고 조언하며 책을 내밀었던 것이다.

그는 스태프의 또래 과, 차장급 사람들을 만나면서 '드라이'하다는 말에 상당한 상처를 받았다. 그의 마음속에 있는 슬픔의 정서와 사람을 아끼는 마음이 모조리 그의 검은 얼굴, 현장에서 핏대를 올리던 언어, 과제를 꼭 해결해야 한다는 목표의식 속에 사라져버리는 것 같았기 때문이다. 경영 스태프는 촌각을 다투는 문제가 있기보다는 상사에게 올릴 신속 정확한 보고가 우선이다. 보고가 안 된다고 해서 개발이 늦어지거나 생산에 차질을 빚는 일은 없다. 그래서 그가 익숙했던 생산 현장에서 매일매일 목표를 초과 달성하기 위해 땀이 나게 뛰어다니며 사람들을 이끌었던 목청이 이곳에서는 유효한 톤은 아니었다. 점잖고 기품이 있는 행동은 성찰에서 나올 수도 있고 한가로워 그럴 수도 있다. 마음이 조급하고 괄괄한 모습은 진실한 마음의 표현일 수도 있고 욕심에 눈이 어두워서라고 보일 수도 있다. 인간을 파악하는 일은 조심스러워야 한다. 그렇지만 여전히 조직에서는 그럴 시간이 없고 그럴 마음도 없다. 그도 나도 등장하는 많은 사람도 사람을 유형화해서 대할 때 더 편안함을 느낀다.

경영 스태프는 조직도상에서 스태프를 빼고 모든 부서를 '현업'으로 여긴다. 제조기술센터의 스태프들도 직접 생산과 간접 부서로 나눈다. 물론 직접 공정을 개발하고 설비를 맡고 있는 연구개발 및 제조 부서들도 스태프 부서를 공무원이라고 부르거나, '궁서체 메일' 왔다며 농담 같은 구별 짓기를 한다.

특이하게 스태프 부서는 다른 부서에 공문을 발송하거나 안내할 때, 기본 이메일 서식인 맑은고딕 10포인트가 아니라, 바탕체나 궁서체로 폰트를 변경하고 크기도 14포인트 정도로 바꿔 보낸다. 궁서체는 그 상징이다. 내가 연구소에서 경영 스태프로 부서이동을 한다고 하니, 사람들이 놀라면서 말을 걸었다. 예전에 삼성에서는 설비 엔지니어들을 부르는 직군으로 F facility engineer 직군, 엔지니어 직군인 E engineer 직군의 구분과 동일하게 경영지원실 조직원들을 G generalist 직군이라고 했다. G의 약자가 공무원의 'G' 아니냐고 했다. 동료 E직군 엔지니어들이 내가 이제 삼성의 공무원이 됐다며 부러움 반 질책 반이 섞인 말을 했다.

나도 그처럼 연구직에서 궁서체 공무원이 됐을 때 상당히 낯선 시간을 보냈다. 경영 스태프로 부서를 이동하고 처음 교육과정을 운영하면서 교육과정의 결과보고서를 작성해서 상신을 올렸는데, 상사인 파트장이 결재를 해주지 않았다. 조금 분위기가 이상하다고 느꼈지만, 필요하면 부르겠지 하고 생각했다. 연구개발 현장에서는 당면한 개발과제는 물론 연구개발 시 발생하는 이슈사항을 다시 테스트하고, 결과를 논문으로 작성하고 자료로 남기는 일들이 산적하기 때문에 상사에게 보고했던 행정 처리를 잊을 때가 많았다. 그 생활에 익숙했던 내 몸이 하루아침에 스태프가 될 수는 없었다. 일주일이 지나서 파트장이 나를 불렀고, 결재할 수준이 아니라면서 왜 결재를 안 하는데 묻지 않느냐고 나에게 되물었다. 별다른 변명의 여지가 없어서 죄송하다고 했다. 그는 결재를 반려하겠다며 다그쳤다. 잘못했으니 다시 쓰면 되겠다고 생각했는데, 수군거리는 소리가 들려, '이런 일이 이곳에서는 큰일이구나' 생각했다. 스태프 부서는 상사의 의사결정 시간을 줄이기 위한 보고서를 써야 하고, 그 보고서의 품질이 자신의 연봉이라고 생각하는 이들이기 때문이다.

물론 보고서를 만드는 일은 중요하다. 현장에서는 업무에 바빠 형식 없이 내용에만 충실하고 가끔 오타가 있는 이메일도 상관없지만, 경영 스태프에게 문서의 완결성은 상당히 중요하다. 상사의 감정적 폭발을 불러일으키는 복잡한 내용이나 오와 열이 맞지 않는 문장 구성은 의사결정 시간을 줄이는 데 효과적이지 않기 때문이다. 보고서의 가격이 연봉이라는 논리를 그대로 적용하면, 대표이사의 연봉이 높은 이유는 보고서에서 의사결정하는 중요도나 경제적 규모가 크기 때문이라고도 할 수 있다. 보고서만 본다면 회사는 한 치의 오차도 없이 완벽히 돌아가는 것 같다. 보고를 올리는 이들은 자기 최적화에 열중한다. 멀리 있는 현업의 심각한 문제가 경영진에게 보고될 때는 경미하게 언급되는 것이다.

그는 노트필기를 시작했다

경영에 접근했다는 기쁨도 잠시, 그는 자신을 학력과 경력으로 구별 짓는 부서의 일원이 되었다. 그는 또 다른 결핍 앞에 선다. 현장 문제에 목소리를 높였던 해결사에서 경영진에게 올리는 보고를 업의 목표로 삼는 이들과 섞이면서, 그는 수많은 편견에 부딪혔다. 그럼에도 주저할 그가 아니었다. 그가 생각했을 때 동년배들보다 보고서 작성 능력, 분위기를 만들어내는 유연함, 티를 내지 않는 무던함은 부족했지만, 스태프 경력자들보다 나은 것은 실행력이었다. 그는 과제의 목표를 달성하기 위해 부단히 애썼다. 『칭찬』『배려』『관심』이라는 책을 내밀었던 경영 임원은 그의 지원 덕분에 삼성전자 전체에서 채용 시스템 개선을 위한 임원과제가 최우수로 선정되어 상을 받았다.

그는 경영 스태프로서 자신의 '드라이'함을 솔직하게 받아들였고, 책을 건네주는 사람에게 고마워할 줄 알았다. 그는 그때부터 노트필기를 시작했다. 마흔 살이 넘어갈 때부터 꾸준히 썼다. 회사 게시판에 좋은 글귀가 있으면 옮겼고, 하루를 성찰한 내용을 기록했다. 그리고 늘 시간이 부족했지만, 음악에 도전하기도 했다. 색소폰 연주를 시작했고, 후에 회사 동호회 회장까지 맡았다. 모든 일에 끝을 보고, '타의 추종을 불허하는' 실행력 덕분에 그는, 색소폰으로 사내 공연을 하기도 했다.

안타깝게도 공연장소가 그리 적절하진 않았다. 스태프 부서원들이 운영하는 행사였지만, 그의 연주에는 별 관심이 없었다. 월급쟁이는 음악감상보다는 상사의 눈치와 목소리에 감각이 예민하다.

임원 건배사에 이어 잔에 가득 담긴 소맥이 목으로 넘어갔다. 3/4분기 행사를 위해 각 그룹별로 한 명씩 뽑아 태스크포스task force팀을 만들었고, 나도 거기에 소속되어서 일과를 반납하고 낮부터 행사를 준비했다. 드럼통을 반으로 쪼개 만든 바비큐 화로를 화로당 인원수에 맞게 세팅하고, 가을이 제철인 대하를 준비하고, 목살과 술을 그득히 쌓아놨다. 사람들의 웃음소리가 울려 퍼지고 숯불에서 피어오른 재가 하늘로 올라갔다. 마이크를 이어받은 사회자가 그를 불렀다. "천기주 차장이 색소폰을 연주합니다. 박수 주세요!" 그가 모자를 쓰고 조금 벌게진 얼굴로 무대에 섰다. 뽕짝 반주기가 들어오고 색소폰 소리가 울렸다. 그의 공연을 보고 듣는 사람은 별로 없었다. 사람들은 그 안에서 관계를 맺기 위해 이리저리 화로를 반딧불처럼 옮겨 다녔다. 가벼울수록 눈을 감을수록 직장생활은 편해진다. 나도 그의 색소폰 연주가 기억나지 않는다.

아비투스(habitus)

그는 현장에서 스태프로 부서이동했을 때 실행력보다 보고능력이 중요함을 절감했다. 경영 임원은 그에게 '드라이'하다면서 『칭찬』『배려』『감사』라는 책을 선물하며 태도 변화를 요구했다. 행동에는 언제나 권력이 작용한다. 권력은 대항하지 못하고 오히려 욕망하거나, 느끼지 못할 때 가장 강력하게 작동한다. 아비투스는 특정한 환경에 의해 만들어진 성향, 사고, 행동체계를 의미하며, 프랑스의 피에르 부르디외의 저서 『구별짓기』에서 등장한 개념이다.

이 개념은 비판 연구를 하는 이들에게 상당한 곤욕을 선사했다. 특히 마르크스가 상정한 계급 불평등이 프롤레타리아 혁명으로 나타날 것이라며 역사적 이행을 주장했지만, 프롤레타리아는 부르주아의 삶을 욕망하거나, 혹은 그들과의 불평등을 인정하며 그들 편에 서서 먹고살기를 이어 나가고 있었다. 부르디외는 단순히 경제적 자본뿐만 아니라 학벌, 문화적 취향의 예를 들며 사회적 자본으로 확장해 갔다. 특정 계급에서 통용되는 행동방식과 사고체계가 아비투스이며 현재 우리나라는 특히 정치적으로는 진보성을 띠나, 먹고살기 위한 직업 전선에서 보수적이며 친기업적인 성향을 보이기를 강요받고 있다. 노동자와 경영자를 구분하는 방식도 유사하다. 이는 정치, 자본, 권력이 일부에게 집중되어 그들의 말을 어기지 않고 고개를 숙이며 강자의 편에 서는 일이 신체적으로 궁핍해지거나 사회적으로 외면 받지 않는 방식으로 구성되었기 때문이다.

참고도서 피에르 부르디외, 최종철 옮김(2005), 『구별짓기 : 문화와 취향의 사회학』 새물결.

리더의 다른 길, 마스터

2008년. 그가 삼성에 입사하고 20년이 흘렀다. 그는 이제 사십 대가 됐다. 온양사업장의 육안검사 현장관리자로 제안활동, 오퍼레이터 관리를 통한 생산량 극대화에 매진하다가, 우여곡절 끝에 노사위원을 하고, 차마 말도 꺼내기 힘들었던 IMF의 인력효율화와 동시에 인력 조기전력화에 힘썼고, 이후에 인생의 전환점이 된 식스시그마 전도사 MBB가 되어 사무간접 담당 과제 지도 역할을 했다. 그 이후에 회사에서 식스시그마 철학과 방법론을 전파하기 위한 강의 요청이 있었고 그는 교육 부서로 재배치를 받았다.

그는 반도체 대표 MBB로서 명성과 악명이 모두 높았다. 공명정대하고 원리원칙주의자인 그답게 과제 지도에 정성을 다했지만, 아울러 과제 심사도 까다로웠다. 삼성에는 승진을 위한 점수 따기가 크게 두 가지로 구성되는데 인사고과와 인사가점이다. 인사고과는 부서장 평가로 차등 점수를 부여한다. 거기에 인사 제도상 인정하는 어학점수, 포상점수, 자격점수 등이 있다. 어학은 공인된 어학 등급이며, 포상점수는 대표이사 표창, 연말 포장을 통해 포상 규모에 맞는 점수를 받을수 있다. 그리고 자격점수로는 회사에서 규정하는 몇 가지 자격이 있다. 이 자격점수 기준에 식스시그마 BB자격이 포함되어 있다. 회사에서 승진만큼 중요한 성취수단은 없다. 그만큼 식스시그마는 삼성에서 강조하는 역량이었고, 과장 이상 직급의 승격에 필수적인 가점수단이었다. 그래서 사람들에게는 그만큼 간절했다.

천　소문이 다 났다니까. 새벽에 찾아가서 실물과 데이터를 보고 결과를 확인했어. 그랬더니 지독하다는 거야.

박　만약에 결과가 안 나오면 어떻게 되는 거예요?

천　그럼 주요 인자를 잘못 뽑은 거지, 다시 실험해야지.

그가 가장 빛났던 시대

그의 말을 그대로 인용하면 '얄짤없었다'. 몇몇 이들은 승진이 달려있으니, 같은 회사원이 어느 정도 배려해주겠지 속단했다가 그의 도끼날 같은 평가에 당황해하곤 했다. 도리어 "진급이 달려 있는데 어떻게 그럴 수 있냐"고 윽박지르기도 했지만, 그는 흔들리지 않았다. 나도 연구소에 있을 때 나의 부서장이 MBB를 '매우M' '바보BB'의 약어라고 힐난했던 기억이 난다. 연구개발의 현실을 모르고, 식스시그마 절차만 따진다는 비판이었다. 몇 개의 BB교육과정 중에서 그가 강사로 들어오는 교육을 피하려는 움직임도 있었다고 한다. 물론 BB 교육의 강사로는 피할 수 있겠지만, BB과제 심사는 두 명의 MBB가 함께하기 때문에 그를 끝까지 피하기는 어려웠다. 그는 교육생들이 정확한 식스시그마 프로세스를 밟고, 철학을 이해해서 성공적인 과제를 해내도록 끊임없이 독려했다. 그는 교육을 시작할 때, 여러분들을 끝까지 책임지겠다고 공헌했다. 그는 자신이 맡았던 교육생 중에 두 명이 BB를 취득하지 못했던 것을 여전히 기억하고 있었다. 개인적인 미안함은 있었지만, 그는 공정을 택했다.

삼성은 약 10년간 식스시그마 기반 교육과 프로젝트 과제 수행을 통해 내부적으로 통계와 데이터 기반 사고에 대한 바탕이 깔렸다고 보고 다른 교육을 시도했다. 그의 가장 빛나던 시대가 또 다른 토양과 지층이 되어서 더이상 각광 받지 못하게 됐다. 무대에서 내려오게 된 식스시그마 전도사이자 출신과 학력 면에서 상대적 경쟁력이 부족했던 그에게 겨울이 다가오는 듯했다. 그에게 부서장의 비수 같았던 한 문장이 날아왔다.

잘하라고 했냐? 못하지 말라고 했지.

그가 MBB 혁신활동을 종료하고 교육 부서로 왔을 때, 다시 심각한 차별에 놓였다. 대졸자 중심의 경영교육 파트가 부서의 전권을 쥐고 있었고, 나머지 파트는 부서장의 관심 밖이었다. 전문대 출신인 그는 기를 펴기가 어려웠다. 식스시그마 교육이 저무는 마당에 무언가 새로운 시도를 해보려는 그에게 부서장은 일갈을 날렸던 것이다. 나 같아도 저런 언사를 들으면 부아가 치밀어 오를 것 같다. 부서원들은 그의 기분을 거스르려 하지 않았다. 그럼에도 몇몇 부서원들은 경영교육을 제외한 부서장의 관심 없는 업무 영역 사람들을 따뜻하게 대해주는 그를 '아버지'로 생각했다.

앞서 이야기한 대로 나는 그와 2008년에 처음 만났다. 쥐 죽은 듯이 조용한 사무실에서 보고서 하나를 쓰느라 쩔쩔매던 나에게 그는 말을 걸어왔다. "커피 한잔?" 나로서는 참 감사한 일이었다. 그는 생기가 있지만 아무것도 몰라서 오히려 해맑은 나에게, 오랜 버릇처럼 여러 가지 조언을 늘어놓으려고 했다. 작은 회의실에서 처음으로 그와 나는 커피 한잔을 앞에 두고 만났다. 커피가 뜨거워서 마시기도 어려운 찰나, 그는 화이트보드에 도표를 그려가면서 무엇인가를 썼다. 아마도 기업의 가치와 개인의 행동에 대한 경영학적 도표이면서 그가 오랜 회사생활을 거쳐서 터득하고 새겨온 일하는 방법이었을 것이다. 나는 이야기를 끝까지 들으면서도 다 이해할 수는 없었지만 간절함이 느껴졌다.

그는 간절한 이야기를 함께 나눌 만한 동료가 없었을 가능성이 크다. 견제만 하거나 깔보기만 하는 동료 파트장들에게 고민을 얘기하기에는 그들은 관심도 없을뿐더러 뒷말만 생길 가능성이 컸다. 다행히 새롭게 임원을 꿈꾸는 부장이 부서장을 맡으면서 부서는 활기를 찾았고, 그는 새로운 이의 등장을 반가워했다. 부장은 경영 스태프에서 처음 회사생활을 시작한 덕분에 부서의 사정을 누구보다 잘 알고 있었다. 그는 모든 부서원에게 메일을 보내 자신의 비전과 부서가 변화해야 할 내용에 대해서 회신을 달라고 했다. 나는 첫 보고서를 퇴짜 맞았기 때문에 잔뜩 긴장한 상태에서 메일을 썼다. 부서에 대해서 아는 게 없어서 내 의지만 얘기했다. 그룹장의 변화로 부서는 좋은 방향으로 흘러가는 것 같았다. 사람도 늘었고, 천부장도 저물어가는 식스 시그마 활동에서 벗어나 새로운 일을 두 가지 맡게 되었다.

그는 먼저 '신임마스터 교육' 과정을 기획하게 됐다. 삼성전자에서는 임원 승진을 중심으로 관리자 양성에만 몰두했던 직급체계에서 벗어나 2009년 말부터 최고 연구개발 전문가인 '마스터'를 뽑았다. 마스터 제도는 기술부문별 최고 전문가에게 임원급 대우를 해주면서 연구개발에만 전념하도록 하는 새로운 인사시스템이다. 처음 선임된 마스터들에 대한 명확한 처우를 알 수 없었으며 삼성 그룹 내에서도 임원으로 볼 것인가 아닌가가 불분명했다. 그들은 기존의 삼성 임원이 되는 길이 아니라 새로운 기술 전문가의 길을 걸어야 했다. 부장과 동등한 위치의 수석연구원과 준임원인 마스터는 어떤 차이가 있는지 명료하게 말하기 어려웠다.

통상 삼성의 임원이 되면 다양한 처우가 생긴다. 대표적으로 회사에서 차를 지급해서 사업장 내로 들어올 수 있는 권한이 생기고, 삼성 내부 인트라넷 인명 검색에서 직원은 검은색인데, 임원은 옅은 파란색 글자로 검색된다. 삼성에서는 엄청난 차이이다. 99.2퍼센트가 아닌 0.8퍼센트에게만 허용된 파란색 글자이다. 덧붙여서 임원을 보좌

하기 위해 일정 관리와 업무를 지원하는 비서가 배치되고, 사무실에서 자리를 나누는 파티션에도 임원 자리는 15센티미터 정도 되는 불투명한 유리 파티션을 더 올려서 그곳에 임원이 있음을 알린다.

새로운 제도는 한 인간과 조직을 둘러싼 수많은 변화를 이끌어낸다. 2009년, 아직 삼성 그룹에서는 마스터에 대한 정리가 되지 않았다. 경영이 아닌 기술은 잘 모르겠으니 기술의 최고 전문가는 '현업'에서 알아서 하라는 것이 그룹의 방침이었는지, 신임마스터 교육을 반도체총괄 자체에서 진행하게 됐다. 그는 오랫동안 교육에 몸담아 왔기에, 오프라인 교육을 운영함에 있어서 교육 입과생에 대한 배려와 더불어 세세한 동선부터 분 단위 계획까지 철저하게 세웠다. 1기 마스터, 그들의 복잡한 마음을 달래주려면 주변 사람이 필요했다. 개인의 근본적인 동력으로서 가족을 초청했고, 사회와 조직의 근본적인 동력으로서 대표이사를 모셨다. 이틀간의 교육과 부부동반 CEO 만찬 등을 통해서 그들에게 마스터의 임무와 처우, 기술 리더십에 대한 콘텐츠를 전달하고, 행사를 마치고도 기술 분야 최고 전문가들끼리 기술 교류회를 열 수 있도록 기회를 마련했다. 그는 교육 부서를 떠날 때까지 분기별 마스터 교류회를 진행했다.

'밥의 소중함'과 '존재의 귀중함' 그리고 공헌의 숙명을 강조하는 변화경영전문가 구본형 선생을 강연자로 모셨다. 구본형 선생은 IMF 전후로 회사를 박차고 나와 『익숙한 것과의 결별』이라는 책으로 직장인들에게 큰 울림을 주었다. 책 문장의 유려함보다 눌변인 구본형 선생에게 강의를 요청하고, 선생의 울림 있는 속 깊은 이야기를 들으면서 그는 마음에 담긴 소년의 감정과 달리 업무로 '드라이'해진 자신을 반추해 봤을 것이다. 나이 마흔일곱에 회사를 그만둔 구본형 선생을 보면서, 그는 먹고살기와 가족부양에 치인 직장생활에서 살아남으려는 곤궁함과 그럼에도 버릴 수 없는 인생의 꿈에 대해서 고민했을 것이다. '천기주, 나는 누구일까, 식스시그마를 통해 하고 싶은 경영에 다가갔는데, 남들이 알아줄 만큼, 바깥에서 나의 무기를 유려하게 쓸 만큼 나는 강의와 컨설팅 분야에 최고가 되었는가.' 그는 그것을 절대로 놓칠 수 없었다. 신임마스터 교육과정을 기획하는 그에게 또 다른 기회이자 자신의 결핍을 자극하는 위기가 찾아왔다.

두 번째 과제로 그는 스태프 부서에서 조직문화 진단결과를 바탕으로 조직 컨설팅을 담당했다. 1998년 이후 삼성에서는 매년 미국에서 도입된 조직문화 진단 설문인 'GWP Great Work Place index'를 수행한다. 그는 GWP index가 높은 우수사례를 발굴해서 'Culture Fair'라는 이름으로 우수 부서를 선발해 시상했고, 동시에 GWP index가 낮은 부서에 대해서는 컨설팅을 진행했다. 우수 부서를 축하해주는 행사에는 모두가 적극적이었지만, 누구도 점수가 낮은 부서장을 만나려고 하지 않았다. 관련 업무 담당자 누구도 고양이 목에 방울을 달려고 하지 않았다. 그가 임원을 만나겠다고 나섰다.

천 조직진단을 GWP index로 했었지. 점수가 낮은 부서 임원한테 결과를 전달해야 하는데 누구도 하려고 하지 않는 거야, 할 수 없이 내가 나섰지.

박 개선과제까지 뽑아서, 실행하라고 전달하는 건가요? 담당하는 사람은 덜덜 떨고 있는데, 부장님은 두 눈을 똑바로 뜨고 얘기한 거네요?

천 지금 고위 임원이 개발실 상무로 있을 때, 그 위에 있던 임원을 GWP index 진단 결과 점수가 제일 낮게 나와서 만나러 갔더니 "상무가 일도 못하고 …"라면서 대놓고 상무를 탓하더라니까.
스태프 부서에서 다음 컨설팅 때 상무를 만나 보라고 해서 만났지. 그 상무가 자세하게는 말을 안 하는데 자기는 연구소에서 일을 하려고 하는데 잘 안 된다고 사람을 배려하듯 조심스럽게 이야기를 꺼내더라고. 그 양반이 나중에 고위 임원이 됐지. 그 상무 같은 분들은 성격이 유하고 스타일이 비슷했어. … 소통할 때도, 상대방을 다치지 않게 하려고 노력하고, 말투도 톤도 비슷했지. 그런 사람들이 있는 곳이 조직문화가 좋아.

박 그러고 보니 언젠가부터 기조가 확 바뀌었죠. 스태프도 너무 질책하는 사람들을 자르기 시작했고요.

천 그렇지, 내가 솔직하게 면담일지를 썼어. 그러고선 어떡할까? 스태프에게 물었더니, 있는 그대로 올리라고 해서 경영 임원에게 올렸지. 정리를 하더라고.

그는 리더십이 무엇인가 고민하기 시작했다

오래전부터 이미 알고 있었지만 그는 피부로 더 느끼게 됐다. 제조 현장관리자로 일하면서 주요 제품이 디램이 아니라 논디램이라며 생산량을 거들떠보지도 않고, 인사고과도 낮게 주던 부서장은 왜 그를 괴롭혔을까? 식스시그마를 하면서 그는 어떻게 새로운 세계에 눈을 뜨게 됐을까? 주란 컨설팅 원저자들은 방법론에 앞서 왜 원리와 철학을 강조했을까? 반도체총괄에서 업무성과가 뛰어난 그를 왜 드라이하다고 했을까? 그리고 경영 임원은 그에게 책을 내밀었다. 인간 천기주가 교육 부서에서 "잘하라 그랬냐? 못하지 말라고 했지"라는 말을 듣다가 어떻게 '신임마스터 과정'을 기획하고, '조직진단'과 '조직문화'를 담대하게 말할 수 있었을까. 삼성이라는 울타리에 들어온 일정 수준 이상의 사람들은 언젠가는 대표이사가 된다. 왜 윽박지르지 않고 이야기를 끝까지 듣는 이들이 더 높은 자리로 올라가는 것일까. 그는 말로 하는 리더십이 아니라 현장에 기반을 둔 실제 리더십이 무엇인가 고민하기 시작했다.

차별과 편견의 시간을 버티면서 밥도 포기할 수 없고, 꿈도 포기할 수 없을 때 그는 조직에서 무엇인가를 더 찾고 궁리하며 사람들을 만나기 시작했다. 아마도 조직에서 벗어나 1인 기업으로 성장하라고 했던 구본형 선생의 기조와 어떤 의미에서 결별일 수 있고, '회사와 함께 성장한다'는 그의 기조의 시작이라고도 볼 수 있다. 그때쯤, 그는 반가운 소식을 듣는다.

천차장, 이제 천부장입니다. 축하합니다.

2011년 2월 28일이었다. 그의 진급은 입사 동기 중에서는 빠른 편이었다. 1988년 입사 이후 23년 만이며 8,162일을 견디고, 272번의 월급봉투를 받고 나서였다. 사십 대 중반 그의 삶에서 삼성을 다니기 전 23년과 삼성을 다닌 23년의 작은 마침표이자 느낌표였다.

의례(ritual)

천부장의 승격과 같이 의례는 일정한 시공간에서 지켜야 하는 일정한 행동양식을 말한다. 우리나라의 관혼상제, 혹은 대부분의 사회에서 나타나는 성인식, 종교의 세례 등을 통칭해서 '의례'라고 한다. 의례는 인류학에서 상당히 중요한 문화적 형태이다. 의례는 그것을 집행하는 사람이나, 동시에 의례를 바라보는 청중, 그리고 그것을 받아들이는 개인과 집단이 어느 정도 이해가능한 수준으로 일어나야 한다. 아무리 허례허식의 철폐를 부르짖어도 특정한 사건 앞에서 어떻게 하는 것이 예의가 있는 것인가를 묻게 되며, 결국에 의례는 수행된다.

특히 사람의 죽음에 관한 명확한 의례절차가 없을 경우, 프로이트의 표현을 빌자면, 사회는 멜랑콜리, 곧 우울에 빠지게 된다. 정확한 사인을 알지 못하고, 통상의 절차로 의례를 행하지 않으면, 망자들은 산 자도 죽은 자도 되지 못한다. 삶과 죽음의 경계와 주변에서 감정의 토로, 같은 인간으로서 위로, 관계 맺은 이들의 회한을 풀지 못하면 죽은 자는 편히 눈을 감을 수 없는 것이다. 이런 멜랑콜리는 사회적 격변의 원동력이 되기도 한다. 종교와 예술의 탄생이 타인의 죽음을 목도한 살아 있는 자들의 애도방식이었음을 감안했을 때, 특히 사회적인 죽음에 책임을 지지 않거나 의례를 변용하고, 의식을 간소화하면, 부작용이 나타날 수도 있다.

참고도서 A. 반 건넵, 전경수 옮김(2000), 『통과의례』 을유문화사.

반도체의 물질적 기반

삶은 영화처럼 극적이지 못하고, 희로애락은 롤러코스터처럼 반복된다. 특히 무엇인가를 이루거나 목표에 도달했을 때 찾아오는 허탈함은 예상치 못한 감정이다. 그는 부장이라는 목표를 달성했지만, 또 어떤 일이 그를 기다리고 있을까? 부장 이후의 삶은 어떻게 살아야 할까?

과연 기업에서 부장의 위치는 어떤 것일까, 부장은 성취에 도달하고 주저앉는 종착역일까, 또 다른 시작일까. 아니면 그간 쌓아온 것들을 다 지우고, 임원으로 가야 할 새로운 길일까? 고도성장기의 한국 사회에서는 자고 일어나면 매출이 증가하고, 회사가 커지면서 필요한 사람이 늘어났다. 2000년대 이후 더이상 고도성장을 담보할 수 없었고, 대기업과 중소기업의 임금격차가 커지면서 삼성에 속할 뿐, 사력을 다해 일하는 사람들이 줄어들기 시작했다. 자리도 부족하고, 일과 삶의 균형도 사라지는 임원을 조직의 구성원 모두가 다 원하지는 않게 됐다.

물론 여전히 임원이나 사회적 성공을 바라는 이들도 있다. 부장이라는 직급은 그 갈림길의 마지막 이정표이다. 여기서 더 달릴 것인가, 아니면 이제 이루었으니 버틸 것인가를 고민한다. 현재 조직에서 그러한 부장들을 어떻게 동기 부여하는가가, 새로운 세대의 유입을 어떻게 조직적으로 대응하느냐 만큼 중요한 과제가 되었다.

그도 다르지 않았다. 부장으로 살기 시작했던 2011년에 그도 임원을 꿈꾸었을까? 객관적인 평가와 상관없이 부장이 된 어떤 누구도 임원이 될 생각을 한 번도 안 해봤다고 보긴 어렵다. 그는 부장이 되어 중간관리자로서 책임감을 상당히 느꼈다고 한다. 그렇지만 조직은 그에게 고민할 시간을 주지 않았다. 그는 다시금 조직의 부름에 따를 수밖에 없었다.

부서장　천부장, 부서를 이동해줘야겠어. 혁신 부서에서 부장급으로 일할 만한 사람을 데려오래.

천　아, 안 가면 안 될까요, 교육과 컨설팅할 게 많은데요.

부서장　나도 버티고 버텼는데 위에서 뭐라고 해서 더는 안 되겠네.

천　… 네 알겠습니다. 가겠습니다.

결핍이 그를 단련했다

그에게 공정한 기회를 줘서 업무에 날개를 달아주고, 인생의 책을 선물했던 부서장이 임원이 되고 부서를 떠나면서 마지막으로 부탁했다. 그가 식스시그마로 이름을 날리며 현장 문제를 해결하고, 날카롭게 과제를 추진하던 이름값이었을까, 그는 이제 도끼날처럼 딱딱하게 구는 프로젝트 관리 업무보다 교육 부서에서 식스시그마 강사이면서 리더십과 조직문화와 관련된 경력으로 완벽한 전환을 하고 싶었다. 그의 소망과 의지는 부장이라는 직급과 상명하복의 문화에서는 참고 사항에 불과했다. 경영 임원이 그의 이름까지 찍어서 보내라고 했다니 따라야지 어쩔 수 없는 일이었다.

따끈따끈한 부장직급도 뒤로하고 그는 교육 부서에서 혁신 부서로 이동했다. 그가 부서이동에 따른 명함을 다 모은다면 이리저리 회사를 이직했던 사람과 비슷할 것이다. 제조 현장, 제조팀 스태프, 식스시그마 사무국, 교육, 혁신까지 한 사람의 경력으로 설명할 수 없는 복잡한 부서이동이다. 통상 삼성맨들은 한 부서에서 오래 근무하는데, 그는 부서이동이 잦았다. 그가 연구개발과 제조 현장에서 데이터와 생산량의 내용을 중시하고 형식에 치우치지 않았다가 스태프 부서로 와서 문서작성에 상당히 어려움을 겪었듯이, 직무별로 필요한 역량과 업무방식은 차이가 있다. 그리고 조직 내에서도 같은 부서와 직무에서 오랫동안 인맥을 쌓아야 진급에도 유리하다. 그래서 대부분 직장인들은 부서이동 없이 한 부서에서 업무를 이어 나간다.

실제 생산 현장에서 제조와 연구개발이라는 명확한 직무가 있는 부서보다는 조직도에 따라서 업무의 변화가 큰 조직인 스태프 부서는 인사관리, 재무관리처럼 기업 운영에 필수적인 부서가 아니기 때문에 사람들의 들고나감이 잦고 부서의 힘이 약하다. 물론 소위 힘이 있다는 부서원도 월급쟁이로서의 팍팍함과 그들을 바라보는 동료 월급쟁이들의 시선에서 자유롭지 못하다.

'경영의 파트너'라는 스태프 부서의 숙명은 개인에게는 같은 회사 동료들을 대할 때는 외로움으로, 경영자가 아님에도 경영의 시선에 맞춰야 한다는 괴로움으로 연결된다. 게다가 요즘처럼 산업별 기술이 고도화되고 경영 일반 방법론이 아닌 기술을 활용한 분석과 결과 도출이 외부에서는 벌어지는데, 너무 '회사'와 '상사' 맞춤형 인간이 되는 것은 아닌가 잦은 회식자리에서 자신을 돌아보게 된다. 나도 스태프 부서에 처음 갔을 때는 '반도체 현장 기술도 모르는 이들'이라고 했다가, 결국에 나도 스태프로서 당면한 빡빡한 수명 업무에 허덕이게 됐다.

나는 유관 부서와의 애로사항을 고르기우스의 매듭을 끊듯 해결하는 부서장 이메일 '글'의 힘에 놀랐고 '상사'의 시간을 줄이는 보고서 작성을 배우기 위해 동분서주 뛰어다니고 있었다.

그가 혁신 부서로 이동한 뒤, 위기가 찾아왔다. 그는 실행을 중심으로 했기 때문에 스태프 부서원에게 필요한 보고서 작성 역량을 뛰어나게 갖출 수 없었다. 그는 부서이동 초기에 절치부심할 수밖에 없었다. 그는 교육 부서 파트장에서 혁신 부서의 담당 부장으로 업무 재배치를 받았다. 변함없이 다가오는 회사생활의 변화, 그리고 위기, 가끔

다가오는 기회였다.

대부분의 회사가 그렇듯 '혁신'은 말은 그럴듯하지만 다들 꺼리는 말이다. 혁신이 가죽을 벗기는 것 같은 고통을 수반하고 기존의 업무 방식에 변화를 주는 일인데, 외부에서 간섭할 경우 기존 업무 스타일을 고수하기 쉽다. 삼성에서도 이건희 전 회장이 신경영 기조나 질적 경영을 강조했을 때, 혁신 조직이 생겼고, 당시에는 반짝 힘이 있다가 기조가 사라지자 혁신 조직은 힘이 없어졌다. 회사 내부에서도 기존으로 회귀하려고 새로운 것에 저항한다. 혁신한 다음에는 다시금 혁신의 결과가 일상이 되기 때문에 혁신은 언제나 새로운 과제를 발굴해야 하고 사람들을 억지로 설득해야 하고, 문제를 발견해야 한다. 괴로운 일이다. 혁신이 경영진의 힘을 받지 못하고, 혁신 관련 부서원들이 억지로라도 현장 과제를 발굴하지 않는다면 '혁신이 뭐 하는지 모르겠다'는 소리를 듣는다.

경영 임원이 우리 학력, 어학을 전부 조사했더니, 혁신은 박사 하나 없고, 어학 1급도 하나 없더래. 그러면서 무슨 혁신하겠느냐고 하는데 엄청나게 자존심 상하는 거야. "웬 전문대 나온 놈이 경영한다 그래, 경영 공부해봤어?"라고 대놓고 이야기하는 사람도 있었어. 그래서 내가 공부해야 되겠다. 공부를 안 하고 어떻게 혁신을 하겠냐고 생각했지, 그래서 공부했어.

'한 송이 꽃보다 소나무가 되겠다'

그는 일 년간 부서의 업무를 파악하고 자신이 할 수 있는 일에 집중하려고 했다. 20년이 넘는 기간 잦은 부서이동과 업무 변화에서 살아남기 위해 그가 지켜왔던 방식이었다. 결핍이 그를 단련했다. 일정 수준 실력이 올라올 때까지는 자중하다가 실력이 갖춰졌을 때쯤, 선을 넘어서 자신을 차별하고 안하무인으로 대하는 이들에게 본때를 보여줬다. 그는 다시 현장으로 돌아가기로 했다. 그래서 문제가 있더라도 경영진이 보기에 중요하지 않은 일이었거나, 실패했던 일에 매달리기로 했다. 그가 입사 초기에 만났던 TPM기반 설비보전 업무가 시스템화되어 있었다. 그는 '설비보전업무시스템'을 바라보기 시작했다.

그가 새롭게 관심을 가진 설비보전 업무를 조금 자세히 들여다보자. 반도체를 단순히 전자신호를 처리하는 기능이 아니라 물질적 기반을 고려했을 때, 물질에 에너지를 공급해서 전자의 구동을 조절하는 것이 반도체라고 앞서 얘기했다. 반도체 제품의 기능을 설계하고, 그 기능에 맞는 전자의 구동을 만들어내고, 실제 물질이 가공될 수 있도록 하는 데에는 세 종류의 직무가 있다. 이를 순서대로 제품, 공정, 설비 엔지니어로 나눈다. 제품 엔지니어는 주로 전자과 출신으로 반도체 회로 설계나 회로 특성에 맞는 물질 설계를 담당한다. 공정 엔지니어는 제품 엔지니어의 설계도에 맞춰서 화학적·물리적 특성을 고려해서 물질을 만든다. 설비 엔지니어는 공정 엔지니어가 계획한 물질을 실제로 가공하는 설비를 유지보수, 개조개선한다.

반도체 칩을 만드는 삼성에서는 오랫동안 전자과 출신 제품 엔지니어들이 힘이 셌다. 그들만의 설계 영역이 있으며 결국 설계를 잘해야 반도체 칩의 특성이 좋기 때문이다. 그런데 2000년대 후반부터, 단순히 설계를 잘한다고 해서 제품의 성능을 담보할 수 없게 되었다. 왜냐하면 물질적 구현이 굉장히 어려워졌기 때문이다. 거꾸로 물질적 기반을 아는 공정 엔지니어들이 제품 엔지니어의 상상보다 훨씬 더 실현 가능한 결과물을 만들어냈고, 그 결과 그들의 힘이 세졌다. 그런데 2020년이 넘어오면서 다시금 설비 엔지니어의 역량이 중요해졌다. 아무리 물질을 이렇게 저렇게 만들어달라고 이야기를 해도, 설비가 구현하지 못하면 탁상공론에 지나지 않기 때문이다.

　반도체 업계 종사자가 아니라도 반도체에 관심이 있는 사람들이라면 네덜란드의 ASML이라는 회사를 알 것이다. 그 회사에서 만드는 설비 한 대 가격이 2,000억 원에 이르고, 심지어 외계인들이 만든다는 농담까지 오간다. 삼성을 비롯한 반도체 제조 회사의 CEO들이 이 회사에 찾아가서 장비 구매를 요청한다. 그만큼 설비가 실현 가능한 가공방식을 제시해야, 제품이나 공정 엔지니어들의 그림이 실현되는 것이다. 물질적 기반은 그만큼 중요하다. 요즘 한국 반도체 산업에서 소재, 부품, 장비 소위 '소부장'의 중요도가 올라가는 이유도 동일하다. 소재는 실제 화학반응을 일으키는 물질이며, 부품이 결합된 장비가 물질을 가공하는 화학반응기다. 반도체는 결국, 물질이 반응한 결과물이다.

　오랫동안 반도체 칩을 만드는 삼성에서 제품과 공정 엔지니어는 나름 굳건한 영역을 구축해왔지만, 앞서 말한 대로 설비 엔지니어는 유지보수 업무에 한정되어서 중요도에서 밀려나는 경향이 있었다. 잘하면 당연하고 못하면 욕을 먹기 쉬웠고, 그만큼 그들의 업무 시스템도 우선순위에서 밀렸다. 천기주 부장은 그곳에 접근하기로 했다. '똥 밟았다'고 힐난하는 이들도 적지 않았다.

천   설비보전시스템이 상황이 안 좋았는데, 어쨌든 경영진이 명령을 내리면 나는 완수형으로 가다 보니까. … 시스템을 유지관리하는 VOC Voice of Customer 대응 야간 조를 네 명 늘리고 12억을 투자해서, 늘려서 대응하라고 기획했어. 시스템은 24시간 돌아가는데, 관리등급이 낮더라고. 1등급은 MES[7] 생산직접, 24시간 대응, 레벨 2가 생산간접 보고서, 레벨 3이 MIS[8] 주요 시스템. 그런데 설비보전 시스템은 레벨 6인가 그렇더라고. 사람들은 그걸 보고도 못 하는 거야. 내가 단도직입적으로 팀장에게 보고했어.

박   시스템 기술 팀장 Chief Information Officer, CIO이죠?

천   팀장을 직접 독대해서, 시스템 운영수준이 이렇다. 레벨 3은 가야 한다. MES는 아니지만 야간 조도 넣어야 한다. 사정을 이야기했더니 레벨 4로 해주더라고, 야간 조의 VOC 대응팀이 만들어진 거야. 예전에 시스템 담당자들이 울면서 도와달라고 한 내용이지.

그것이 시작이었다. 설비 엔지니어들은 24시간 동안 설비유지보수

---

7   MES(Manufacturing Execution System): 생산실행시스템.
8   MIS(Management Information System): 생산정보시스템.

를 위해 일한다. 그런데 시스템이 밤중에 고장이 나면 유지보수를 진행할 수 없다. 그러면 엔지니어들은 시스템 담당자에게 볼멘소리를 한다. 그때 시스템 담당자들은 근무자도 없는데 대응해야 한다. 엔지니어들이 시스템을 믿지 못한다. 유지보수의 수작업이 반복되고, 시스템 기반 업무가 약해진다. 엔지니어들은 주먹구구식으로 어쩔 수 없이 일을 진행하고, 실력이 없고 업무 개선이 안 된다는 평가를 받는다. 악순환이 반복된다.

삼성에서 설비 엔지니어 역량이 떨어진다는 이야기가 나올 때마다 저마다 해결책을 가지고 제조 현장이나 스태프 부서에서 보고서를 만들고 자기 이름을 높이려는 과제들을 추진했다. 설비 엔지니어를 믿을 수가 없으니 '부품자산관리'를 강화해야 한다는 시스템 과제와 설비 엔지니어 역량을 높이기 위한 '설비유지보수 업무'를 원활히 해야 한다는 천부장의 과제가 서로 맞부딪히기도 했다. 엔지니어 업무 시스템 개선이 현장에 도움이 된다고 생각한 경영진의 의사결정으로 그의 과제가 선정되었다. 그는 반도체 제조 현장에서 사람들을 만나봤다.

천 엔지니어가 아니라 '먼지'니어라고 불린다는 거야. 설비가 '뭔지' 도 모르고, 설비 업체에 휘둘려서 비싼 부품을 그대로 쓰고, 부품 성능도 잘 몰라서 사고가 나니까, 실력도 없고 말이야. 이러면 안 되겠다, 생각했지.

그는 자신이 엔지니어 출신도 아닌데 왜 그렇게 오지랖을 부리며 그들의 멸칭에 속상해하고, 제대로 된 업무를 하도록 시스템을 혁신하려고 했을까. 그들을 '먼지니어'라고 부르며 함께 깎아내릴 수도 있는 일이지 않은가. 식스시그마 할 때부터 그의 기조였던 '한 송이 꽃보다 소나무가 되겠다'는 닭살 돋는 문장이 행동으로 드러날 때 나는 더 소름이 돋는다. 그렇다고 월급을 더 받는 것도 아니었다. 그는 부장 직급으로 오히려 차장 밑에서 일하면서 보고서를 못 쓰는 전문대 출신이라고 무시당하고 있었다. 그는 왜 그렇게 일을 포기하지 않고, 자신을 포기하지 않았을까.

　나는 동시에 몇몇 얼굴이 떠올랐다. 연구소에서 개발과제를 진행하는데 테스트 결과와 실장 결과가 전혀 다르게 나와 난감해하는 나를 두둔하며 "일을 제대로 처리했는데 잘 안 나왔으면, 가서 욕먹고 오는 일이 내가 할 일이지"라고 말하던 파트장이 떠올랐다. 회의 끝나고 욕을 하도 먹어서 얼굴이 벌겋게 된 그가 나를 보고 빙긋이 웃었다. 물론 그는 내가 저녁 8시 30분이 넘어서 겨우 퇴근 버스를 타고 집에 갔는데 다음 날 아침 회의 때 논문 어떻게 됐냐며 채근하던 기러기 아빠이기도 했다. 그는 내가 스태프로 간 뒤에 전문대를 졸업한 자기 부서원이 사내 공과대학교에 지원하려는데 도와줄 수 있는 게 없냐며 굳이 물어왔다.

　스태프로 간 뒤에 인터뷰를 하려고 말을 걸었던 선배 엔지니어는 "너라도 가서 현장 문제를 조금이라도 해결해줬으면 좋겠다. 여기 문제를 아는 건 너밖에 없을 것 아니냐. 부탁한다"라고 정성을 다해 보냈던 긴 메신저 글귀가 기억난다. 꽃보다 소나무를 외치는 천부장처럼, "나라와 민족과 인류를 위해서"라는 말을 입에 달고 다녔던 부장도 있다. 결국에 DS부문의 전직군 교육체계와 전문가양성체계까지 완성하고 갔던 그는 내가 회사생활에서 만난 가장 큰 인연이자 스승이다. 그는 아주 오래된 일인데도 얼마 전에 나에게 "그때 1년 더 버텼으면 회사 혜택으로 해외도 다녀오고 그랬을 텐데, 그걸 못 보내줘서 지금도 미안하다"고 했다. 나에게 그들이 만든 삼성은 솔직하고 매력적이다. 같은 월급쟁이라도 자신의 책임을 다하고 부서원에게 성장의 기회를 주려고 했던 이들이다. 아마도 그도 그런 마음으로 버거운 일을 해나갔을 것이다.

개인과 조직, 회사를 분리할 수 없었던 오래된 습관

설비보전시스템은 새롭게 태어났고, 설비 엔지니어의 업무 전체를 담아내는 중요한 시스템으로 자리 잡게 되었다. 그를 바라보는 부서원들과 현장의 시선도 달라졌다. 그는 경영 스태프 부서에서 접근하기 어려웠던 반도체 제조 현장의 설비와 부품, 자산과 품질관리 영역을 새롭게 창출했다. 그의 말을 믿지 못하는 것은 아니지만, 너무 낯이 간지럽고 계속 그를 추앙하고 싶지는 않았기 때문에, 다른 시선이 필요했다. 인터뷰가 종반으로 흘러갈 때 적절한 제3자가 나타났다. 바로 그의 동료 조현규가명와 함께 식사하며, 그를 더 파헤쳐 보기로 했다. 수원 영통의 선술집 테이블에 세 명이 앉았다.

천 내가 인터뷰한 얘기도 중요하지만, 오랫동안 나를 봐왔잖아. 조현규 님이 내 이야기를 좀 해줘.

박 비판적으로 얘기하는 게 좋습니다.

천 액면 그대로.

천 나는 애현규가 아무리 봐도 혁신에는 안 맞겠다 싶은 거야. 너희들 스타일에는 안 맞는다고 했더니 파트원 수찬가명이가 고민하더니 책임지겠다고 해서, 내가 세 번 물어봤어. 그러고는 반드시 책임지라고 했지.

조(조현규, 이하 조) 수찬이 형은 항상 생각하고 있어요. 제가 자기의 유일한 사람이라는 거. … 부장님이 끌어들여서 혁신 부서로 왔고, 부장님이 회사생활의 아버지이고, 수찬 차장은 엄마 같은 존재예요. 최근에 부서에 들어오는 친구들은 제가 중간에 수찬 차장에게 많이 당했을 거라고 이야기하는데, 저는 그렇게 생각 안 해요. 수찬이 형과 저는 유일한 사이인 거죠.

박 현규 님이 이해심이 높아서 그런 거 아니에요?

천 진짜 멤버들은 오랫동안 해서 아는 거야. 우리는 오랫동안 한 식구이기 때문에, 싫은 소리를 해도, 뭐라고 해도 형이니까 식구니까 이해하지만, 다른 사람들은 이해를 못 하는 거지. 지금 문제가 뭐냐면, 아무도 보듬어주지 않고 서로 방관하듯이 내버려 둬. 사람들이 가는지, 안 가는지 관심이 없어, 나중에 골치 아플 거야. 그래서 요새 일대일 코칭도 새롭게 하잖아.

삼자대면의 방향이 어찌 신통치 않다. 현규 님에게 그에 대해 비판적으로 얘기해달라고 했지만, 천부장은 그마저 "액면 그대로" 얘기하란다. 어떤 믿는 구석이 있기에 그런 건지? 완벽한 그루밍과 가스라이팅이라도 한 건가? 그런데 대화 초기부터 졌다. 현규 님은 그를 아버지로 생각한단다. 완전히 졌다. 그리고 업무성과가 뛰어나지만 빡빡한 수찬 님을 엄마로 생각한단다. 어머니도 아니고 엄마라니. 에이 이번 판은 졌다. 역시 남성과 여성은 생물학적으로 결정되는 것이 아니라 사회적 역할로 결정된다. 회사 식구가 되어버린 가족사를 들추자면, 여간 절절한 것이 아니다.

그는 설비보전시스템의 반도체 전체 확산을 위해서 현업 설비 엔지니어를 태스크포스에 참여시켰는데, 신입사원이던 현규 님이 그중 한 사람이었다. 신입사원을 시스템 확산 TF에 보낸다는 것은 현업 부서의 무책임한 처사였다. 신입사원이 핵심역량을 빨리 키워야 할 시기에 스태프 부서의 요청 때문에 업무 파악도 덜된 신입사원을 보낸 것이다. 삼성전자 입사 순간이 인생에서 가장 소중한 기억일 정도로 기뻤다는 현규 님은 설비 엔지니어로 배치됐지만 방치나 다름없는 시간을 보냈다. 그를 방치하던 부서에서 천부장의 프로젝트 멤버로 현규 님을 보내버렸다. 그는 경영혁신 TF가 어떤 일을 하는지 모르지만, 적극적으로 참여하고 싶었고 천부장의 업무 추진 능력에 감탄하고 있었다.

여기서도 스태프 부서의 정책과 현장의 적용에는 상당한 차이가 있음을 알게 된다. 사람들은 저마다의 판단과 행위 능력을 가지고 있다. 삼성전자 반도체에서는 설비 엔지니어의 역량이 약하다고 1998년부터 주기적으로 고교졸업자와 전문대졸 중심의 설비 직무에 대졸자를 편입시켰다. 기존의 중심 세력으로서는 대졸자들을 어떻게 대해야 할지도 모르겠고, 입사하자마자 직급은 더 위로 들어오는 그들이 불편했을 것이다. 15년 전의 일이지만 내 대학 동기도 삼성에 설비엔지니어로 입사해서 외국 설비회사의 엔지니어와 영어로 얘기하다가 잘난 척한다고 욕을 먹었다. 설비 엔지니어 조직의 숙련과 위계문화가 강했던 당시, 현규 님은 역차별을 당하고 있었다. 동시에 그들의감정이나 직급 대비 역량과 숙련도를 면밀하게 살피지 못하고 조직관리를 현장 담당자와 관리자에게만 일임했던 스태프 부서의 책임 방기이기도 하다.

조   어떤 상황이었냐면, 신입사원 능개지[9]를 하잖아요. 임원들 앞에서 발표 1등하고 싶은 거예요. 사람들 앞에서 얘기하는 거 좋아하는데, 선배가 지도해줘야 하는데, 그 선배 개인적인 거는 모르겠지만, 아무것도 안 해주는 거예요. 그 형이 전문대 출신이었는데, 그 옆 전문대졸 선배는 대놓고, 3급 대졸 신입이 들어오면, 됐어, 이딴 거 하지 마. 라인이나 가라는 거죠. 나는 열심히 해서 잘하고 싶었는데, 아무것도 안 챙겨주는 거예요. 입사한 지 1년도 안 되

---

9   대졸 사원을 중심으로 시작했던 삼성전자의 신입사원 조기전력화를 위한 능력개발지도제의 줄임말로, 현규 님이 입사한 후 일정 시기가 지난 다음에는 고교졸, 전문대졸로 능개지가 확대시행되었다.

었는데 뭘 알겠어요. 다른 데 가고 싶었어요.

　이 애달픈 시간에도 현규 님은 시스템 확산 TF에서 최선을 다해 천부장에게 예쁜 모습을 보이려 했다. 그렇지만 천부장은 생각보다 냉정한 판단기준을 가졌다. 사람은 필요하고 현규 님이 노력하는 모습을 보였지만 그의 성향이 혁신과는 안 맞는다고 생각했다. 먼저 입양온 엄마 수찬 차장에게 물어봤다. 차장은 어떤 이유에선지 현규 님을 책임지고 키우겠다고 했다. 천부장은 세 번을 반복해서 수찬 차장에게 확인하고, 그를 끌어오기 위해 현업 부서장에게 직접 요청까지 했다. 그러고는 끝까지 책임지겠다고 했다. 그와 이전 인터뷰에서 현규 님을 혁신 부서로 데려올 때 이미 들은 얘기였고, 혁신에는 안 맞다는 그의 판단이 현규 님이 듣기가 꺼림칙할 것 같아 입 다물고 있었는데 그가 먼저 얘기를 꺼낸다. 그렇게 혈연도 아니고 그렇다고 감정적으로 아껴주지도 단란하지도 않은 불완전한 가족이 만들어졌다. 현규 님에게 물어보지도 않고 서로 책임지겠다는 그들의 위계적 끈끈함이 10년 넘게 이어졌다.

　이는 가족을 벗어나고 싶거나, 가족이 되고 싶지 않은 이들에게는 어색하게 다가온다. "우리는 오랫동안 한 식구이기 때문에, 싫은 소리를 해도, 뭐라고 해도 형이니까 식구니까"라는 그의 마지막 대화가 고리타분하다. 하지만 반도체의 고된 일을 떠받치던 힘이 형제애와 자매애 같은 복잡한 관계 맺기에 있음을 알 수 있다. 회사 가족, 회사 식구는 개인의 공식적인 경조사부터 당면하고 내밀한 고민은 물론, 회사생활에서 상사와 동료의 뒷담화를 함께하고 비공식적인 방법으로 이해관계자와 연결해서 업무를 신속하게 해결할 수 있는 다양한 기능을 수행했다.

　나도 회사 식구들이 있다. 회사를 그만둔 나에게 큰 기쁨 중 하나가 그들에게 진심으로 축하와 위로를 할 수 있다는 점이다. 승진해도 진심으로 축하할 수 없는 것이 회사 내부의 동료들이 가진 양면성이다. 얼마 전 부장이 된 동갑내기 회사 식구에게 진심으로 축하할 수 있는 내 위치가 맘에 들었다. 그들은 공식적으로 말할 수 없는 이야기들을 나에게 전한다. 회사생활에서 오랫동안 상사이자 식구였던 부장은 내 인사고과를 높게 줄 수 없자 자기 인사평가를 일부러 보여주면서, 일희일비하지 말라고 했다. 비즈니스 세계인 직장에서도 기브앤테이크는 너무 야박해 보이고, 결국에 주고받는 관계, 헌신하고 배려하는 관계 같은 복잡한 사이가 만들어진다.

　이런 공식/비공식과 합법/불법이 오가는 조직과 구성원의 행동은 단순히 수평과 수직적 조직문화로 이분화될 수 없다. 외계인이 지구를 습격하면 지구인들이 모두 단결하지 않겠느냐고 물었던 정치인의 말처럼 파트 안에서 서로 아웅다웅하다가도 파트를 공격하는 그룹이나 다른 파트가 오면 함께 목소리를 높인다. 공정 단위별로 날을 세우며 책임을 전가하다가도 제품 설계팀이나 스태프에서 공격이 들어오면 공정끼리 똘똘 뭉쳐 스크럼을 짠다. 사업 초기 아오지로 불렸던 반도체 산업을 버텨낸 조직도에는 보이지 않는 수많은 보호막이 있고, 그것을 단순히 고리타분하다거나 합리적이지 않다는 차가운 용어로

만 이야기할 수는 없다.

태스크포스팀을 조직하더라도 무슨 일인가보다 누가 참여하는지에 더 관심이 많은 관계 중심의 조직문화가 있는 곳에, 자기 이익에 따라 사안을 달리 느끼는 사람들이 등장한 것은 다른 상황이지 틀린 상황은 아니다. 그래서 그의 말은 반만 맞다. 장시간에 걸친 관계 맺기가 어색한 이들에게 가족과 식구를 강조하는 것은 상당한 불편함을 유발한다. 그가 왜 남들이 꺼리는 시스템에 다시금 목숨을 걸며 끝까지 책임지겠다는 사람들을 모아서 프로젝트를 창출해냈을까. 이는 개인과 조직, 회사를 분리할 수 없었던 오래된 습관이면서 누구도 지켜보지 않지만 자신을 지켜본다고 생각한 수많은 보이지 않는 동료들에 대한 예의이기도 했다.

소속감

천부장과 그의 식솔들을 보면서 요즘 회사생활과 다르다는 느낌을 감출 수가 없다. 외국 여행 중에 한국 사람을 만나거나, 혹은 스타벅스처럼 익숙한 프랜차이즈를 만났을 때 편안함을 느끼는 이유는 인간이 어딘가에 속하고 싶기 때문이다. 반대로 낯선 곳이 두려운 이유는 내가 이방인으로 소속감이 없기 때문이다. 근대적 교통과 통신수단이 등장하기 전, 사람들은 마을 바깥을 나가면, 목숨을 담보할 수 없었다. 과거엔 공동체에서의 추방이 사형보다 더 무거운 형벌이기도 했다. 여전히 어느 곳에서든 사람들은 무엇인가 '소속'을 통해서 타인을 판단하려고 한다. 처음 보는 외국인에게 국적을 물어보는 것이 어색하지 않은 것처럼, 인간은 겉으로 드러난 인종과 성별을 제외하고 어디에 속해 있는가를 묻고 그에 맞는 행동을 요구하거나 소속감으로 그의 특성을 빠르게 판단하려고 한다. 이동이 자유롭고 의례가 간소화되는 시대에 소속감은 줄어들기도 하지만 동시에 사람은 어디에 속하지 않았을 때 알 수 없는 불안감과 외로움을 느낀다. 특히 기존의 규정에 자신을 위치시키고 싶지 않은 경우 외로움과 소속감은 서로 길항작용을 한다. 그래서 나를 굳이 설명하지 않아도 되는 그 개념은 상당히 중요할 수밖에 없다.

참고도서 빅터 터너, 강대훈 옮김(2018), 『인간 사회와 상징 행위 : 사회적 드라마, 구조, 커뮤니타스』황소걸음.

패러다임 전환

새롭게 현장 기반의 일을 창출하면서 그는 설비시스템 혁신파트장을 맡는다. 동료 현규 님의 이야기를 계속 들어보자. 현규 님이 가장 인상 깊었던 순간이라고 했다. 그가 혁신 부서로 재배치받은 후 얼마 되지 않은 저녁 시간이었다. 현장감을 느끼기 위해 대화를 길게 수록한다.

조   자산관리시스템 데이터를 정비하는데, 유관 부서와 싸웠어요. 장부관리를 제대로 안 해서, 실물이 없는 게 많은 거예요. 그 부서 부장 하나가 전화해서, "혁신이 뭔데 난리법석이야?"라고 따지고 … "혁신에서 어쩔 건데"라고 했던 말이 아직도 기억나요. 회사 일이라는 게 감정적으로 싸우자는 게 아니고, 잘못된 것을 고치자는 건데, 파이를 빼앗기고 치부를 걸리는 게 싫어서, 월권하는

게 충격적이었어요. 대부분은 … 좋은 게 좋은 거라고 넘어가는
데, 천부장님은 싸우더라도 끝까지 하라고 하셨죠. 일로 접근하는
면도 있지만, 개인적으로 신념 있는 분들이 일도 잘하는구나 생
각했어요.

천 나도 뭘 생각했냐면, 그때 숨기려고 했어. 그런데 회사의 자산을
관리하려는 사람들이 저런 식으로 하면 회사가 망할 것 같다는
생각이 들더라고. 그리고 밑에 있는 사람들이 임원한테 보고를
잘못했다는 것을 참을 수가 없었어. 경영 임원이 무서운 사람이
라서 관리 팀장도 망설이더라고, 그래서 얘기했지. "이런 식으로
자산을 관리해서 현업의 설비효율관리나 손실관리를 어떻게 하
려고 하냐고, 이렇게 다 숨겨지는데 어떻게 할 거냐" 그랬더니, 관
리 임원이 "아니 뭐 이런 걸 가지고 다 알면서 그래요, 천부장 적
당히 하세요" 이러더라고. "상무님 우리가 이렇게 하니까 설비 생
산성 효율을 현업에서 다 숨긴다. 그래서 이게 안 맞는 게 아니냐,
어느 라인은 자기 라인에 없는 것을 있다고 가동으로 잡아서 실
적 올리고, 이거 문제 아니냐? 이야기해야 한다." 그렇게 옥신각신
하는 소리가 들리니까 경영 임원[10]이 나더러 들어오라고 하더라
고.

---

10 삼성은 사업부–센터/실–팀–그룹–파트로 위계를 가지고 있다. 위의 대화에서 맨 위가 스태
프 부서 경영 임원이고, 그 아래 관리 부서와 혁신 부서가 있다. 비판을 받은 관리 부서는 혁신 부서
를 무시하려 하는데 공정하게 의사결정을 하려는 경영 임원에게 해당 건을 어떻게 보고할지 언쟁
이 벌어진 상황이다.

내가 들어가서 "천기주입니다"라고 인사했지.

임원이 "얘기해봐. 설비보전시스템셋업 한 놈이지? 왜 이리 시끄러워?"

내가 "자산관리시스템 데이터와 현장이 차이가 나서요. 정리하고 가야 한다고 협의 중이었습니다"라고 말씀드렸지.

(중략)

조 그랬더니 전화가 왔다니까요. 이인자 있잖아요. 노발대발 난리가 난 거예요.

천 왜 그렇게 용기 있게 얘기했지?

조 원래 대충 넘어가잖아요.

박 아! 말도 안 돼, 설비가 얼마짜리인데, 그걸 뭉개자고 하니 참, 답답하네. 그걸 다 목록을 작성한 거예요?

조 6~7만 대 중 열 몇 대는 마지막까지 못 찾았어요.

박 수찬이, 그때 그 경험 가지고 사는 거예요?

천 수찬이 능력을 그때 키워줬지. "너 이거 맞는 거야? 확인해. 목숨 걸 수 있어? 그러면 가자." 걔도 스트레스 많이 받았지. 어떨 땐 "대충 넘어가는 게 낫지 않아요?"라고 물어보기도 하더라고. … 수찬이가 "상무님도 그만하자고 하는데요"라고 볼멘소리를 해서 내가 "누가 그만하자고 해!"라고 했더니 중간에서 죽으려고 하더라고. 그런 데서 기죽으면, 아무것도 못 하는 거야. 그리고 명백하니까, 그게 안 되면 다 거짓말이라는 거잖아. 혁신은 신뢰를 얻는 게 중요해. 혁신 애들은 무섭다, 끝까지 물고 늘어진다는 인식이

그때 생겼지. 그래서 관리도 잘 도와줬어. 전화위복이 됐지. 현장
도 도와주고, 자산관리시스템이 기준정보관리시스템MDM[11]으로
됐으니. 그게 열심히 직장생활한 거긴 한데, 회사의 자산과 정보
가 연결되고, 시스템 간에 맞춰지고, 그게 시작이고 뿌리잖아.

조　그때 부장님이 통화하는 걸 스피커폰으로 다 들었어요. '뭔데 저
녁에 저렇게 소리를 질러' 하는 생각이 들더라고요. 그런데 그쪽
에서 "혁신이 뭐라고 그래?" 그렇게 말하는 게 저는 짜증 났어요.
그러고 보면 저도 자존심이 있었나 봐요.

현장의 실물이 더 변화무쌍하게 움직인다

천부장 식구들이 큰일을 해냈다. 무엇보다도 외계인 침공처럼 파트
원이 한 몸이 되어서 서로를 이끌어주고 말할 토대를 만들어줬다. 직
장인답게 슬쩍 넘어가고 싶은 안온함도 비루한 편리함도 이야기할 수
있었다. 한 대에 수십억 원에서 수천억 원에 이르는 설비는 반도체 제
조에 있어서 핵심 자산이다. 거대한 삼성전자의 반도체 라인은 설비
와 설비를 운영하는 사람과 반도체를 만들어내는 물질, 이 세 가지로
구성되어 있다. 반도체에서 설비Machine, 사람Man, 물질Material 을 3M
으로 구분하고 이것을 명확하게 측정Measure하는 것을 포함해서 4M
으로 확장한다. 이 중에서 자산 비중이 큰 것이 설비이고, 반도체 생

---

11 MDM: Master Data Management, 기준정보관리시스템.

산 초기는 물론 지금까지도 결정적인 변수이다.

반도체 제조 생산방식은 복잡한 공정을 한동안 수작업으로 운영하다가, 로봇이 등장하면서 시스템 관리를 하게 됐다. 우후죽순 생겨난 자산관리방식은 현장까지 동일한 방식으로 적용하기가 까다롭다. 사람은 시스템과 프로세스 앞에서 개인의 해석을 포함하며 움직이기 때문이다. 설비를 구매해서 도입, 설치하고 생산하며 유지보수하다가 폐기하는 생애주기마다 온갖 사람들과 시스템들이 들어와 있다. 실물과 100퍼센트 일치하면 정말 이상적이지만, 현실은 그렇게 매끄럽지 못하다.

천부장과 그의 식솔들이 현장을 몇 개월 동안 찾아가서 우후죽순 생겨난 자산관리시스템과 장부, 실물을 비교하는 일을 수행했다. 그 결과 차이가 있음을 발견했다. 누구의 잘못이라고 하기 어려웠다. 시스템 정보나 수기 장부보다 현장의 실물이 더 변화무쌍하게 움직인다. 현장에서는 '자산과 정보는 잘 모르겠고, 생산량과 품질만 문제없으면 되는 일이다'라는 인식이 있다. 실물을 운용하는 사람과 자산을 관리하는 사람은 동일한 물건을 두고도 생각하는 방식에 차이가 있다. 그 중간에 그의 파트원들이 있다.

자산관리 부서원들이 목에 힘주고 있지만 같은 월급쟁이다. 천부장 파트가 명백한 데이터를 제시하기 전에 몇 번을 확인했고 천부장의 말처럼 목숨 걸 수 있다는 확답을 받았다. 천부장도 그의 식솔들도 '굳이 걸고넘어질 일 있느냐, 좋은 게 좋은 것 아니냐'며 넘어갈 수도 있었다. 그렇지만 자산이 흔들리면, 그것을 기반으로 하는 생산과 효율의 결과도 믿을 수가 없다. 낱낱의 사실이 알려지면 몇 사람의 목이 날아갈 정도였지만 천부장은 이래서는 회사가 망할 것 같다는 공명심과 책임감으로 다시금 의사결정권자를 만났다.

조직에서나 업계에서 평판은 상당히 중요하다. 경영 임원은 설비보전시스템에서 천부장의 업무방식을 알고 있었다. "설비보전시스템한 놈이"라는 경영진의 그에 대한 믿음이 주효했다. 그렇다고 예의를 갖추지 않고 반말에 '놈'을 붙였지만, 경영 임원은 원칙을 지키는 사람이었다. 그 행동으로 신입사원 조현규도 일의 '신념'을 알게 되었고, 유관 부서에서 '신뢰'를 얻게 됐다.

로마는 하루아침에 이뤄지지 않듯이, 반도체 현장도 오랜 시간 동안 논쟁과 노고, 커피와 술과 땀의 산물이다. 그의 복잡한 업무 경력이 삼성의 생산방식이 변화해온 단면을 드러낸다. 그는 개별 설비보전활동을 기반으로 수작업 생산관리를 해왔다. 그러다가 식스시그마로 개별 업무의 통계적 관리가 가능해졌으며, 이후에 숙련된 수작업 방식과 통계적 관리를 기반으로 설비보전 업무의 시스템관리가 가능해졌다. 이제는 두 방향에서 혁신이 가능하다. 하나는 설비보전 업무의 수준을 더 높여서, 개별 엔지니어의 역량을 높이는 방향이다. 다른 하나는 설비보전, 자산관리, 생산직접, 생산정보 등 수많은 시스템기반 관리 업무에서 같은 설비정보를 쓸 수 있도록 하는 MDM, 기준정보관리시스템으로 변화다.

제조 현장은 개별 업무 고도화에 힘쓰고, 관리 부서는 경영진 보고와 자산관리에 여념이 없다. 그 가운데에서 혁신 부서는 과제를 스스로 발굴하고 현업과 경영진을 설득하면서도 의사결정을 하기에 어려움이 있었다. 보전시스템을 첫 시작으로 해마다 자산관리에도 도움이 되고 엔지니어 업무 효율화에도 기여할 수 있는 과제가 계속 발굴되고 파트원들은 박힌 돌들의 무거운 틈바구니에서도 좁은 공간에 조약돌을 새겨놓고 있었다. 어느덧 부장 5년 차, 그도 혁신 부서로 와서 세 명의 부서장을 상대했다. 결국 조현규와 정수찬을 끝까지 챙기라는 말을 유언처럼 남기며, 천부장에게 "그래도 너밖에 없다"며 아쉬움을 토로하던 사람, 그를 차별하고, 현장 중심으로 뭐 하는지 잘 모르겠다며 깎아내렸던 사람, 그리고 다른 부서 출신이었지만 혁신 부서를 성장시키려 했던 사람도 지나갔다. 임원들은 자리를 비우고 직원들은 그 자리에 있다. 그는 인사고과가 여전히 답보상태에 있는 것을 보고, 임원이 되기는 어렵다고 그때쯤 생각했는지도 모른다. 그러나 그는 성장해가는 파트원들을 보면서 보람과 자극을 동시에 받았다. 자극이 조직적으로 더 다가왔다. 혁신 부서를 성장시키려던 ○상무는 그에게 솔직히 조언했다.

그는 현장출신이다

천 ○상무가 타 부서로 발령 나기 전에 나한테 얘기하더라고. "천기주 너는 현장 출신이라 스태프는 안 맞으니까, 살길 찾아가는 것이 낫겠다. 너보다 어린 부서장이 올 거다. 갈 수 있으면 가라. 여기 있기는 너무 아깝다." ○상무가 내 실행력은 타의 추종을 불허

한다는 거야. 현장에 가면 어리버리한 사람들과 다르지. 같은 부서 △부장이 커피 한잔 마시자고 하더라고. "파트장 어떻게 할까요?" "아, 내가 내려놓을게요. 어린 그룹장이랑 일하면 많이 부딪힐 거고, △부장이 애들 두루두루 잘 챙기니까." … 그때 파트장 자리를 △부장에게 넘겼지. 파트원들한테는 그 얘기를 못 했어. 파트원들이 "알토란 같은 파트를 왜 넘기냐?"고 했지.

조   같은 시점이에요. 천부장님의 감정과 … 저희가 느낀 건 달라요. 막내 입장에서는 갑자기 왜? 사전에 컨센서스는 있었을 거고, 그룹장 성격상 그런 것을 얘기 못 해요. 당연히 반감을 가질 사람이라는 것을 알지만, 이분의 히스토리와 역사를 알기 때문에 뭐라고는 못했고, 지침이 있었다고 생각했죠.

천   "△부장, 내가 데리고 있던 애들 확실하게 챙겨줘. 내가 가고 나서 안 키워주면 한마디하겠다" 했더니 그도 약속을 지키겠다고 하더라고.

그로서는 '또 올 것인 온 건가' 싶기도 했다. 그 지독한 현장 출신이라는 멍에 혹은 상처뿐인 영광 말이다. 현실감 있는 상무의 조언이 있었지만 자기보다 후배가 그룹장이 되고 파트장들은 그룹장과 자주 마주치며 그를 보좌해야 한다. 파트원 조현규는 왜 이런 알토란 같은 파트를 만들어놓고 파트원들에게 한마디 상의도 없이 파트를 넘기는 건지, 의아해했다. 5년간 함께했던 식구들이 흩어지기 시작했다. 그가 너무 멋있는 척한 것은 아닐까도 싶었다. 오십 대에 접어든 그가 파트장 같은 중간관리자가 되지 못하면 담당 부장으로서는 직급이 높고 무거운 위치가 된다. 그러면 다시금 은연중에 고직급의 사람들을 희망퇴직으로 몰아세우는데 그도 대상이 될 수 있기 때문이다. 그의 출생 연도가 1965년인데, 그해에는 63년생까지 정리한다더라, 64년생까지 정리한다더라는 풍문이 매년 사람들을 뒤덮고 있었다. 풍문은 몸을 움츠러들게 한다.

파트장직을 두고 1년 차이가 나는 부장 선후배끼리의 대화도 덕담과 부탁, 현실 인식과 다짐을 포함한다. 임원이 되지 못했던 부서장의 "그래도 너밖에 없다"는 유언 같은 말에 그도 감동하고 "그래도 파트원들은 잘 키웠더라"라는 평가를 주고받는 데서 말의 표현보다 몸의 느낌으로 넘어갔던 시대의 특징이 잘 드러난다. 천부장 또한 개인이 아닌 부서를 위해서 새롭게 커가는 후배들을 챙겨달라는 말을 남긴다. 마지막 '말을 남긴다'는 것, 파트장이 된 이후에 부탁을 지키지 않으면 '한마디' 하겠다는 말을 허울뿐이라고 여길 수도 있겠으나 사회적으로 아주 오래된 관습이 담겨 있음이 엿보인다. 유지를 받들거나 약속이 지켜지던 사회는 오래 지속되어왔다. 그것이 평판과 명성, 악명을 만들어내며 오래되고 복잡한 관계를 만들어왔던 것이다.

천   나는 그 당시에 내 개인의 미래도 보고, 조직원들, 혁신의 미래를 생각하며, 포석을 뒀지. 결과적으로 잘된 거 같아. 왜냐면 파트장을 계속했다면, … 그룹장도 편하지 않고 그룹원들도 편하지 않았을 거라고 생각하거든. 나는 얼버무리거나 의사결정이 늦는 걸

싫어하고, 액면 그대로 하는 스타일이라. … 지금까지 부서에서 애들이 성장하기도 쉽지 않았을 거고. 결국 그룹장이 맡으면서 제대로 일을 하려고 하고. 그렇게 내가 비켜주니까, 파트원들이 간섭 안 받고 주도권을 가지고 일하게 돼서, 후배들이 파트장감들이 됐지.

조 뭐가 있냐면은, 연차가 길고 짧고를 떠나서, 마음이 진심인지 아닌지는 느껴진다는 말이에요. 이분은 파트장이건 아니건 회사에서 내 선배인데, 적어도 내 편에서 상황이 안 좋게 돌아가거나, 힘든 상황이 왔을 때 배신하고 빠져나가거나, 밟고 올라가려고는 안 한다. 끝까지 케어해주겠다는 사람이 몇 없어요.

그 오래된 관습은 조현규 님에게도 여전히 남아 있다. '마음이 진심인 사람은 느껴진다는 것'이 실체가 없는 느낌에 대한 자기 확신, 끝까지 '케어해주겠다'는 말을 믿게 하는 인간의 누적된 행동은 다른 무엇보다 힘이 세다는 것을 의미한다. 돈을 벌기 위해서 다니는 회사라지만 그 안에 돈을 넘어선 관계의 산물이 있다.

근대적 학문에서는 부분의 합이 전체와 같을 것이고, 개별 행동 사이에는 관련이 없다는 가정을 한다. 특히 힘이 센 학문인 주류 경제학에서는 인간과 인간 사이에 물물교환을 하다가 필요에 따라 조개껍데기, 금붙이와 같은 실질 화폐를 만들어냈고, 그 화폐가 국가 단위로 활용되면서 종이돈과 같은 화폐로 변화했다는 교환방식의 진화를 말한다. 그런데 오랜 인류학적 연구를 토대로 보면 다양한 약속의 징표가 역사 초기부터 있었다. 고구려 동명왕의 아들 유리가 부여에서 아버지를 찾아 고구려로 왔을 때, 아버지 주몽이 두고 간 깨진 거울을 징표로 삼아 부자 관계를 증명했던 사례나 딸을 시집보낼 때 지참금을 보냈던 데서, 깨진 거울과 지참금이 단순히 돈이나 물건의 실질 가치가 아니라 그곳에 약속이 있음을 알 수 있다. 결혼하는 딸에게 사위와 그의 가족들이 지참금만큼 해달라는 것이 아니라 인간이라는 가치 측정이 불가한 존재에 대한 불완전한 상징으로서 제시한 것이다. 약속의 징표로서 서로 연결되어 있고, 의존적임을 드러내던 상징물은 어느새 권력자들이 세금 측정 단위인 화폐로 바꾸면서 공동체를 수탈하기 위한 수단으로 변해버렸다.

어느 순간에 사람들은 경제적 가치가 모든 가치에 우선한다고 오인하면서 복잡한 관계의 삶을 교환관계로 단순화시킨다. 동일한 물건이 관계에서 단절을 뜻하게 되면 상황은 급변한다. 누군가 그것을 시작하면 다시 돌아가기가 만만치 않다. 기브앤테이크와 약육강식, 경쟁적 이익 배분과 함께 상호의존, 신용과 믿음, 협동의 관계들이 복잡하게 얽혀 있다. 후자에서 전자로 조금씩 전환은 일어나고 있으나, 한 방향으로 수렴이 이루어지지는 않는다.

그도 파트장이라는 작은 권력을 내려놓으면 무슨 일이 생길지 체감할 수 없었다. 결과적으로 파트장을 내려놓은 지 1~2년이 지나갈 무렵부터 식구들은 흩어지고, 더이상 그를 아버지나 선배로 대접해주지 않았다. 숱한 타인의 사례를 봐왔지만 이제 그도 조직 내에서 자신만의 역량으로 월급 값을 해야 했고 '나이'와 '직급'에 따른 부서 내부의 관계 맺기에서 더욱 껄끄러워졌다. 예전에야 자신보다 연배가 낮은 사람이 조직장이 되면 그의 선배들이 물러나는 상황이었지만, 삼성과 같은 기술회사, 그리고 경쟁체제의 조직에서는 입사 학력에 따라서 동일 직급에 다양한 연배의 사람들이 있고, 입사 동기여도 초고속 승진한 임원도 만년 과장도 함께 있기 때문에 나이 차이는 표면적으로 중요하지는 않게 됐다. 참 재미있고 무서운 사실은 후배나 동료가 임원이나 그룹장이 되면 반말을 주고받던 사람들이 갑자기 존대하기 시작한다는 점이다. 한국과 같이 고맥락의 언어체계, 그리고 개인과 개인이 사회적으로 고려해야 할 것들이 많은 곳에서는 단순히 직급과 직책에 맞게 호칭과 업무방식이 결정되지는 않지만, 결국 회사에서는 직급을 우선으로 할 수밖에 없다.

삼성에서는 '뒷방 늙은이'라는 단어가 요즘 더 자주 회자된다. 승진이 빠른 부서장이 자신보다 선배나 고직급 동료들에게 업무를 부여하지 않고 조직에서 소위 '제쳐'버리는 일이 발생하는데 그렇게 된 사람을 '뒷방 늙은이'라고 부른다. 삼십 대, 사십 대 임원이 나오고 조직은 점점 더 젊어지고 있다. 2023년 현재는 70년대 중반 출생자들까지 뒷방 늙은이 대열에 추가한다는 이야기가 흘러나온다. 물론 여기에서 임원들은 뒷방 늙은이가 될 자격이 없다. 나이는 직책과 직급에 속절없이 무너져버린다. 물론 전무나 부사장보다 상무가 늙어 보이면 안 될 것 같은 무언의 압박은 있다. 한 여성 외교부 장관처럼 고위직 임원들에게 흰머리는 독특한 멋스러움, 패션과 경륜의 상징이지만, 부장급 뒷방 늙은이들에게 흰머리는 나이 듦, 쓸모없음, 잘릴 수도 있음을 의미한다. 수많은 부장이 머리 색깔에 민감하고, 흰머리를 속절없이 제거하려는 이유도 이미지의 세련됨이 조직 내 생존력과 다르지 않기 때문이다. 볼을 붉게 해서 일부러 생기있게 보이려고 했던 아우슈비츠의 시공간이 절로 떠오른다.

조　보직장_{관리자}을 안 맡더라도, … 중요한 것은 태도라고 생각해요. 왜 이런 말씀을 드리냐면, 제가 다른 동료들에게 그 얘기를 했었어요. "내가 이전에 프로젝트를 많이 해봤는데, A와 B라는 분이 있다. 연배도 비슷한데, A라는 분은 직급이 올라가도 끝까지 일을 하셨다. 그분은 항상 뭔가를 도전했다. 학위까지 취득했다. … B라는 분은 나가기 직전까지 얼굴마담만 했다. 내가 그 모습을 직접적으로 지켜보면서 절대로 B 같은 사람은 되지 말아야지,라고 결심했다"고 술김에 얘기했어요.

박　앞에 계신 알파벳 첫 글자 A를 위하여, 건배!

천　앞에 가는 사람으로서 끊임없이 도전하고, 변화해서, 비록 직급 승진은 못 했지만, 개인영역에서는 또 다른 것이 있다. … 생존력은 있다, 그걸 알려줘야, 후배들도 보직장을 맡든 안 맡든, 시대가 바뀌든 안 바뀌든 멈추면 퇴보다, 몸으로 행동으로 알게 하는 것이 좋겠다고 생각한 거지.

조　저는 솔직히 부장님처럼 열정을 가지고, 새로운 것을 배우고, 그 정도까지는 못 할 거 같아요.

영감이 조선시대에는 고위직 관료를 뜻하다가 지금은 늙은이를 의미하는 영감탱이가 되어버린 것처럼, 뒷방 늙은이가 낙인이 되어버린 뒤에 사람들의 행동은 크게 두 방향으로 나뉜다. 그들은 월급보다 일을 덜 하면서 정신적 무시를 감내하거나, 어떻게 해서든 월급 값을 하고 자기 존재를 드러내기 위해 안간힘을 쓴다. 물론 애쓴다고 인사고과가 올라가는 것도 아니고, 일을 못 한다고 당장에 퇴직을 종용할 수도 없다.

나는 A부장인 천부장이 안간힘을 쓰는 방식이나 B부장으로 불리는 이의 방식 모두 다 선택할 수 있다고 본다. 안간힘을 쓰는 방식은 '그래도 월급 값은 해야지'라는 마음의 답습일 수 있다. B부장이 일을 안 해서 무시를 받으니 자신을 지킬 수 없을 것이라는 속단은 노동자는 경영의 원칙을 따라야 한다는 강자의 논리를 추종하는 것일 수 있다. 앞에서 말한 두 부장 모두 각자의 삶을 살아간다. 그가 한 회의에서 발표한 자료의 구호 "선배 아직도 그대로야?"라는 문장이 가슴에 팍 박혔다고 하는데, 이는 여전히 버리지 못한 노동 윤리의 반복이면서도, 타인보다 더 잘나고 싶고 후배보다는 더 잘나야 한다는 권위 의식을 포함한다. 현규 님이 A와 B를 사람됨의 태도라고 보는 것도 속단이다. 누구도 개인의 삶을 알 수 없는데, 조직의 평가를 삶의 태도라고 판단한 것이다. 덧붙여 B 같은 사람은 되지 말아야겠지만 A처럼 하기도 어렵다는 말은 솔직하다. 그 적당함, 뒤처지지 않음의 미학이 조직을 실제로 구성하는 밑바탕이다.

액면 그대로 일한다

그는 다시금 자기와 조직을 위해서 일에 집중하기로 했다. 삼성이 생산 기술을 혁신한 큰 흐름을 다시 되짚어 보자. 설비 하나하나의 생산성을 높이기 위해 TPM기반 설비보전 업무가 현장에 자리 잡았다. 이후 식스시그마 기반 통계적 관리로 생산 효율성을 높일 수 있었고, 데이터 기반으로 설비보전 업무의 시스템 관리가 가능해졌다. 이제 반도체 생산 기술을 양방향으로 수행할 수 있다. 먼저, 단위 시스템이나 개별 조직 단위에서 활용되던 설비 데이터를 회사 전체적인 공통 정보로 쓰는 기준정보시스템으로 확장하는 방향이다. 그리고 데이터를 활용해서 개별 엔지니어를 숙련된 직무 수준으로 발전시키는 방향이 있다. 그의 성향상 후자가 맞았다. 그때쯤, 삼성 내부 감사를 통해 설비 엔지니어의 핵심 업무인 설비유지관리와 그 물질적 기반인 부품 관리에 대한 개선이 요구되었고, 두말없이 그는 혈혈단신으로 프로젝트를 운영하게 됐다.

앞서 언급한 대로 미국 반도체회사 인텔은 설비유지보수를 단순 반복 업무로 외주화하는 방향을 선택했지만, 삼성은 설비 엔지니어의 설비유지보수 업무를 핵심역량으로 규정해 내재화하는 방향을 선택했다. 설비보전 업무는 크게 예방보전PM, 고장수리BM, 개조개선CM[12]으로 나눠볼 수 있다. 예방보전은 물질적 기반을 둔 설비가 소재와 부품의 누적된 사용에 따라 성능이 저하되기 전에 가동을 중단해서 초

---

12 PM: Preventive Maintenance, 예방보전 ; BM: Breakdown Maintenance, 고장수리 ; CM: Corrective Maintenance, 제조개선.

기 상태로 되돌리는 활동이다. 고장수리는 예기치 못한 설비 고장이 일어날 경우, 재빨리 그 원인을 분석하고 신속하게 조치해서 다시 설비가 가동되도록 하는 활동이다. 개조개선은 앞의 두 사례와 달리 설비 사양을 변경해서 고질적인 문제 발생을 없애고 설비 성능향상을 위한 활동이다. 이 중에서 개조개선과 고장수리활동의 기반이 되는 예방보전PM활동의 품질이 우수할수록 저절로 고장수리BM와 제조개선CM의 품질도 올라가게 된다.

동시에 이러한 보전업무활동에서 설비의 예방보전, 고장수리, 개조개선의 핵심에는 부품이 있다. 부품은 설비를 구성하는 부분이다. 반대로 부품이 모여야 설비가 구동하고, 설비 성능은 부품 성능의 총합이다. 곧 부품 성능과 수급이 설비의 구동과 성능이고 제조 현장의 품질과 비용, 이익의 기반이 된다.

그는 예방보전활동PM과 부품성능과 수급활동 개선의 부품SCM[13]을 큰 축으로 메모리와 시스템LSI 사업부 각 기술 부서의 임원을 과제 리더 챔피언으로 프로젝트를 추진한다. 그는 프로젝트를 추진하며 조직 리더의 중요성, 리더의 몸짓과 말 한마디, 그 차이의 총합이 프로젝트 성과임을 알게 된다. 앞서 제시한 대로 조직의 미시적 행동이 약육강식, 기브앤테이크, 대결과 경쟁, 상호의존, 믿음, 협동을 기반으로 하고 있느냐에 따라 동일한 자원의 조직 성과가 큰 차이 있음을 보여주는 사례이다.

---

13 SCM: Supply Chain Management, 공급망관리.

프로젝트는 2년에 걸쳐 진행되었고, 프로젝트팀은 상근하는 TF 멤버와 비상근으로 일주일에 한 번씩 회의에 참석하는 업무 그룹Working Group 멤버로 구성되었다. 상근하는 이들이야 자신의 인사평가가 달려 있으니 불철주야 노력하지만 상근하지 않는 업무 그룹은 프로젝트가 굴러가는 방식에 상당히 민감했다. 특히 그는 미시적 행동인 주 단위 과제의 회신 속도에 주목했다. PM 분과는 과제를 회의 당일 급하게 보내거나 회의가 끝나도 회신을 하지 않는 일이 잦아 통상 4.5일의 회신 속도를 보였는데, 부품SCM 분과는 주간회의체가 화요일이면 그 전주 금요일에 미리 자료를 보내서 통상 2.5일의 회신 속도를 보였다. 그 결과 구체적 자료를 기반으로 회의가 풍성하게 진행되고, 아이디어 공유와 새로운 과제발굴도 활발하게 이루어졌다. 그 주간 회의가 모여 2년의 결과로 나타났다. 역시 그 사소한 차이가 핵심이다. 삼성 같은 대기업에서는 임직원이 회사에 들어오면 쉽게 나가지 않고, 연봉 차이만 조금 나는 인사고과로는 개인의 행동을 모두 조절할 수 없다. 그들은 위기로 몰아넣는다고 해서 두려움에 떨며 행동하지 않는다. 오히려 신뢰 기반이 효과적이다.

욕먹지 않으려고 급급했던 PM 분과는 이상할 정도로 사람들이 한 일을 감추고 방어적인 자세를 취했으며 임원은 멤버들의 역량이 부족하다며 깎아내리기 바빴다. 게다가 부품SCM 분과의 임원에게 경쟁의식을 느꼈는데, 급기야 부품SCM 분과 임원이 상무에서 전무로 진급하자 축하 회식 자리에서 술에 취해 불만을 터뜨렸다. 결과적으로 부품SCM 분과는 큰 성과를 거두었고, 업무는 확장되어서 기존 부서에 부품SCM 내부 조직이 구성되고, 단위 기술 부서의 역량향상에 도움이 되는 대규모의 부서도 신규로 생겨났다. 회식 자리에서 부품 SCM 담당 임원은 천부장에 대한 칭찬에 아낌이 없었다.

천 전무님, 제가 프로젝트를 하다 보니까, 이 부품SCM이 설비 엔지니어 경쟁력의 핵심이에요. 그 경쟁력이 반도체 품질에 결정적이고요.

전무 역시 천부장이네, 내가 그 얘기를 하고 싶었어요. 내 마음을 알아주는 사람이 여기도 있었네. 천부장을 위해서 다 같이 일어나서 건배합시다.

그는 그 시기를 얘기할 때마다 코를 벌름거리며 감동에 젖는다. 나도 얘기를 듣다가 빠져들어 커피 마실 타이밍을 놓쳐 커피가 식어버리기도 했다. 천부장이 그날 회식에서 찍은 사진을 나에게 보여줬는데 녹색 소주병 사이에 얼굴이 벌건 아저씨들이 황토방 삼겹살집에 앉아서 싱글벙글하는 모습이다. 푸른 이파리가 무성한 두툼하고 붉은 꽃밭이다. 그가 파트장을 내려놓고 혼자서 부서에서 떨어져 나왔을 때, 여전히 업무에 대한 욕심과 조직에 대한 헌신을 버리지 못했던 그의 참을 수 없는 역할의 무거움은 결과를 만들어냈다.

그의 결과에는 공명정대하고 FM이고 곧이곧대로 일했던 깐깐함과 20년 전, 후배 조장이 선물한 일기장을 간직해왔던 사려 깊음이 모두 작용했고, 사람을 끝까지 책임지는 행동으로 이어졌다. 프로젝트 활동에서 뛰어났던 TF 조직원을 영전한 임원의 부서로 이동할 수 있도록 스태프 부서에 강력히 요청했고, 그도 조직에서 천부장 같은 귀인을 만나, 부장으로 승격하고 파트를 이끌어가고 있다. 몸과 몸이 마주치고 말과 말이 대화가 된다. 1+1이 2보다 커지는 시너지가 일어난다. 그것을 때론 조직을 이끄는 힘, 개인의 역량을 끌어올리는 에너지라고 하고 조직의 실력이라고도 한다. 어느새 유치하게만 보였던 그의 표현을 내가 따라 하고 있다. 나도 그렇게 아저씨가 되어간다. 이번 생은 아저씨다.

증여

경제학의 가정, 곧 공리라는 개념에는 근본적인 의문이 있다. 과연 인간은 합리적인가라는 의문이다. 여기서 합리적이라는 말은 개인이 효용 극대화를 위해 의사결정한다는 의미이다. 그렇다면 인간은 왜 선물을 주고, 궁극적으로 자신의 목숨을 내놓으면서까지 가치를 보존하고 사회에 기여하려고 하는가? 경제학에서는 결국 그것도 개인의 효용이 높다는 판단이라고 분석한다. 선물은 내가 나아 보이려는, 사회적 자본을 높이려는 의도이거나 이후에 더 큰 이익을 기대하기 위한 수단이라고 분석한다. 자신의 가치를 지키지 않는 것보다 차라리 죽음의 효용이 더 높다고 분석한다. 이는 어디에도 갖다 붙일 수 있는 비교의 공식이지만 설득력이 떨어진다.

인류학자 마르셀 모스는 인간이 합리적이기보다 상호호혜적이기 때문에 선물을 할 수 있다고 주장한다. 동시에 인간은 경제적 이익뿐만 아니라 의례적 관계도 중요시하고, 서로 이익을 따지지 않고 줄 수 있는 무조건적 호혜의 관계도 중요시한다. 그리고 물건의 소유가 과연 개인에게 국한되지 않고, 개인과 개인이 공유하는 것을 중요시한다는 점도 밝혀냈다. 각자도생의 자본주의사회에서도 어느 측면에서는 인간이 기대고 싶은 존재 하나쯤은 만들고 싶어 하는 욕망을 가진 존재임을 생각한다면 고개가 끄덕여지기도 한다.

참고도서 마르셀 모스, 이상률 옮김(2002), 『증여론』, 한길사.

3부

반도체를
사랑한 남자

삼성의 이름만으로

점심시간이 되면 삼성전자 반도체 사무실의 전등이 꺼진다. 특히 높은 건물은 층별로 식사 시간을 11시 30분에서 13시 30분으로 나누고 정해진 시간에 맞춰 불을 끈다. 대부분 사람들이 회사 식당으로 밥을 먹으러 자리에서 일어나고, 몇몇은 의자 등받이를 뒤로 하고 잠을 잔다. 나는 빨리 밥을 먹고 오침을 청하러 귀에 이어폰을 꼽고 의자 등받이를 젖힌다. 짧은 오침이 없었을 때 어떻게 회사생활을 했을까.

사무실 소등의 처음 목적은 현재의 오침과는 상당히 달랐다. 위기를 강조하려는 의미가 강했다. 내가 기억하기로는 2008년 메모리반도체의 치킨게임이 벌어졌을 때 처음으로 점심시간에 불을 끄기 시작했다. 반도체 치킨게임은 세계 메모리반도체 회사들이 원가보다 낮은 판가로 반도체를 공급하면서 손해 보는 장사를 하던 것을 말한다. 같은 레일에서 기차가 맹렬하게 달리다가 갑자기 핸들을 돌리면 승객들이 떨어지듯이, 낮은 판가로 다른 회사를 고사시키려던 경영 전략이다. 이때 메모리반도체 회사가 3개 남짓 남을 때까지 치킨게임은 지속되었다.

영업이익률 저하에 따른 위기의식 고취를 위해 소등을 진행한다는 안내 메일이 날아왔다. 나는 제목만 보고 메일을 넘기면서, 점심을 먹고 졸지 않으려고 차가운 커피를 마셨다. 그때만 해도 말단 연구원이 점심시간에 낮잠을 자는 것은 눈치가 보이는 일이었다. 잠을 깨려고 모니터 몇 개만 덩그러니 켜진 사무실에서 슬리퍼를 운동화로 갈아신고 양치질을 하려고 화장실로 향하면서 동료와 피식 웃으며 귓속말을 했다.

동료 위기인데 밥이 입으로 넘어가냐.

박 밥알이 안 보여서 넘어가려나 모르겠다.

몇 달 뒤에 연구소에서 스태프 부서로 이동을 했던 나는 하반기 그룹 인사 콘퍼런스에 참석했다. 이 행사는 삼성 그룹의 인사 부서 담당자들이 모두 모여 그룹 인사 방향과 계열사의 우수한 인사 정책 사례를 공유하는 게 목적이다. 첫 기조 강연은 고위 임원이 맡아서 했는데, 그가 진심으로 강조하는 이야기에는 그의 이야기가 없었다.

회장님 말씀!
회장님 말씀!

회장님 말씀!

회장님 말씀이 세 번 울려 퍼졌다. 첫 번째는 놀랍다가, 두 번째는 애처롭다가 세 번째로 들으니 갑자기 웃음이 났다. 나는 양치질을 할 때처럼 고개를 푹 숙였고, 앞을 바라볼 수가 없었다. 이 코미디 같은 그의 발언과 좌중의 분위기를 어떻게 받아들여야 하나. 왜 회장님 말씀 하나에 희로애락을 느껴야 하는지 의아했다. 지금은 어록 자체는 기억조차 나지 않지만, 삼성 그룹 인력개발원 콘퍼런스룸에서 쩌렁쩌렁하게 울리던 목소리는 여전히 뇌리에 강하게 남아 있다.

2009년 1월 말 내 통장에 진짜 위기가 찾아왔다. 소위 PS Profit Sharing 라고 불리며 연봉 50퍼센트까지 지급되던 삼성맨의 보너스가 2퍼센트만 지급되며, 22만 원이 입금됐기 때문이다. 야근을 어떻게든 피하던 때라 야근 수당이 없어서, 그해 원천징수는 6,000만 원이 겨우 넘었다. 부장들은 40만 원가량 입금됐다고 들었는데, 야근비냐 회식비냐라는 낯선 언쟁이 뒤따랐다. 회사를 생각하면 그것도 감지덕지하라고 엄포를 놓는 선배와 그럴 거면 나한테 반납하라고 되묻는 선배들이 충성과 힐난을 주고받았다. 매년 그맘때가 되면 사업장 앞에는 차를 바꾸라는 현수막이 즐비하게 걸려 있었지만, 역시 눈치 빠른 영업 사원들은 고객의 감정과 주머니 상황을 명확히 파악하고 있었다. 그들은 숨죽였고, 특히 영업사원의 전화번호가 적힌 현수막을 철거했다. 음료 자판기 영업사원마저 눈치가 빨라 그때 절찬리에 팔리던 맹물인지 단물인지 애매한 음료 '2퍼센트, 이프로'가 눈앞에서 사라졌다.

'이건희 회장이 있었다면'

몇 년이 지나 삼성전자 반도체는 사상 최대의 실적을 냈으며, 보너스는 상당폭 올라가기 시작했다. 나는 보너스가 많이 나온다는 기쁨을 느끼면서도 회사의 발전과 나의 성장이 별 상관이 없겠다는 생각을 했다. 그래서 삼성을 떠나 내 인생을 살기 위해 바깥으로 나갈 준비를 하던 찰나, 삼성 내부 인트라넷의 메인 화면을 목격하며 내 결심을 굳혔다.

10년 뒤 삼성의 제품은 모두 사라진다.
새벽에도 등에 식은땀이 난다.
다시 뛰자.

이건희 회장의 눈빛과 턱선을 강조한 흑백사진 옆에 힘차고 강렬한 글씨체로 세 문장이 적혀 있었다. 2002년 삼성이 처음 소니를 따돌리며 매출 137조 원, 세전 이익 15조 원이라는 전대미문의 실적을 올리던 때에도 이건희 회장은 '위기론'을 강조했다. 그런데, 십 년이 갓 지난 시점에서 다시 위기를 강조했다. 나는 이건희 회장이 매우 아프셔서 새벽부터 땀이 많이 나시는 것인가 생각부터 들었다. 나는 왜 여전히 회사의 위기를 나의 위기와 동일시해야 하는지 이해가 되지 않았다. 인트라넷 메인 화면은 상당히 중요한 의미일 텐데, 그 비장함이 화면으로 드러났을 때 사람들이 어떤 반응을 보일까 상상을 해본 적은 없었던가. 서슬 퍼런 비장함의 가면을 쓰고 나는 그 무대에서 배역을 뛸 자신이 없었고 그다음 날 퇴사하겠다는 메일을 부서장에게 발송했다.

지금도 '이건희 위기경영'을 검색하면, 2021년 삼성의 엄청난 실적에도 불구하고, 그럴 때일수록 위기를 강조해야 한다는 삼성 고위 경영진 OB들의 인터뷰 기사들이 지천으로 널려 있다. 특히 이 부분이 인상적이다.

"회장님이 살아 계셨으면…"이라고 말했다. 그는 "삼성이 하드웨어는 참 잘한다고 말씀을 드리면 '로봇과 인공지능이 사람을 대신하고 플랫폼이 지배하는 세상에서 반도체 배터리 잘 만드는 제조업체로 만족하는 것 아니냐. 너희 때문에 식은땀이 난다'고 답했을 것"이라고 덧붙였다.[14]

몸이 허하면 보약이나 건강보조식품을 드실 일이지, 그들은 종이신문이 배달될 때처럼 회장님의 새벽 식은땀을 오매불망 기다리는 것으로 보인다. 그들은 언제까지 정신 무장만을 강조할까. 정신적 여유는 어디서 찾아볼 수 있는가. 천부장을 인터뷰하면서도 상당폭 차이와 논쟁을 벌였던 부분이 이 대목이었다. 위기경영과 이건희 전 회장을 소비하고 추앙하는 방식, 어록과 실행의 문제, 경영과 업무의 견해

---

14 https://www.hankyung.com/finance/article/2021102493371
"요즘 삼성, 이건희 회장 살아 계셨으면 안주한다고 혼쭐났을 것"(한경 21. 10. 24).

차이가 상당했다. 다시 한번 강조하지만 회사나 경영진에 대한 기술은 오로지 나의 견해이다. 그는 어떻게라도 회사가 잘되어야 한다는 진심 속에서 애씀을 보였지만, 그때마다 나는 계속 물었다.

박 근데 부장님은 언제까지 회사만 생각할 거예요? 부장님에게 삼성은 뭐예요?

천 나의 제2의 인생을 만들고 눈을 뜨고 만드는 회사이기 때문에, 중추적인 역할이지.

박 척추라는 거네요.

그도 등에 식은땀을 흘리고 있는 것인가. 그렇다고 효자손처럼 등에 손수건을 댈 수도 없었다. 앞서 인용한 OB 고위 경영진의 이야기처럼 그는 "이건희 회장이 계셨다면"이라면서 이제는 돌아올 수 없는 경영자의 이름을 자주 언급했고, '어른'이 없어서 회사가 큰 의사 결정을 제대로 하지 못한다며 안타까워했다. 여타 다른 삼성맨들과의 이야기, 각종 게시판의 글에서도 "역시 이건희 회장이 있었으면 달랐을 텐데"라며 세상을 떠난 '이건희 회장'을 재소환하고 있다. '이건희'라는 우상은 언제까지 지속될 것인가? 익명을 요구한 동료가 속삭였다.

진짜 불안한 게, 경영진이 위기를 얘기하는 것이 아니라, 직원들이 위기를 말해.

바야흐로 '밖에서 들려오는 위기경영'이 아니라 '안에서 새어 나오는 경영의 위기'이다. 가면과 목소리의 위기가 아닌 얼굴과 몸의 위기이다. 어록으로 점철된 위기경영의 마법보다 한걸음 함께 나아가는 일의 현실이 중요한 것은 아닐까? 다시금 마법은 마법사와 청중, 그리고 상황으로 나눠지는 것을 떠올려 본다. 마법사 이건희의 시대, 말이 가졌던 힘을 그대로 믿었던 청중이 있거나, 청중이 그렇다고 믿게 만든 이들이 있으며, 규모, 실적, 성장이라는 상황이 있었다. 한국 사회를 대표하는 경영자 이건희가 사라진 이후인 현재와 아울러, 회사의 위기를 강조한다고 해도 더이상 청중은 나의 위기로 연결하지 않는다. 그리고 위기이니 다시 뛰자며 그렇게 강조하던 이들의 목소리가 투명하게 공개되고, 블라인드는 물론 사내 게시판에서 다른 목소리가 튀어나오는 상황에서 그와 나, 그리고 삼성은 어떤 이야기를 만들 수 있을까?

2005년 말, 나는 삼성전자 46기 그룹 공채 대졸 신입사원으로 입사했다. 몸속의 피가 빨간색에서 파란색으로 바뀐다는 5주간의 그룹 입문 교육은 상당히 재미있었다. '파란 피'로 바뀐다는 의미는 그 교육과정에서 사원들이 삼성의 파란 상징을 자기화한다는 것이다. 동기들과 합숙을 하다 보니 친분이 쌓인다. 사회적으로 인정받았다는 느낌도 들었다.

시간이 지나 그 동기들은 이제 부장으로 달려가고 있다. 24명의 동기 중에서 나를 포함한 여덟 명이 회사를 그만뒀을 뿐, 나머지는 회사에 다니고 있다. 회사를 그만둔 이유도, 시기도 제각각이다. 입사 1년

삼성인력개발원 내 PRIDE IN SAMSUNG

도 되지 않아 부서 내 괴롭힘으로 그만두고 교사가 된 동기, 행정고시 합격, 금융 공기업에 취업해 그만둔 동기들은 일찍 삼성을 떠났다. 나는 삼성 10년 차 때 그만두었고, 16년이 되어서야 회사를 떠난 이들이 있다. 여전히 많은 이들이 아직도 회사에 있다. 기술자로, 관리자로, 직원으로 만족하거나, 혹은 임원을 바라보며 산다. 삼성에 들어와 너무 행복했다던 동기는 일에 몰두하느라 바빠서 얼굴만 마주쳐도 반가웠다. 언젠가는 떠날 곳인 삼성, 개개인이 가진 삼성에 대한 이미지는 어떨까? 그리고 또 다른 10년이 지나고 몇 명이 삼성에 남아 있게 될까? 그때 삼성은 어떻게 그들에게 다가올까?

그룹 연수가 끝나고 마지막으로 동기들과 사진 촬영을 했다. 스마트폰이 없던 시기, 사진사가 "PRIDE IN SAMSUNG"이 쓰여 있는 곳으로 인도해서 사진을 찍는다. 조각되고 박제된 '삼성의 자부심'이 담긴 구호는 언제까지 녹슬지 않을까? 국내 굴지의 기업, 글로벌 Top 5 브랜드 가치, 전자업계 세계 1위 회사의 위상과 자부심 곁에는 관리의 삼성에서 묻어나는 위계, 무거움, 두려움도 상존한다.

자부심은 돈에서 나온다

삼성전자에는 2014년에 내부 게시판이 생겼다. 익명 게시판이었지만 처음에는 올라오는 글들이 조심스러웠다. 감시당하고 있다는 두려움이 삼성맨들에게 팽배했다. 몇 년이 지난 요즘, '게시판이 난리'라는 이야기를 삼성 동료들에게서 듣게 된다. 특히 게시판에 자주 "자부심은 돈에서 나온다"는 시의적절한 문구가 등장한단다. 어떤 이는 그 문구를 보고 아니라고 고개를 가로젓기도 하고 어떤 이는 강하게 끄덕일 것이다. 만만한 문장은 아니다. 임직원들은 이제 거침없어졌다. 기술이 낳은 흥미로운 현상이다. 사내 메일 인증을 통해서만 들어갈 수 있는 블라인드 앱의 게시판은 더욱 열광적이라고 한다. 삼성 임직원들은 말을 잘 듣고 순종적이라는 평의 저변에 자리했던 두려움이라는 정서는 근속연수가 낮을수록 옅어지는 경향을 보인다. 더이상 단순한 당근과 채찍으로 삼성이라는 울타리를 유지하기가 어렵다. 회장님 말씀을 신의 글귀처럼 바들바들 떨면서 말하던 고위 임원의 울림이 다른 이에게 감동과 떨림으로 다가오기는 힘들어졌다.

여전히 설명이 길게 필요하지 않은 '삼성전자'라는 브랜드에도 불구하고, 이제 삼성은 또 다른 정보 생태계와 인재확보 경쟁체계를 맞이하게 되었다.

경영진과 대화시간에 한 삼성맨은 "2030 세대에게 삼성은 1순위가 아닌 것 아시죠?"라고 CEO에게 직접적으로 물었다. 굴지의 전자회사들이 만들어낸 IT 기술의 발달로 개인이 스마트폰을 갖게 되었고, 한 사람의 행동이 IT의 익명성과 수평성, 참여 가능성의 증가로 나비효과를 일으키게 되었다. 삼성의 제품들은 글로벌 경쟁력을 갖추었다. 삼성 바깥에서는 사람들의 합리적이고 수평적인 소통의 매개체가 되겠다면서도, 내부에서 기존의 방식을 고수하려고도 한다. 스태프였던 나도 수많은 사람들의 목소리를 어떻게 다 들을 수 있을까, 만만치 않음이 느껴진다.

특히 반도체 업계의 중요도가 올라가고, 우리나라 사람들의 기술력 향상으로 해외 진출이 가능해짐에 따라, 삼성과 같은 대기업의 수직적 문화를 거부하고, 일과 삶의 균형을 더 중요시하는 사람들이 늘어나고 있다. 삼성에서 외국계 회사, 스타트업 등 상대적으로 조직문화가 유연하고 고임금인 IT 회사로 사람들은 움직이기 시작했다. 삼성은 타인들에게 설명하기 쉬운 회사일 뿐이다. 삼성의 IT 계열사에서 판교의 IT 회사로 이직하는 동료에게 부모님에게 뭐라고 얘기했냐고 물었더니, 그는 왜 그런 것을 묻느냐고 되물었다. 부모님도 삼성이 특별하지 않다는 것을 알고 있어서 "알아서 하라"고 했단다.

우리나라 최고의 기업이자 글로벌 기업이지만, 사람들이 원하는 기업환경은 다양해졌고, 뒤에 나올 사업부 수장의 인식처럼 여전히 제품 개발과 생산에는 수많은 사람이 필요하다. 기술 인력의 이직이 활발해지자, 연구개발 부서 내부의 조직문화 담당자가 경영 스태프 부서에 의견을 전달하기도 했지만 "우리가 삼성인데…"라는 대답이 돌아왔다. 현업 개발 부서가 느끼는 위기의식에도 불구하고, 삼성 바깥의 선택지 증가라는 위기를 눈치채지 못했거나 인정하지 않는 이들이 기존의 방식으로 사람들을 관리하려고 든다. 그들은 기술자들을 언제든 교체 가능하다고 생각하기 때문이다. 이제는 문제를 무시하거나 문제 있는 개인을 제거하는 방식에서 벗어나 귀중한 사람들과 함께 문제의 구조를 터놓고 이야기하는 방식으로 바뀌어야 한다.

이건희 전 회장의 마법은 뛰어났지만, 그 마법은 반복되지 않는다. 더이상 '이건희'라는 이름을 붙잡고 있기에는 삼성의 마법은 너무 다양해졌다. 그간 삼성 말고는 갈 곳이 없었던 이들이 이제는 다른 세계를 알게 됐다. 삼성의 이름만으로 자부심을 느끼던 천부장의 세대는 뒷방 늙은이 취급을 받고, 머리가 하얗게 세도 경륜으로 여겨지는 몇몇 임원만이 그들의 자부심을 온몸으로 받아들이고 있다. 중간 세대인 나 같은 사십 대는 이러지도 저러지도 못하고 이직도 할 수 없는 나이이기 때문에 버티며 윗세대의 자부심에 치여서 수명 업무와 보고에 대응하기 위해 새벽 출근을 불사하거나, 부장 진급까지만 욕심을 내고 이후에는 적당히 일하며 현실적인 중산층의 삶을 유지하는 방식을 취하려고 한다. MZ세대를 모두 도매금으로 '조직에 어울리지 않다'는 편견을 갖거나, '개인주의'를 '이기주의'로 확대해석하며 상명하복의 업무방식이 더이상 통하지 않는 그들과, 현재 상황을 난감해한다.

새롭게 들어오는 이들은 명확한 업무지시를 원한다. 그런데 수명 업무는 명확한 적이 없다. 일이 발생하면 누군가 처리해야 한다. 그리고 성과와 보상의 시간이 짧아졌기 때문에 그에 따른 피드백과 공정한 평가와 배분이 있어야 한다. 인사평가가 잘 나오지 않았다고 사원의 어머니가 부서장에게 전화했다는 사례도 드물지만 들려온다. 평가가 좋을 만한 일에만 매달릴 뿐 그간 반도체 현장을 어렵게 이끌어온 고된 일에는 굳이 손을 들지 않는다. 그것을 탓하기에 앞서 업무와 평가방식은 상당 폭 달라져야 한다. 삼성전자의 위기는 세 부분으로 요약할 수 있다. 임원은 기존의 방식을 고수하고, 중간관리자는 전전긍긍하다가 버겁고, 새로운 이들은 기다려주지 않는다. 서문에서 제시한 대로 그간의 '불가피한 정신 승리'를 마감할 때가 됐다. 삼성은 물론 기존 한국 사회의 통상적인 방식을 고수하는 기업들의 위기다.

판단중지(epoche)

판단중지는 에포케(epoche)라는 그리스 말의 번역어이다. 현대사회에서는 무한한 정보 속에서 맞는 것은 무엇인지, 혹은 내가 좋아하는 것은 무엇인지를 반복적으로 구축하면서, 정보 수용 여부를 빠르게 판단해야 한다. 삼성의 흐름을 천부장의 삶 속에서 반추하며 독자들에게 전하고 싶은 중심 주제는 '판단중지'에 가깝다. 그런 판단 아래 사회가 흘러가고, 조직의 업무도 구성된다.

판단하기에 앞서 현상을 그대로 받아들이는 것, 현상에 내재한 한 인간의 행동을 그대로 받아들이는 것에 우리는 익숙하지 않다. 판단중지는 시간이 필요하다. 속단하지 않으며 그렇다고 무관심하지도 않게 이야기를 끝까지 들어보아야 한다. 관계를 맺고는 있으나 그 관계로 존재를 옭아매지도 않아야 한다. 이처럼 판단중지는 인류학 연구에서 어떤 면에서 유일한 목적이라고도 볼 수 있다. 누군가를 무엇이라 규정하기에 앞서서 내가 그렇게 규정되는 것을 선호하는가를 생각해보면 판단중지는 현장의 누군가를 대할 때 갖춰야 하는 생각의 방식이다.

참고도서 마르틴 하이데거, 문동규·신상희 옮김(2008), 『사유의 사태로』, 길.

자신을 존중하지 못하면서도

이게 되는 민족이다 이거예요. 모든 나라에서 군사정권과 획일화가 끼어들어서, '잘 가자' 하는 사람을 눌러왔다. 획일화는 절대 안 된다. 독점 절대로 안 된다.

전문 경영인, 오너 경영인이 좋다. 다 엉터리다. 지도자 자격을 가져야 한다.

아무리 발상이 좋아도 실천 하나면 돼.

만족하는 사람은 그대로 있으라 이거야. 만족 안 하는 사람은 바꿔보자 이거야.

이거를 결국 누가 하느냐, 내가 하지 않으면 안 돼.

누가 한 이야기일까? '민족'과 '군사정권'이라는 말에서 정치인의 냄새가 나는 것 같은데, 옛날 사람 이야기인가? 전문/오너 경영인의 이야기가 나오는 것을 보니 경영학자 같기도 하고 기업인 같기도 하다. 발상보다 행동, 실천이 중요하다. 만족하는 이들은 어쩔 수 없지만, 만족하지 못하는 '내가' 바꿔보자, 굉장히 쉽고 간결한 이야기다.

이건희 전 회장의 '93년 신경영선언 이후 일성이다. 회장님 말씀을 격언을 넘어 신조로 여기는 수많은 삼성의 임직원들이 있다. 권력자의 말은 힘이 세다. 그렇지만 그 말의 발상이 실행되려면 수많은 난관을 지나야 한다. 현재에 만족하지 못하는 사람들이 현재에 그런대로 만족하는 이들을 어떻게 대해야 하는가가 조직을 이끌어가는 핵심이다. 그리고 바로, 획일화는 안 된다, 독점을 피하고 '다양성'을 추구하라는 이건희 전 회장의 말은 의미심장하다. 그렇다고 회장님 말씀이 과연 반도체 라인의 웨이퍼 하나, 공정 단위 하나까지 스며 들어갈 수 있을까?

반도체는 실리콘 덩어리인 잉곳을 얇게 자른 웨이퍼가 원재료이다. 웨이퍼는 직경 300밀리미터, 두께 0.7밀리미터의 얇은 판이다. 12인치 웨이퍼 한 장의 넓이는 약 700제곱센티미터인데, 현재 웨이퍼 한 장에서 최신 제품인 디램 반도체 칩이 1,500개 이상 나온다. 칩 한 개가 0.5제곱센티미터도 안 된다. 크기로 보자면 과자 부스러기 정도에 불과하다. 그 작은 반도체 칩의 용량이 몇 기가바이트GB이다. 1기가바이트는 10억 바이트byte이다. 그런데 1바이트는 대략 한 개의 트랜지스터와 캐패시터의 전자소자로 이뤄져 있다. 작은 칩에 수십억 개의 소자가 있다. 놀라울 정도로 작은 칩을 가공하기 위해 사람들이 반도체 회사에 모여 있다. 새 웨이퍼 한 매가 핸드폰에 장착되는 반도체 제품이 되기까지는 대략 3개월의 시간이 걸린다. 2개월은 둥근 웨이퍼를 가공하는 전공정이고, 1개월은 둥근 웨이퍼를 1,500개의 조각으로 잘라 일일이 배선을 연결해서 칩을 보호하는 패키징을 하고 양품 검사하는 후공정이다.

　내가 일했던 곳이 전공정의 연구개발이었고, 천부장은 후공정의 입고와 검사를 담당했다. 전공정 2개월 동안 약 900개의 공정을 거치며 물질이 웨이퍼에 차곡차곡 쌓인다. 900가지 공정 중 어느 하나라도 불량이 나면 반도체는 전량 폐기해야 한다. 900개의 공정 조건 중 한두 개를 담당하는 것이 연구개발자 개개인의 몫이다. 한 개 조건에는 수많은 소재와 부품, 장비, 그리고 지식들이 응축되고 동료와 선배들의 조언과 질책이 들어 있다. 그런 사람들이 한 제품에만 900명 이상 달라붙어 있다. 거기에는 공정 결과를 반도체 전자 성능으로 환산하는 제품 엔지니어들과, 공정 조건에 따른 설비 성능을 유지, 향상시키는 설비 엔지니어들이 있다. 그렇게 수많은 엔지니어들이 반도체의 품질을 높이고 원가를 낮추는 일을 담당한다면 생산량을 높이고 일정을 당기는 일은 생산 담당자들이 한다. 연구개발과 제조는 서로 제품 품질과 생산성이라는 다른 목표를 추구하지만 결국, 반도체의 기술력을 높이고 싸게 만드는 일에 매달린다.

　그가 육안으로 검사를 하던 반도체의 양품 여부는 이제 기계가 대신하고 있으나 여전히 생산 현장에 사람들이 모여 있다. 특히 후공정의 경우 반도체 전공정의 개발 속도가 완만해지면서 반도체 성능 향상에 결정적인 영향을 끼치게 되어 중요도가 올라가고 있다. 인텔, 애플을 비롯한 반도체 경쟁회사들은 후공정 개선에 상당한 공을 들이고 있다. 전공정, 후공정을 막론하고 어떤 공정과 역할 하나라도 빠지게 되면 반도체는 만들어지지 않는다. 담당자가 자기 공정에 대한 숙련도와 전문성을 동시에 가지고 있어야 품질을 올릴 수 있다.

연구소 동료들과 만났을 때, 서로 안부를 묻다가 사람들 얘기가 나온다. 바로 그 '장인' 같은 반도체 공정개발 '쟁이'들이 삼성을 떠나서 밥맛이 좋은 이천의 쌀집, SK하이닉스로 이직했다는 것이다. 반도체의 900개 공정 조건을 만들기 위해서 수많은 테스트를 거치는데 그 과정에서 기술자들은 숙련되고 노하우를 쌓는다. 반면에 숙련된 방식보다는 새로운 것, 보고할 만한 것에 불을 켜고 덤벼드는 이들이 생겼다. 게다가 연구개발의 세련된 이미지만 강화하고, 제조 현장의 기술부서장을 연구개발을 오래 했던 사람들로 채워서 숙련과 생산을 새로운 기술보다 덜 중요하게 여기는 모습을 보였다. 제조 현장에서 수없이 설비를 고치고 제품이 진행될 때마다 공정, 설비관리에 힘쓰던 이들의 노동은 매우 중요하며, 누구나 할 수 있는 일이 아닌데도 말이다.

반도체 산업은 분명히 제조업이다. 첨단 IT의 신속한 신호처리는 물질의 배열에 달려 있다. 위험한 화학물질을 다루고, 24시간 라인이 돌아가다 보니 소위 서구 선진국에서는 기피하는 제조 현장이 되었다. 그 틈을 타고 한국과 대만이 반도체 제조에서 기술력을 극도로 발달시켰다. 인텔의 제조 현장이 미국 오리건주와 캘리포니아주에 있었지만, 캘리포니아는 실리콘밸리의 IT 붐이 생기기 이전에 이미 일본에 밀려 실적 악화로 공장 문을 닫았다. 이제는 중국 다롄을 비롯한 아시아 지역의 제조 현장만 남아 있다. 인텔은 부랴부랴 제조 공정에 다시 힘을 쏟으려 한다.

미국을 비롯한 선진국들은 반도체 생산보다 설계를 중심으로 했지만 설계도가 있다고 반도체를 만들 수는 없다. 반도체를 실제 생산하는 공정과 설비 기술력이 설계 기술력만큼 참신하지 않을 수도 있다. 그런 이유로 오랜 노하우를 바탕으로 아시아에서 발달해왔다. 전 세계적인 반도체 공급망에서 서구의 설계, 아시아의 생산이 큰 축을 담당하고 있는데 서구는 다시금 생산공장을 현지로 이동하고 있으며, 아시아는 더 높은 부가가치를 올리기 위해 반도체 설계에도 집중한다. 1985년 플라자회담을 통해 미국을 추격하던 일본과 주요 국가의 화폐가치를 급격히 올려서 수출가격을 올린 정치적 의사결정이 반도체 업계 어딘가에서 발생하지 말라는 법은 없다. 그런 살얼음판 속에서 반도체를 만드는 이들은 지속된 숙련노동과 새로운 발상이라는 이중고를 겪고 있다.

끝없는 결핍과 차별을 끝끝내 버텨서

이건희 전 회장의 말처럼 결국에 수많은 발상에도 불구하고 실천하지 않으면 아무런 의미가 없다. 그리고 각자에게 맡겨진 일을 하나라도 허투루 여길 수 없다. 그런 협동과 창조의 땀이 첨단 IT 기술 사이로 흐른다. 거기에 이십 대 초반부터 오십 대 중반이 되도록 반도체 제조의 어느 한 부분을 안간힘을 다해 지켜온 그가 있다. 그는 여전히 나에게 전공정을 모르니, 좀 가르쳐달라고 조심스럽게 부탁한다. 그는 끝없는 결핍과 차별을 끝끝내 버텨서 성장과 성취, 그에 따른 고생과 나이 듦으로 엮어냈다. 공정이 뭔지도 모르는 이들이 경영 스태프 부서에 앉아서 조직도를 그리고 임원을 뽑고, 위상을 드높인다고 말한다. 이제 30년의 숙련이 녹진한 시간, 그에게 30년 근속 기념패가 성대하지 않고 조촐하게 날아들었다.

2018년 11월, 그가 조심스레 기념패를 나에게 보여줬다. 스태프 부서 월례회행사 때 근속자에게 근속패 전달식을 했다. 금빛 글자 속에 우리말은 하나도 찾을 수 없는 글로벌함과 근속보다 더 어색한 'long service'라는 영어가 눈에 띈다. 부장이라는 단어는 사라지고 'Professional'이 적혀 있다. 복잡했던 직급은 어느새 단순해졌다. 사원과 대리를 합쳐서 'Professional' 과장과 차장을 합쳐 'Senior Professional' 부장을 'Principal Professional'로 대응했다. 이제는 그 직급마저 없애고 호칭을 '님'과 '프로'로 통일했다. 코팅 용지에 손글씨로 이름을 쓰고, 딱풀로 사진을 붙여 사원증을 만들던 시기를 지나 이제는 스마트폰에 내장된 사원증을 쓴다. 변하지 않은 삼성전자라는 이름, 그 초기부터 그가 30년을 지내왔다. 그를 천기주 부장, 천부장, 천MBB, 천프로, 천기주 님이라는 다양한 호칭으로 부르는 것도 30년 동안 변한 직급체계를 생각하게 한다. 직급을 부르는 방식은 달라졌지만, 그 안에서 30년의 이야기는 작은 근속패에서 은은하게 빛나고 있다.

그의 30년 근속은 축복의 대상이 아닐 수도 있다. 30년 근속한 사

천기주 부장의 30년 근속 기념패

람 중 몇몇은 임원이 되었다. 어떤 이들은 "30년 동안 잘 버텼네, 아직도 다니고 있으면 성공한 것이네"라거나 "염치도 없이 30년 다녔으면 회사에 감사해야겠네"라고도 할 것이다. 그도 나에게 그 패를 보여주며 쓸쓸히 웃었다.

30년 다녔는데, 뭐 해놓은 것도 없네.

존중과 구분 그리고 휴식

나는 눈물이 핑 돌았다. 삼성전자에서 30년 동안 일했던 그를 뒷방 늙은이 취급하는 이들의 시선이 불편했고, 또한 그를 향한 시선에 저항도 없이 묵묵히 받아들이는 그도 안타까웠다. '30년의 빛나는 삼성전자 역사에서 그는 과실만 따 먹던 주변인이었고 한 번도 성취 없이 곁불만 쬐던 사람이었나?' 그런 생각을 하며 마음이 무거웠다. 그때 성대하지는 않더라도 그와 저녁 식사를 하며 30년을 추억했다. 입사 30주년을 맞이했던 그는 나에게 함께 일하고 나서 느낀 소회, 자신에 대한 비평을 요청해왔다. 그 글에서 발췌한다.

내가 알게 된 것

11개월 동안 백 번 가까이 이야기를 나눴을 것이다. 그의 어릴 적 기억부터 살아온 삶의 무게와 살아갈 삶의 아량으로서 다양한 장면을 나눌 수 있었다. 최대한 비판적으로 그 지점에 대해서 기술해보고자 한다.

첫 번째, 그 자신에 대한 존중이다. 왜 그는 자신을 약자라고 위치시켜 놓는가? 30년이라는 시간, 삼성의 성장과 혹은 내부적 실패를 감당해온 그의 경력에는 왜 타인과 비교하는 지점이 강하게 남아 있는가? 이제는 자유로울 때가 되지 않았나? 아니라면 비교하는 그 자신을 받아들이는 편이 좋지 않은가? 인간은 적응의 동물이지, 극복의 동물이 아닌 것이 맞다. 본인이 적응했던 30년은 무엇과도 바꿀 수 없는—혹은 바꾸어지지 않는—시간이다. 약 10년씩 현장, 식스 시그마, 그리고 교육과 혁신 업무를 골자로 살아왔던 삶의 장면들, 성찰과 성취의 시간을 기록해서 그 삶의 과거와 현재의 '초격차'를 솔직하게 기술할 수 있지 않은가? '존중하지 않음'과 '약자로 위치시

킴'은 일면 편한 부분이 있다. 핸디캡이 있다고 생각하면서 자기 연민을 가질 수도 있고, 약자로 위치시킴으로서 나보다 더 약한 자에게 내가 베풀 필요 없다는 역할 정의를 할 수도 있다. 강약의 구분이 아닌 다름과 흐름, 존중의 시간으로 충분한 삶은 아니었을까?

두 번째, 하고 싶은 것과 할 수 있는 것에 대한 구분이다. 단위 기술에 대한 전문성과 전문화된 기술력을 활용하는 것에는 큰 차이를 보인다. 대기업 구성원으로서 시선의 날카로움은 있으나, 그것을 직접 만들어낼 수 있는가는 의문이다. 반면, 좁은 분야만 했기 때문에 다른 것을 모른다는 자기 부정에 빠져 있다. 대기업 종사자들은 깊이 업무를 해봤지만, 다른 업무는 모른다는 통념에 사로잡혀 있다. 모두 임원이 될 수 없지만 그동안의 경력을 생각한다면, 어떤 업무를 파악함에 있어 누구보다도 날카로운 시선을 가질 수 있다. 그리고 대기업 구성원은 영업을 해본 적이 없다. 품격과 마찬가지로 역량은 무엇을 할 수 있다는 목표가 아니라 '어떻게 살고 있는가로 판가름 난다'고 했을 때, 대기업 구성원은 고개를 숙일 필요가 없다. 말하자면 남들이 절로 고개를 숙이게 할 만큼 실력을 갖추었거나 남들에게 먼저 고개를 숙일 만큼 입장정리를 했거나 서로 존중할 만큼 겸손을 갖추었느냐에 달려 있다. 하고 싶은 것과 해온 것에 대한 정리, 적성과 성격은 받아들이면서도 역량과 성품을 계발하려는 노력은 원래 하던 것을 실천한다면 여러모로 다양한 삶의 궤적이 가능하지 않을까 예상해본다.

세 번째, 어떻게 쉴 것인가이다. 시인 이성복의 『이성복 아포리즘』

의 한 구절이다. "나무가 되기 위해 씨앗은 자라나는 것이 아니다. 무엇이 된 것들은 또 다른 무엇이 되기 위해, 영원히 무엇이 되지 않기 위해, 끝내는 미쳐버리고 말 것이다. 그러므로 목적 때문에 생을 망쳐서는 안 된다." 30년의 시간은 한 가정을 이루고, 한 세대를 만들고, 한 시대를 열었다. 무엇을 위해 달려온 삶이었겠으나 또한 '무엇을 위해 달려가지 않은 삶의 아름다움에도 감복'할 시간은 아직 그에게 오지 않았나? 남보다 그 무엇을 가지지 못해, 혹은 어디에 있지 못해 아쉬워할 시간보다 그에게도 쉼을 허락할 그 자신만의 계기가 꼭 있으시길 고대한다.

덧붙이자면 점심 식사 시간에 식사를 기다릴 때나, 엘리베이터에서 걸어 나갈 때, 이야기를 나눌 때 보면 그의 신발 안쪽 밑창이 닳은 게 보였다. 밑창 안쪽이 닳는 것은 드문 일일 텐데 왜 그런지 궁금하다.
(2019년 3월, 송신:박준영, 수신:천기주, "인문학적 시선으로 본 현장 리포트")

그가 입사 30주년을 맞이하던 해는, 한 대학교수와 삼성전자 권오현 회장의 대담을 엮은 책 『초격차』가 절찬리에 팔리는 중이었다. 권 회장은 국내외 최고의 대학을 졸업하고 천부장과 같은 해인 1988년 부장으로 삼성에 입사했던 소위 핵심 인재였고, 성공한 CEO이자 삼성전자 반도체 산업의 핵심기술과 조직문화의 격을 한 단계 올린 사람으로도 유명하다. 그가 입사 30년이 되던 2018년 3월에 후배들을 위해 용퇴하겠다는 기사가 한동안 회자되었다. 나는 그가 사내 경영

현황 설명회에서 "나 같으면 많이 벌어도 투자를 이렇게 많이 해야 하는 반도체 사업을 안 했다"면서, "달리는 오토바이에 기름을 붓고 달려야 한다"고 얘기했던 것이나, 내가 담당했던 사내 교육과정에서 분홍색 셔츠를 입고 부장급 기술 전문가들과 격 없이 토론하는 모습이 인상적이었다. 무엇보다 권한위임, 축소, 폐기 등 비효율적 업무 제거를 통해 'Work Smart' 하자는 키워드는 매우 매력적이었는데, 그 실행전략이 '임원들의 퇴근 시간 관리'였다. 권회장은 저녁 6시 넘어서 퇴근을 안 하는 임원에게 계속 경고를 날렸다. 쥐어짜고 장시간 근로를 하던 문화에서 벗어나려는 노력이었고, 모든 곳에서 정착했다고 보기는 어렵지만 평균 근무 시간은 단축되었다.

그는 책에서 초격차를 "비교 자체가 불가능한 절대적 기술 우위와 끝없는 조직 혁신에 따른 구성원의 격"으로 정의했다. 그 문장에서 가장 인상적인 단어는 '구성원'이다. 몇몇 리더가 아닌 조직에 속한 구성원의 일상으로서 격이다. 경영의 기조나 핵심 가치는 때론 가장 지켜지지 않기 때문에 영원한 목표로 남을 가능성이 있다. 자연스러움이 곧 일상이라면, 그 행동의 총체가 격이지 구호가 격일 수는 없다. 위의 글에서 격이나 '초격차'가 등장하는 이유이다.

내가 강조하고 싶었던 내용은 이름을 남긴 대표이사의 30년 못지 않게 천부장의 30년도 소중하다는 것이다. 하지만 그는 자신의 30년을 반쯤은 부끄러워하고 있다. 임원이 되지 못했기 때문이다. 30년 근속을 기뻐하지도 못하고 자신을 존중하지도 못하는 모습이 안타까웠다. 그의 경력이 사회적으로 어떤 평가를 받더라도, 자신의 경력을 사랑하고 이제는 존재 자체에 대한 인정과 감사가 필요하지 않겠는가, 라는 제안을 편지로 남기게 됐다.

나는 그가 입사 초, 학력의 상대적 비교열위를 기반으로 자신을 계속된 결핍으로 몰아넣는 것이 그 당시에도 지금도 여전히 불편하다. 그의 이 같은 태도는 자신에 대한 성찰로 그치지 않고 타인과 사회를 판단하는 기준으로 작용한다. 사회적으로 인정받는 위치가 아니면 여전히 부족하다는 인식이다. 그 역시 제조 오퍼레이터를 불완전하게 보고 부하 사원을 부족하게 여기고, 경영자의 시선에서 보지 못하는 이들을 그릇이 작다고 판단했다. 조건으로 타인을 차별하는 방식을 따랐다. 그렇게 무엇을 향해서 달려가다가 자신의 삶은 언제쯤 뿌리를 내릴 수 있을 것인가?

회사와 나를 분리하지 않으며, 과거의 성과 창출방식을 그대로 답습하고 회사를 개인보다 우선시하는 태도는 현실적인 대안이 되지 못한다. 개인의 총체성이 조직의 힘이라 해도 개인의 일관성보다는 다양성이 총체성의 범위를 넓힐 수 있기 때문이다. 그는 나에게 끝없이 조언하려 했다. 나는 선배에 대한 예의와 우정으로서 받아들이고 있지만 그는 선배가 후배보다 무엇인가 나아야 한다고 생각하고 있었다. 그에 대한 존중과 제언을 목적으로 한 글에서 나는 "점심 식사 시간에 식사를 기다릴 때나, 엘리베이터에서 걸어 나갈 때, 신발 안쪽 밑창이 닳은 것이 보였다. 밑창 안쪽이 닳는 것은 드문 일일 텐데 왜 그런지 궁금하다" 그 부분이 인상적이었다고 말했다. 그는 이제 복장에도 신경을 써야 할 것 같아, 새 구두를 맞추고 걸음걸이를 바꾸려고 한

단다. 그 피드백을 받고 나는 놀랐다. 그것은 '그가 그간 정말 열심히 달려왔구나, 그 뒷굽의 낡음이 참 존경스럽다'는 의미였는데, 그는 내 존경의 표현도 격이 떨어지는 복장을 했다는 평가로 받아들이고 있었던 것이다.

그는 '자부심은 돈에서 나온다'는 글이나 회사를 비판하는 글이 부지기수로 올라오는 사내 게시판에 가끔 답변을 남긴다. 그는 정성을 다해 댓글에 반응하고 있으나 여전히 회사 입장을 대변한다. 예전보다 나아졌으니 감사하자는 입장에서 주로 글을 쓴다. 가끔 그가 남긴 댓글에 '틀딱'—틀니딱딱—과 '꼰대'라는 댓글이나, "어디서 인사팀이 출동하셨나 봐요"라는 댓글을 받고 아쉬워한다. 그는 익명성 아래 이루어지는 댓글을 비판한다. 그는 그런 댓글을 쓴 후배들은 '아직 뭘 모르고 있다'고 가정한다. 또한 과거와 현재, 미래에 근속연수가 오래되고, 직급이 올라갈수록 자신과 같은 생각을 할 것이라고 예상한다. 그런데 한국 사회는 많이 달라졌다. 그가 1988년에 만나던 부장의 모습을 지금은 찾아볼 수 없다. 그가 몸 바쳐 일하며 고생했던 시기는 지나갔고 지금은 수많은 정보와 기회들에 고민이 많은 시기이다.

지금은 몸보다는 마음의 고통이 큰 시기이며, 물질적 빈곤보다는 관계의 빈곤을 더 힘들어하는 때이다. 회사의 상층은 국가가 개발도상국일 때, 혹은 국민소득 몇천 달러일 때 들어와 현재까지 회사에 다니고 있으며, 중간층은 국민소득 1만에서 2만 달러 수준일 때 회사에 들어왔고, 하층은 3만 달러에 육박해서 들어온 사람들이다. 개발도상국에서 선진국으로, 원조받던 나라에서 원조하는 나라로 바뀌었다는

'국가'에 대한 자긍심과 별개로 삼성의 비약적인 성장에는 무수한 발자국들이 새겨진 시공간이 함께 있다.

　권오현 회장의 초격차를 달리 해석할 필요가 있다. 이제는 '기존'의 가치측정방식에 의한 평가나 타인의 방법론에 대한 순위경쟁이 아니라, 삼성이라는 집단이 '새로운' 가치측정 수단과 방법론을 수립하면서 달성할 수 있는 남다른 격차이다. 이건희 전 회장의 말로 바꾸면 발상과 실행이라는 행위와 가치를 동일한 잣대로 순위를 매기는 것이 아니라 다양한 가치를 수립한다는 의미이다. 타인의 행위를 존중하고, 존중을 기반으로 새로운 신뢰의 방식을 만들어내는 것이 삼성이 달성할 초격차이다. 기존의 일체화된 방법을 강조하거나 충성도를 기반으로 한 방향으로 달려가던 경향에서 벗어나서, 나와 너는 다르다는 차이의 공간을 인정하고, 느슨한 관계를 맺으면서 개인의 다양한 시간이 축적된 새로운 지층을 열 시기가 됐다.

리더와 추종자

　　요순시대, 삼황오제 시대, 무엇으로 표현하건 역사 이전의 시대는 이상향으로 그려진다. 과연 그 시공간에서 인간은 평화로웠을까? 가족의 탄생을 여성만이 가능한 아이 낳기를 남성의 핏줄과 혈통으로 제한한 최초의 억압으로 생각할 수 있다. 잉여물이 생겨났을 때, 그것이 일하는 사람의 몫이 아니라 공동체의 일하지 않는 누군가에게 편입된다면 그것이 자연스러운 일이었을까?

　　권력과 저항은 어디서나 발생하고 그 방식이 다양하다. 피에르 클라스트르는 『국가에 대항하는 사회』에서 남미의 과야키족 추장의 리더십이 서번트(시종)에 가까웠음을 밝혔다. 추장은 평화의 중재자이며 이야기를 잘 듣는 사람이고, 자신의 재화에 대한 소유욕이 없으며, 타인의 부탁을 들어주는 사람이었으며, 말을 잘하긴 하지만 실수했을 때 언제라도 공동체로부터 무시를 당할 수 있는 사람이었다. 리더가 권위를 앞세우자마자 공동체의 저항이 시작됐을 것이다. 권위적인 리더를 따르는 추종자들의 공식이 언제나 통용되지는 않으며, 권위를 따르는 척할 뿐 행동으로 옮겨지지 않을 가능성도 크다.

참고도서 피에르 클라스트르, 홍성흡 옮김(2005), 『국가에 대항하는 사회』 이학사.

타인의 것

오십 대를 돌아보면서, 이제는 주변을 보려고 해. 사람들과 어울리고 돈을 쓰고, 할 수 있는 것은 하면서 살자. 남들만큼은 못하지만, 뒤늦게 가지만…. 삶에 변화가 생긴 거지. 이제는 평범한 생활 쪽에 서려고 노력해. 친구들과 모임을 5년, 10년 같이 했는데, 친구들이 나를 부러워하더라고. 제일 행복한 놈이라는 거야.

내가 그동안 나만의 속단에 빠져 있었던 것 같다. 그와 이야기를 나누며 그가 조금씩 달라졌음을 깨닫지 못했던 내 부족함도 있었다. 그에게는 30년을 함께한 가족들이 있고, 과거에 아이들에게 1등을 강조하고, 아직 부족하다고 채근하던 모습에서 벗어나 '행복한 가족'으로 조금씩 탈바꿈한 현재의 모습이 있다. 초등학교 동창 모임에 함께하는 공기업 부장, 은행 지점장, 대학교수 친구들이 이제는 자신을 부러워한다고 솔직하게 말한다.

천 가족이나 주변 사람들이 나를 생각하는 게 굉장히 달라졌어. …
자기들이 부럽대. 돈이 있고 뭐 이런데도 불구하고, 목표한 바를
실행하고, 주위에 전파하고, 그런 역량을 자기들은 생각하지 못
했다는 거야. 친구들은 우리 가족이 제일 행복해 보인다고 하더
라고. 가족 모임 같은 데 가 보면, 사람들이 나더러 애들도 잘되
고, 나도 나름대로, 제일 행복한 집안이래. 내가 가족들한테 우리
집 행복지수를 물어봤어. 딸은 95퍼센트, 아들은 85퍼센트, 아내
는 80퍼센트, 아버지인 나는 60퍼센트. "차는 똥차고 집도 좁다"
고 했더니 애들이 "아버지는 그게 문제"래. 그런 자존감이 문제라
는 거지. "난 우리 집이 제일 행복한데요"라면서 말이야. … 애들
이 친구들한테 아버지에 대해 얘기하면 친구들이 놀래 나자빠진
다는 거야. … 그런데 요즘 애들이 말해. "아버지가 변했어요. 성
적 얼마, 언제까지를 외쳤는데. 요즘엔 안 하신다"고. 아버지가 이
제는 자유권을 주는 거다. 아버지 회사가 초일류 기업이어서, 그
눈높이에서 드라이빙강요한 것이다. 예전 같지 않아서 변하려고
노력한다고. 애들이 각자 역할도 하고, 생각도 있는 것 같고. 매년
가족 송년회에서 서로 편지를 전달하며 올해 성과, 내년 목표도
나누면서 격려하고 있지.

박 애들이 잘 컸네요.

그의 아이들은 가족을 사랑하고 있다. 물론 그의 어린 시절만큼 절대적 빈곤이 없었기 때문에 물질적 결핍에서 오는 심리적 불안감이 덜할 수도 있다. 그렇지만 돈으로 살 수 없는 가족애가 편지와 축하, 가족의 송년회 등으로 빛나고 있다. 근본적으로 충족될 수 없는 물질적 가치에 매달리지 않고, 만족할 수 있는 가장 가까운 관계는 그보다 훨씬 더 성장해서 다른 시선으로 삶을 바라보고 있었다.

갑작스럽게 용두사미가 된 영화가 끝나고 자랑스럽게 올라오는 엔딩크레딧처럼 황망한 단어가 행복과 사랑이다. 그는 갑자기 왜 행복이라는 단어를 꺼낸 것일까, 그가 걸어왔던 길에서 무엇이 그를 행복이라는 막다른 길로 가게 한 걸까. 그런 의아함은 롤러코스터 같은 회사생활, 먹고살기와 자아실현이라는 목적 속에서 상당히 복잡해진다. 몸의 잔해, 회사에서 익숙한 생활습관이 아니라면 설명이 불가하다. 지난한 정신 승리가 그의 행위를 비교평가의 가치로서 판단하고 있다. 그가 가장이라는 무게에서 느끼는 책임감은 강력한 삶의 의지이면서 가족에게 영향을 끼치려는 욕망이기도 하다. 그가 비교 평가하는 공기업 부장, 은행 지점장, 대학교수라는 직업은 일반적인가? 그는 예전의 공돌이 시절을 잊었고, '눈에 글을 넣어준다'던 궁핍한 어린 시절을 상기하지 못한다. 결핍에서 끝없이 달려왔던 그의 애씀, 그리고 그 방식으로 가족을 '드라이빙'하려고 했던 시간들, 이후에 갑작스러운 행복하다는 평가, 그럼에도 다시금 '나는 무엇인가'에서 맞닥뜨리는 수많은 회한이 있다.

그는 삼성의 아침이다

한국 사회는 압축적 근대화에 따라 10년 단위로 세대를 구분할 수 있을 만큼의 빠른 변화를 겪어왔다. 사람들은 저마다 젊은 시절의 '세대'로서 자신을 자리매김하고 젊을 때보다 지금이 어쨌든 더 나아졌다는 수많은 사회적·국가적 지표와 자신을 동일시해왔다. 권위주의적인 시대를 살아오면서 사회에 대한 나름의 불만과 울분을 가졌을 어르신들, 지표상으로 가장 높은 빈곤율을 나타내는 노인층이 오히려 나라 걱정에 목을 맨다. 그들은 정치 세력을 비판적으로 바라보지 못하고, 자신들에게 경제적 이익이 되지 않는 세력을 무턱대고 지지하거나, 배부르게 밥 먹으면 됐다는 정신 승리를 구가한다. 그들이 빈한한 삶 속에서도 나름의 자족적 삶을 영위하는 것을 보면 나로서는 안타까울 때가 많다.

그가 인터뷰 도중이나 나와의 편안한 대화에서도 여전히 "그래도 내가 삼성에 있었으니, 준영 선생 같은 사람도 만나고, 사람들이 나를 불러주고 그런 것 아니겠어?"라며 위안과 회한을 반복하는 것도 삼성의 엄청난 발전 속에서 회사와 함께 성장할 것이라는 그의 오랜 다짐과 삼성이라는 곳에 속해 있기 때문에 자신이 위치를 점할 수 있다는 인식이 그를 지배하고 있음을 의미한다.

어떤 면에서 통상 사람들이 타인의 잘못을 이야기할 때 "원래 그런 사람이야"라며 그의 사람됨이나 자질을 이야기하면서도 자신을 이야기할 때 "차가 막혀서요" 등으로 환경이나 상황을 이야기한다. 그는 자신의 행복을 자신보다 바깥에서 찾고 있다는 점에서 솔직하면서도,

242

여전히 그가 그토록 원하는 큰 그릇, 경영자적 관점, 큰 생각조차도 타인의 것은 아니었는지 다시 묻게 된다.

그는 많은 일을 해왔다. 그는 부단히 자신이 생각하는 굵직한 일을 하고, 발자취를 남기려 했다. 손톱이 까맸던 공업고교, 전화위복이 됐던 전문대, 탁월한 선택이었던 삼성전자 입사, 식스시그마를 만나 대학교에 가고 MBA 경영학 석사를 공부하고 부장 진급을 한 이후 책을 공저하고, 색소폰 동호회를 운영하고, 체력을 기르고 또 다른 시야에 접근하기 위해 우리나라 100대 산을 3년간 등반하고 책도 냈다. 동시에 배고픔과 가난, 열악한 근무요건, 진급 누락, 임원 진급 누락, 명퇴 위기도 상존했다. 삶은 그렇게 기쁨과 슬픔, 만족과 불만이 교차하며 구성된다. 일상을 어떻게 바라보느냐, 하루를 어떻게 보내느냐가 중요함을 그는 이미 깨달았다. 그는 가끔 자신이 실천했던 삶의 방식을 공식화했다. MPS, 즉 의미Meaning, 기쁨Pleasure, 강점Strength 이다. 나는 그가 굳이 삶을 공식화하는 것에 동의하지 않는다. 하지만 그의 방식대로 삶을 설계하고 겸손히 그것을 말할 수 있다는 것, 그리고 그 의미가 점점 달라지고 있다는 점은 나에게도 귀감이 된다. MPS는 기쁘게 하루를 보낼 수 있으며, 내가 잘할 수 있는 것에 집중한다는 의지의 표현이다. 그래서 그는 사내에서 강의할 때나 컨설팅할 때 MPS를 강조한다.

회사는 영어로 'business'이다. 'busy'의 명사형이라고 거칠게 이야기한다면, '바쁨'에 관한 것이라고 말할 수 있다. 회사는 시간을 효율적으로 효과적으로 보내는 데 성과가 달려 있다고 해도 과언이 아니다. 수많은 연구가 있더라도 회사에서는 엘리베이터 내려가는 30초 안에 설득을 해야 하고 '왜why, 무엇을what, 어떻게how'처럼 컨설팅도 두괄식으로 설득해야 하며, 몇 초만 논리에 밀려도 준비가 약하다고 핀잔을 듣는다. 수많은 경영학 방법론이 난무하고 방법론을 정의하고 드러내는 온갖 줄임말과 이니셜이 가득한 곳에서 삶의 방식을 무엇무엇으로 재단하려는 시도는 여전히 불편하지만 타인은 나에게 관심이 많지 않고, 짧은 시간에 나를 알리려면 저러한 방식은 불가피함을 인정해야 한다. MPS 속에는 그가 걸어온 시간이 담겨 있다.

그가 35년을 걸어온 길, 삼성의 아침이다. 그의 삶은 삼성이 없던 시기보다 더 길게 삼성과 함께해왔다. 집보다 직장에 더 오래 있었기에 그와 직장은 떼려야 뗄 수 없다. 삼성전자 반도체 사업장에는 거대한 고속버스 터미널을 연상케 하는 버스 승강장이 있고, 통근버스가 아침 7시부터 8시까지 한 시간 내내 줄지어 들어온다. 차량 통행을 조절하는 호루라기 소리가 연신 들린다. 내리는 사람들의 목에는 사원증이 걸려 있다. 그들은 자석에 이끌리듯 출입문으로 향한다. 버스에서 자다가 덜 깼는지 고개를 푹 숙인다. 멀리서 보면 검은 머리카락들의 걸음걸이가 거대한 검은 음표들의 무성영화같다. 아무 말도 없이 발걸음만 무성하다. 소음도 없는 반도체 공장에서 공정을 마치고 정화처리를 한 수증기가 아침의 냉기를 천천히 깨운다. 무거운 발걸음과 반대인 수증기의 자유로움, 목에 걸린 사원증의 가벼움과 대비되는 직장인의 굴레라는 무거움. 그렇게 들어오고 싶다가, 들어가면 나가고 싶어 안달인 곳이 직장인가 보다.

1983년 삼성전자가 반도체 산업을 시작할 때 제품은 64킬로바이트KB 디램이었다. 지금 삼성은 16기가바이트 디램을 개발, 양산하고 있다. 곧 64기가바이트 디램을 만들게 된다면, 64킬로바이트의 백만 배로 반도체 성능이 향상된 64기가바이트가 된다. 64킬로바이트 디램 개발을 위해 사람들은 64킬로미터를 행군했다. 그도 수많은 행군을 했을 것이다. 단체로 같은 옷을 입고 고된 행군을 하며 정신 무장을 했다. 아무것도 없던 그때 기술력과 물적 자원의 부족을 몸으로 견뎌왔다.

한때 나도 감동에 젖었던 기흥반도체 도로 평탄화 작업의 사례도 있다. 반도체 장비는 미세한 진동에도 성능이 저하된다. 외국에서 들여온 장비를 수송하는 데 김포공항에서 기흥 톨게이트까지는 고속도로라서 그나마 괜찮은데, 톨게이트에서 사업장까지는 비포장도로였다. 군사작전을 하듯이 사람들은 밤을 새워, 비포장도로에서 돌을 골라냈다. 지금은 생각할 수 없는 광경에 어떤 사람들은 감동하고 아련할 수도 있지만 어떤 이들에게는 말도 안 되는 일이다. 울컥했던 나의 위치를 다시금 생각해본다. 나는 2006년에 부서 배치를 받았다. 300밀리미터 웨이퍼 기반의 연구소를 짓는 프로젝트팀이었다. 1기가 디램을 개발하기에 앞서 그 겨울 행군을 한다. 책임연구원인 과장이 신입사원들을 불렀다.

등산화 사러 가자.

허허벌판이던 화성사업장에는 2차선 도로가 있었고 그 길을 따라 등산용품점이 많았다. 이런 이유 때문이었나, 역시 수요를 귀신같이 찾아내는 장사의 신들이었다. 과장님의 큰 차를 타고 신입사원 세 명이 등산용품점으로 들어가 그의 말만 기다리고 있었다. 그는 나에게 발목 높은 등산화를 내밀며 이거 신으라고 했다. 나는 발 사이즈만 말하고 일단 샀다. 산행 전날에 당연하게 회식을 했다. 나를 비롯한 신입사원들은 장기자랑을 준비했다. 삼겹살에 소주를 먹은 식당의 좁은 공간에서 춤추고 노래를 불렀다. 삼겹살 기름이 튀었는지 바닥이 미끄러워 춤을 추다가 넘어졌다. 밤늦은 격렬한 회식에도 불구하고 행군을 위해 새벽에 출근했다. 행군은 금요일에 출발해서 토요일 오후에 오는 1박 2일 코스였다. 늦겨울 추운 날씨에 추위를 견디라는 의미로 전 부서원에게 녹색 마르코폴로 점퍼가 지급됐다. 폴로도 아니고 마르코폴로는 뭐람. 새로 건립될 연구소 건물 앞에서 단체 사진을 찍었다. NRD 연구소, New R&D Research & Development, 새로운 연구개발의 요람을 의미하는 이름이었다. 그 앞에서 녹색 빛깔의 옷을 맞춰 입은 수백 명이 버스에 올랐다.

대관령의 한기가 몸속으로 들어왔다. 새로 산 등산화가 맞을 리가 없다. 발뒤축이 까졌다. 날씨 때문인지 긴장 탓인지 아픈 줄도 몰랐다. 흡사 군대 행군의 초병처럼 선배 엔지니어가 앞장서서 구호를 외친다. 군대 경험이 몸에서 다시 피어올라 화이팅을 목청껏 외쳤다. 신입사원이니 목소리도 크게 내야 한다는 강박과 압박이 느껴졌다. 어두운 길에 졸린 데도 큰 풍력발전기가 돌아가고 있는 풍경이 보였다.

대체 여기는 어디이고 언제까지 가야 하지 생각하다가, 절대로 낙오해서는 안 된다고 마음을 다잡았다. 낙오하면 신입사원으로서 초기 이미지를 망친다고 생각했다. 정신을 차리려고 내 손으로 뺨을 세게 쳤다. 한쪽 뺨을 때리면 다른 쪽 뺨을 내밀라던 예수도 이런 예수가 없다. 라면이 한두 번 지급되고, 아침이 되자 황태해장국 집으로 갔다. 해장국의 허연 수증기를 맡으니 몸이 녹고 발뒤축의 통증이 느껴졌다. 그렇게 오후가 되어 회사에 돌아왔고, 집에는 저녁에 들어왔다. 몸이 마음과 분리되지 않음은 인정하지만, 몸을 단련해 타인의 마음, 회사의 마음을 주입시키려는 데 더이상 동의할 수 없다.

반도체인의 10대 신조

1. 안 된다는 생각을 버려라.
2. 큰 목표를 가져라.
3. 일에 착수하면 물고 늘어져라.
4. 지나칠 정도로 정성을 다하라.
5. 이유를 찾기 전에 자신 속의 원인을 찾아라.
6. 겸손하고 친절하게 행동하라.
7. 서적을 읽고 자료를 뒤지고 기록을 남겨라.
8. 무엇이든 숫자로 파악하라.
9. 철저하게 습득하고 지시하고 확인하라.
10. 항상 생각하고 확인해서 신념을 가져라.

연구소 사무실 벽면에는 반도체인의 10대 신조가 붙어 있었다.

1983년에 만들어진 이 신조는 화석도 아닌데 새로운 형태의 인쇄매체를 거쳐서 2006년을 지나 현재까지 계속됐다. 정신 무장을 강조하는 이들의 목소리에도 다시금 10대 신조가 울린다. 첫 번째, 두 번째가 상당히 인상적이다. '안 된다는 생각을 버려라, 큰 목표를 가져라' 외치던 사람들의 목소리는 갈라지고, 나이가 들었고 하나씩 삼성을 떠났으며 유적처럼 건물이 남았다. 물론 유적을 발굴하고 보존하려는 시도만 일어나지 않고, 반성적 성찰과 현실 반영의 노력도 엿보인다.

천　CEO 토크를 들었는데 진짜 오랜만에 CEO 같은 사람을 봤네. 지난 30년 해온 메모리가 디램DRAM, 플래시Flash 부분에서 17년 동안 1위를 해왔는데, 1위가 된 성공요소가 뭐냐? 첫 번째, 임원들의 과감한 의사결정, 투자를 해왔다는 거, 두 번째는 그 시기에 PC가 나오고, 모바일이 나와서, 우리가 커질 수밖에 없는 맥락을 잘 짚었다. 마지막은 임직원들의 헌신적인 노력, 하자면 했다는 거야. 한 방향으로, 모든 것이 부족한 상황에서. 그것이 우리의 성공요소였다. 그런데, 과연 우리는 1등인데, 1등다운 행동을 하고 있는가? 고객이나 경쟁자가 밖에서 우리를 1등이라고 인정해주는가? 그렇지 않은 것 같다. 특히나 최근 들어서, 왜 그럴까를 생각해봤다.

우리가 성공한 요소들에 반도체인의 신조 10계명이 있었는데, 거기에 보면 "안 되면 되게 하라, 안 되면 될 때까지 해라" 이런 말이 좋은 의미이긴 한데, 무모함과 열정은 구분해야 한다. 고생은 엄청나게 하고, 중간에 안 되는 원인을 찾으면 되는데, 한번 세운 목표는 끝까지 가려 했고, 효율도 안 되는 것을 하려 했다. 이런 문화는 안 된다고 지적하더라고.

박 10대 신조에 대해 비판했다고요?

천 아니 재해석. 그래서, 지금도 맞다는 거지. 연구자로서는 어떻게 하는 것은 중요하다. 안 된다고 팔 것이 아니라, 안 될 때는 어느 시점에서 다른 각도에서 원인을 찾아야 하는데, 무조건 파는 것은 무모하다는 거지. 그 얘기를 죽 하면서, 저는 그렇게 하려고 한다. 그래서 성장한 배경을 연구해 보니까, 매출액은 30년간 16배 성장을 했는데, 인력은 2.7배밖에 안 늘었다. 근무자들이 어마어마하게 고생을 하고 있다는 거고, 경쟁사 대비 연구인력을 비교해 보니까 훨씬 부족해서, 인력이 부족한 상태에서 연구했다는 것을 알겠더라. 이 상태에서는 창의적으로 새로운 제품이 나오지 않는다. 과거의 10계명은 캐치업 전략이었다. 선발주자를 따라잡으려는 극복 전략으로서는 아주 좋은 전략이다. 그런데 위기를 넘어 정상에 선 지금은 창의적으로 해야 하고 다른 발상을 해야 한다. ⋯ 전에는 단기성과, 개발위주로 간다거나 조직을 그런 식으로 밀어붙이다 보니, 밑에 사람들이 따라가지 못해, 큰 장기적인 목표를 두고, 우리가 무엇을 지향해야 하는가, 그것이 없었다. OKR에서 장기적, 단기적인 것으로 가고, 애자일Agile해서 빠르게 민첩하게 한다.[15] ⋯ 과거엔 저런 말을 하는 사람이 없었는데.

반도체 10대 신조까지 재해석하고 있다는 삼성의 모습은 대단한 면이 있다. 내가 나갔더니 더 잘되는 것 같다. 역시 만만한 회사가 아니었다. CEO의 일성은 중요하다. 그렇지만 변화는 쉽게 일어나지 않는다. 여전히 몸을 강조하고 고생을 보람되게 여기며 엉덩이를 붙이고 앉아 있는 근무시간으로 근무성과를 평가하는 경향이 있다. 말은 누구나 할 수 있다. 그것이 뿌리를 내리려면 몸으로 접근해야 한다. 몸을 갈아 넣고, 어떤 몸도 교환 가능하다는 시선에서 벗어나 몸을 소중히 여기고, 존중해야 한다. 상호의존적인 그간의 위계적 보호와 묻지도 않고 배려했던 조언의 방식을 보완해야 한다. 인간에 대한 예의와 회사에 있는 모든 직무에 존중을 기반으로 한 경쟁과 다양한 성과 평가의 체계도 생겨야 한다. 통일된 가치가 아니라 각자의 가치를 존중하고, 일하게 내버려 두는 신뢰의 문화가 필요하다.

---

15 삼성전자 DS부문의 대표이사는 OKR과 애자일(Agile)을 일하는 방식으로 강조하고 있다. OKR은 목표(Objective)와 핵심 결과(Key Results)의 약자로, 측정 가능한 팀 목표를 설정하고 추적하는 데 도움이 되는 목표설정 방법론이고, 애자일은 원래 소프트웨어 개발 조직에서 일하는 방식으로, 신속한 변화사항 전달, 팀 공동 작업, 지속적인 계획 및 지속적인 학습을 강조하는 방법론이다.

생애사

그가 걸어왔던 삶을 연구하는 방식이 '생애사' 연구이다. 일반적으로 생애사 연구를 통해 그의 출생부터 살아온 지금 그리고 바라보는 미래까지 조망한다. 그가 살았고 살고 있는 시대적 맥락을 통해 독자들은 그 시대와 삶을 새롭게 바라보게 된다. 그는 삼성에서 보낸 시간이 그가 삼성맨이 아니었던 시간보다 더 길고, 그의 삶 전면에 삼성은 자리하고 있다. 그가 삼성이라는 회사와 떨어질 수 없는 것도 어떤 면에서 이해가 간다.

인간에게 신체라는 한계가 있기 때문에 영속할 수 없고 몸은 변화하고 있지만, 삼성이라는 회사는 영속성이 있기를 고대하고 지속적으로 성장하려고 한다. 동시에 그는 삼성의 다양한 사건에 기여하고 크게 영향을 받고 있다. 수십만 명의 사람, 혹은 그 이상의 발길이 삼성을 스쳐 지났을 것이다. 그 기업의 역사 한가운데 앞길이 창창한 인간들이 머리가 하얗게 되도록 일하고 성공과 실패를 겪으며 기업이라는 공동체를 구성한다. 여전히 끝없는 생의 욕망이 생명 연장의 꿈으로까지 이어지는 시대에 독자는 인간과 기업 어디에 관심이 있을까? 생애사 연구의 다양한 방법론은 앞서 추천한 『질적 연구자 되기』 『문화와 역사 연구를 위한 질적 연구 방법론』에 나와 있고 생애사로서 읽을 만한 책을 참고도서로 전한다.

참고도서 김영옥(2017), 『노년은 아름다워 : 새로운 미의 탄생』 서해문집.

반도체 밖으로

작은별/ 천기주

바람 소리 그치고
노래가 흩어진 후에 깨어 보니
달빛만 스며들고
사람은 간 데 없네

누가 보았는가
은하수 흐르는
수많은 별들 중에
이름 없이 서 있는
작은 별을

높이 날아오르면서
고개를 돌려보지만
한은 가득한데
살펴줄 사람은 없어라

흔들리는 나무에서도
꽃은 피듯이
무엇이 두려울쏘냐
마음만 있으면
얼마든지 극복할 수 있으니

작은 별은 말한다
집착을 버리고
마음을 비우면
만사가 편해지며
심신을 수양하고
흐름을 거역하지 않으면
삶의 의미를 깨달을 수 있다고

채우기만 하고
비울 줄 모르면

인생이 험난하고 힘겨우니
세상을 바라볼 줄 아는
좋은 눈과 마음을 가지라고

까만 밤하늘 작은 별 하나가
오늘도 세상을 향해
희망의 빛을 보내고 있다.

그가 100대 명산을 목표로 산을 오르던 시기, 남쪽의 어머니 품속 같은 산에서 1박 2일을 보냈다. 동틀 무렵 별 하나가 그에게 들어왔다. 여전한 극복의 말, 한이 가득한 결핍, 새로운 시야의 시어에서 삶의 의미를 중시하는 그의 모습도 보이고 작은 별과 자신을 동일시하며 자기의 빛을 은근히 드러내는 달라진 모습도 느껴진다. 그는 2020년에 그간 써두었던 시를 묶어 시집을 냈다. 시쳇말로, 뻔한 이야기들도 보이지만, 시의 새로움보다 그의 진실됨이 더욱 다가왔다.

'작은별'은 그이기도 하지만, 그의 바깥이기도 하다. 다시금 99.2퍼센트와 0.8퍼센트라는 숫자를 되짚어본다. 그가 그토록 꿈꿔왔던 임원이 될 확률은 99.2와 0.8이라는 숫자로 신체화된다. 신체를 확장한다면, 회사가 인간과 물질로 구성되었을 때, 99.2퍼센트의 임원이 되지 않은 사람들의 행동과 0.8퍼센트의 임원이 된 사람의 몸짓이 뭉쳐서 회사라는 신체를 구동하게 된다. 거기에서 한 사람이 한 사람과 다르고, 1+1=2가 아니기 때문에 문화, 곧 매너에 따라서 신체의 행동방식과 사회적 가치가 결정된다.

이 매너에는 소진과 불안이라는 매너리즘이 있다. 매너리즘은 서구의 문예 부흥과 근대성을 이끌었던 르네상스 이후, 부흥에 지친 미켈란젤로의 후기 작품에 대한 비평에서부터 유래했다. 삶은 빛과 그림자가 있듯이 역사가 기술한 르네상스의 저변에는 매너리즘이라는 기억이 자리하고 있다. 군대에서 장군이 되는 것에 견주어 회사에서 임원을 '별'을 단다고 한다. 병사없이 장군은 아무것도 할 수 없고, 직원 없이 임원이 없는 것처럼 별이 반짝이는 이유는 끝없는 어두운 우주가 있기 때문이다. 우주의 공허 아래 우연한 물질의 조합이 별인 것처럼, 별을 향해 달려가는 사람은 불안하고, 별에서 한 발짝 떨어진 사람은 소진에 빠질 수도 있다.

한때 별을 꿈꾸던 사람들이 항성과 행성 그리고 먼지, 눈에 보이지 않는 입자가 되어 어떤 공간에 있다. 우리가 사는 지구는 어떤 원소도 만들지 못한다. 태양도 소멸될 때쯤 탄소를 만들 수 있다. 중심온도가 수 억도에 가까워야 그 별이 폭발할 때 규소, 철, 산소가 나온다. 별의 잔해가 모여 지구를 이루고, 지구 45억 년 역사 속에서 우연하게도 인간은 태어났다. 숫자로 표현할 수 없는 희박한 확률 속에서 인간은 태어났지만 또 인간 때문에 우리는 좌절하고 고뇌한다.

희박한 별을 꿈꿨던 때가 여름밤처럼 흘러갔다

그의 이야기에 내 신체가 반응하는 것을 보면서, 10년의 회사생활이 마뜩잖던 나에게, 회사는 여전히 소진과 불안의 장임을 인식하게 된다. 30여 년이 넘는 회사생활을 어떻게 마무리를 짓고 자신의 신체를 어떻게 '탈-회사화'시킬 것인가를 고민하는 그의 이야기를 오랫동안 들어왔다. "이게 맞는 거야?"라며 그가 묻는다. 인간이 질문하는 이유는 자기라는 의식이 있기 때문이다. 대답은 대화 안에 있지만, 질문은 나에게서 비롯된다. 어떤 면에서 소진과 불안은 '자기'라는 범위에 대한 결정이다. 곧, 나의 신체가 회사라는 구조와 떨어질 수 없다는 것을 알고 있는 상황에서 소진과 불안이 계속되는 이유는 언젠가 내가 회사와 떨어질 것을 알기 때문이다. 회사와 결합한 내가 어떠한 시간에 놓여 있고, 그 시간을 어떤 신체로 구성해내느냐가 자기 삶의 상당 부분을 결정하기 때문이다. 시간과 공간의 범위가 자기의 넓이와 깊이라면 그 울림과 떨림, 투쟁과 향상 속에서 '천기주'라는 한 인간은 자기의 범위를 회사 속에서도, 회사 바깥으로도 넓히며 유동하게 된다.

그가 회사에서 조직관리자를 내려놓고 외로움을 느끼며 동시에 도약의 방편을 궁리했을 때, 더이상 '사회적' 별이 아닌 '그'만의 별을 떠올렸다. 확률이 마음속으로 들어올 때, 슬픔과 기쁨이 드러난다. 확률의 어떤 면을 보는가에 따라서 사회의 매너가 결정된다. 수많은 성공한 이들의 이야기가 여전히 난무하는 지금, 나는 0.8퍼센트의 희소성보다 99.2퍼센트의 풍부함에 몸이 당김을 느끼게 된다. 게다가 어딘가에서 나는 0.8퍼센트였다가 99.2퍼센트가 된다. 타인을 존중하는 매너가 사회적 답습인 매너리즘이 되지 않았을 때, 매너는 한 인간을 구속하고 규정하는 것이 아니라, 나를 타인과 함께 세울 수 있는 버팀목이 된다. 그러면 한 인간의 신체는 확장되고 몸과 몸이 만나 사회는 다양한 의미를 갖게 된다.

그가 한동안 확실하고 희박한 별을 꿈꿨던 때가 여름밤처럼 흘러갔다. 많은 이들이 CEO가 되겠다며 야근을 불사했던 때가 있었다. 나도 거기에 도달하기 위해 몸을 소진시키면서도 혹여라도 탈락할까 불안했다. 35년째 삼성의 직원으로 있는 그가 희박한 별을 내려놓고 또 다른 별을 찾는다. 동시에 이제 부장이 되어서 회사를 어떻게 다녀야 하나, 소진과 불안, 강박과 만족의 쌍곡선을 오가는 동료들이 있다. 별의 진화단계 어딘가에서 사람들은 각자의 별을 꾸려가고 있다.

이는 물질적으로 확실히 옳은 말이다. 우주 생성 당시, 빅뱅이 일어나고 무한한 가능성에서 입자들이 수소를 중심으로 모여들었다. 이 물질들은 절대온도 0K -273.15℃에 가까운 공간에 모여 있다가 아주 우연히 응집하기 시작한다. 응집된 먼지가 모여 별이 탄생했다. 별은 주로 수소의 핵융합반응을 통해 헬륨으로 바뀌고 높은 에너지를 낸다. 태양의 수소가 모두 타버리면 탄소 덩어리가 된다. 질량이 더 큰 별들은 초신성 폭발을 통해 다양한 원소를 생성한다. 지구의 내핵과 외핵을 이루는 철, 기타 금속은 초신성폭발로 만들어진 별의 잔해들이다. 어떤 원소도 별에서 나지 않은 것이 없다.

탄소 덩어리인 인간의 몸이나 실리콘 덩어리 반도체의 물질, 모두 별에서 왔다. 한 치의 오차도 없는 과학적 사실이다. 지구상에서 인간이 할 수 있는 일은 원소의 생성이 아니라 원소의 배열을 바꿔 새로운 물질을 만들어내는 일이다. 물질을 기반으로 한다면 온갖 행위들은 먼지의 재배열에 불과하다. 군이 배열에 의미부여를 한다면, 인간이 할 수 있는 일이라곤 물질의 화학반응, 곧 물질과 물질 사이의 손맞잡기뿐이다. 물질의 가장 복잡한 배열 중 하나가 반도체이다. 반도체가 손을 잘 맞잡으라고 전자들이 잘 이동하라고 애쓰고 있는 곳이 반도체 회사다. 반도체 회사에 속한 사람들도, 그리고 반도체를 사용하는 수많은 사람들도 손을 맞잡지 않을 이유가 없다. 몸의 온기와 반도체의 적절한 열기가 결합된 에너지의 유연한 흐름이 여전히 기다려진다. 유연한 흐름이 은하처럼 크다면, 은하 속의 별인 그에게 유동은 흔들림이다. 그가 두려워하는 삼성 바깥의 또 다른 세계에 그는 결국에 한 걸음씩 다가가야 한다.

그는 자신과 삼성을 분리할 수 없다

2021년 12월, 그는 33년 회사생활에서 마지막 선택으로 10년 만에 부서이동을 했다. 12:1의 경쟁률을 뚫고 협력사 컨설팅 부서로 옮긴 것이다. 삼성 역시 고심하고 있다. 그 결과가 시니어 대상의 부서이동이 활발히 일어나고 있다. 그도 가능할까 고심했겠지만, 그의 경력은 독특했다. 강의와 컨설팅을 꿈꿔왔다는 그의 열망과 그간의 경력들이 반짝거릴 순간이 왔다. 삼성에서 삼성의 협력사들을 돕는 컨설턴트로서 그는 마지막으로 회사와 함께 성장하겠다는 꿈을 이루었다. 게다가 그는 인수인계 세미나를 진행하겠다고 했다. 나는 그 세미나가 작은 날갯짓에 불과할 수 있지만 이후에는 나비효과를 이룰 만한 큰 사건이라고 생각한다. 그래서 내가 말했다. "인수인계, 저는 기념비적인 사건이라고 생각해요."

부서장과 동료 부장은 그에게 인수인계를 해달라고 요청했다. 일중심으로 살았던 그에 대한 배려이면서 자신들의 미래를 반추해볼 기회이기도 했을 것이다. 반도체 10대 신조를 재해석하는 CEO만 변화의 조짐이 있었던 것이 아니다. 혹은 이미 오래전부터 다양한 지층에서 서로에 대한 존중의 모습은 있었다. 물론 아닐 수도 있다. 이건희 전 회장의 말처럼 5퍼센트가 존중하느냐 존중하지 않느냐의 빈도가 90퍼센트의 존중 정도를 이끌 수 있다.

천　인수인계 관련 혁신 세미나를 했잖아. 동료들이 언젠가는 부서를 떠날 것이라고 생각은 했지만, 실제로 떠날 줄은 몰랐다는 거지. … "떠나시기 전에 업무 노하우도 … 알려주고 가셔야죠" 하더라고. 10년이라는 세월을 어떻게 한번에 주냐. 그래서 인수인계 세미나 안내 메일을 보냈어. 그런데 부서에 있는 사람들이 냉랭하더라고.

박　부장님 제가 호응이 없을 거라고 말씀드리지 않았어요?

천　내가 두 사람만 있으면 하겠다. 반은 성공 못 해도, 사업부에서 전배 온 애들이 많이 들었어. 그런데 차, 부장들은 많이 안 들어와, 짜증 나고 샘날 수 있어. 별거 아니라고 본인은 애써 자위할 수 있고 … 동료 부장들도 들어오고, 부서장은 두 번이나 왔지.

박 그 양반은 격이 있고 좋은 면이 많으셔요.

천 평을 그렇게 해주더라고, 막상 알았지만, 실천이 어려웠다. 그리고 후배들이 댓글도 달아주고.

그의 인수인계에 몇몇은 참석하지 않았고 몇몇은 댓글 호응과 존경의 모습을 보냈다. 모두가 그를 추종한다면 그것도 억지스럽다. 이 모습도 늘어난 다양성을 보여준다. 회사와 함께 성장하고 회사를 우선시하든, 회사를 성장의 도구로 삼고 또 다른 발전을 위한 사다리로 생각하든, 회사에 사람이 있고, 사람들은 일을 한다. 끝나지 않은 일의 반복된 의례와 마주침 앞에서 그가 묘한 웃음을 짓는다.

그는 협력사 컨설턴트로서 업무를 시작했다. 그가 맡았던 삼성의 협력사는 반도체와 디스플레이 설비를 만드는 회사와 반도체 핵심 후공정을 담당하는 회사였다. 조 단위의 매출을 기록하는 회사들임에도 사람을 키우는 일과 회사 내부의 역량을 높이는 일에 힘쓰기에는 눈코 뜰 새 없이 바빴다. 그는 2022년 상반기에만 세 개 회사의 교육체계 수립 컨설팅을 진행했다. 그가 후공정 출신이기 때문에 전공정의 설비를 만드는 회사 직무교육에 대한 컨설팅을 한다는 부담감을 나에게 내비치기도 했다.

하지만 그에 관한 기사가 다시금 사보에 났다. 그가 가장 빛났던 시기라는 식스시그마 MBB로서 사보에 등장했던 때와 묘한 평행이론을 보인다. 물론 그때와 달리 이름과 생년월일, 띠, 출생지, 포부 등의 개인정보를 밝히지 않았지만, 여전히 그의 손에는 펜이 들려 있고, 글씨가 화이트보드에 가득하다. 그의 안경은 금테에서 세련된 검은색 뿔테로 바뀌었다. 삼성 가족을 연상하게 했던 종이책 사보가 아니라 이제는 웹 기사로 뜬다.

그는 사내에서 식스시그마 방법론을 체화하고 과제를 추진하던 강사이자 프로젝트 매니저에서 확장해 숙련된 업무 경력을 토대로 자신의 논리와 방법론을 사외에서 전달할 수 있게 됐다. 때론 너무 정직하고 비정할 정도로 목표에 매달리기도 했지만 자연스럽게 사진을 찍으며 양팔을 감싸 안을 정도의 여유도 가지게 됐다. 그가 식스시그마 최고의 MBB가 되었던 경험은 협력사 컨설턴트로서 각 회사의 기술적 다양성에 긴장했던 컨설팅 초기에서 벗어나 회사마다 감사패를 특별히 받을 정도로 과제 성과가 나타났다. 누군가는 굳이 감사패까지 받느냐며 또 다른 냉랭함을 보일 수도 있지만, 이 역시도 부서 업무 인수인계가 끝났음에도 여전히 끝나지 않는 그의 발자국을 엿보게 한다.

삼성전자 반도체 경영혁신과 교육 분야에서 33년간 근무하며 많은 것을 배우고 익혀왔는데, 그간 쌓은 노하우를 협력사와 나눌 수 있게 되어 기쁩니다. 유종의 미를 거둘 수 있도록 이런 기회를 마련해 준 삼성전자 반도체에 감사드립니다.

인터뷰에서 보듯이 그는 파란 피가 흥건하다. 아주 축축할 지경이다. 여전히 그는 자신과 삼성을 분리할 수 없다. 그는 협력사 컨설팅을 하면서 다시금 옷과 구두를 새로 구매하고, 차까지 바꿨다. 그는 오랫동안 르노삼성 SM5를 탔다. IMF 이후 삼성 계열사 임직원들은 고통 나눔을 목적으로 자발적으로 충성심을 보이는 차원에서 SM 시리즈를 구매했다. 그의 차 색깔은 옅은 비취색이었는데, 그 색이 허옇게 바랄 때까지 끌고 다녔을지 모른다. 그는 삼성전자 컨설턴트로서 격을 갖추겠다며 새 차를 구매했다. 어떤 이는 협력사 컨설팅이 회사 수명 업무이니 회사에서 업무차를 받아서 쓰는 것이 합리적이라고도 하겠지만, 그는 컨설턴트가 사람이 많고 회사마다 개별로 이동하기 때문에 자차를 쓰겠다며 자비를 털었다.

그는 회사에서 평탄한 길을 걸어오지 못했다. 비포장도로를 달리며 먼지에 눈이 벌게지기도 했고 목숨을 걸고 일하다가 몸도 망가졌다. 울퉁불퉁한 길에 난 바퀴 자국에 눌린 물웅덩이처럼 그는 때론 차오르고 넘쳐났으며 자국을 온몸으로 받았다. 습기는 오래된 양분이고 또 다른 깔끔하지 않은 시작이다. 흙탕물 같은 겸손함과 의연함으로 모래를 파서 장사한다는 반도체를 근근이 지켜온 그, 그와 회사의 분리는 또 다른 관념이자 과욕일 수 있다. 그와 나의 관계가 복잡하게 얽혀 있듯이. 그 복잡한 그물망 속에 삼성이 매달려 있다. 그래도 그, '파란 피'를 그물망으로 계속 수혈 받으시길 바란다.

연구자의 위치

인류학 연구는 질적 연구를 주요 방법론으로 채택하고 있다. 따라서 설문과 지표를 기반으로 하는 양적 연구에 비해서 연구자의 위치는 상당히 복잡하다. 결국에 연구자는 그 현장과 그 사람을 떠나서 결과물을 내놓아야 하지만 그것을 통해 영원히 그 현장 연구와 기억에서 떨어질 수가 없다. 동시에 라포를 맺게 된 사람이자 정보 제공자, 참여자가 정보 제공으로만 국한된다면 수단으로 전락하게 된다. 인류학 연구가 거듭될수록 연구자는 계속된 부채 의식을 느끼게 되고 연구에 대한 어려움에 빠지게 된다.

인간은 합리적이라기보다는 상호호혜적이고 개별 인간으로서 자립할 수도 있지만 때때로 의존적이다. 현대사회에서 부채는 자기자본과 함께 자산을 늘릴 수 있는 역량이기도 하며, 어떤 이들은 부채를 계속 갚으면서 관계를 명확히 하려고도 한다. 하지만 관계는 그렇게 명료하지 않다. 인류학 연구에서 인간은 빚진 존재이자 빚은 서로 의존하고 있다는 상징이기도 하다. 어디에서나 누구에게나 기대지 않을 때가 있었을까? 연구자는 계속되는 부채 의식을 받아들이고, 자신의 빚진 위치를 상기하며 연구를 계속해 나갈 수밖에 없다.

참고도서 데이비드 그레이버, 정명진 옮김(2021), 『부채, 첫 5,000년의 역사 : 인류학자가 고쳐 쓴 경제의 역사』 부글북스.

나는 2022년 12월 눈 오는 어느 날 "반도체를 사랑한 남자들—삼성전자 반도체 천기주 부장, 몸의 자국"이라는 제목으로 삼성 반도체 OB들 앞에서 짤막한 강의를 진행했다. 반도체를 만들고 본인들이 반도체의 일부인 것처럼 온몸을 다해 일해온 사람들이었다. 나는 '반도체를 사랑한 사람 천기주 부장'의 이야기를 중심으로 앉아 있는 OB들을 반도체를 사랑한 사람'들'이라고 제목을 정했다고 밝혔다. 사랑은 대상과 자기가 겹쳐 있기 때문에 고단하고 괴롭다. 역사적 사명처럼 '우리'로서의 삼성으로 3교대 근무, 1년에 3일 만 쉬는 노동을 수행하고, 노동조합에 대한 한편의 시각만으로 고됨을 견뎌왔다. 삼성에 대한 비판적인 의견은 바라보려고 하지도 않거니와 경영자에 대한 무조건적 존중은 하나의 신념처럼 느껴지기도 했다.

감히 사랑이라는 단어 말고는 달리 쓸 표현이 없다. 그렇지만 그들은 쉽게 사랑을 표현하지 않았다. 회사에 대한 충성심이라고도 했다. 충성에는 상하관계라는 차이가 존재하겠지만 사랑은 충성과 존경, 아쉬움을 포괄하는 복잡한 관계를 뜻한다. 사랑의 반대말이 증오가 아니라 무관심인 것처럼 말이다. 그들의 언어 속에서 '나'라는 한 인간이 가끔 드러나기도 했지만, 그들은 '나'를 드러내기를 꺼렸다. 그래서 삼성 뒤로 숨으려고 했다. 가족은 나를 가장 가깝게 들여다보는 볼록렌즈 돋보기라서 자신의 장점과 단점이 모두 드러나기 때문에 매섭게 아프고 그럼에도 분리하기 어렵다. 그들은 삼성이 눈부신 성장 속에서 한국의 회사에서 글로벌 회사가 되어가는 그 시간 속에서 작은 부분을 담당했고 자신의 몸에 '파란 피가 흐르는' 경험을 하며 회사와 자신을 일치시켰다. 그러다 어느 순간 '뒷방 늙은이'가 되어 직무에서 배제되거나 월급보다 성과가 떨어지는 사람 대접을 받으며 삼성과 억지로 분리되기도 했다.

천기주 부장은 3부 말미에 제시한 대로 삼성전자 반도체의 협력사 컨설팅 부서로 이동했다. 그는 자신의 필요에서든 삼성에서의 인연을 소중히 여겨서든 삼성 OB들과 단체 채팅방을 만들었다. YB인 현직자들도 있었는데 몇몇은 채팅방을 나가기도 했다. 수많은 단체 채팅방에 대한 부담감일 수도 있지만, 삼성 사람들이 가지고 있는 외부와의 소통에 대한 막연한 부담감으로 자리를 피했을 것이다. 천부장은 그 모임에 필요한 자료나 감성적인 사진, 기타 정보로 채팅방에서 목소리를 올렸고, 가끔 들려오는 답글이라는 메아리에 감사의 인사를 보냈다. 그러다가 송년회 '삼성인의 밤'을 주최했고, 강의가 진행되었다.

그들 앞에서 나는 까마득한 후배이기도 했지만, 책의 목적 곧, 삼성을 대표하는 역사가 아닌 삼성 안에서 한 인간의 기억과 역사를 발굴한다는 것에 공감했다. 혹은 처음부터 고개를 갸우뚱하며 판단을 유보하는 시선도 없지 않았다. 그래도 천기주 부장이 간직한 파란색 삼성 근무복과 잠자리 안경 사진은 물론 제조 직반장으로서 제조 조장과 나눴던 일기 스캔본이 나타나자 순간 놀라기도 했으며 몇몇은 자신의 옛날이 생각나는 것 같은 표정을 지었다. 판도라의 상자의 열쇠는 '공감'이었다.

그리고 IMF라는 한국 사회의 전환기를 몸소 겪었던 그들에게, 평생 직장인이 아니라는 신체적 감각은 만만하지 않았다. 어제 일처럼 자신의 옆 사람이 나갔던 기억을 떠올렸고, 서로 두런두런 이야기를 주고받았다. 2부에서도 썼듯이 IMF 이야기를 계속 주저했던 천기주 부장의 행동과 그의 목소리가 작아졌다고 이야기하자 천기주 부장은 "그때 목이 매여서 이야기하지 못했어"라고 덧붙였다.

물론 그 일이 회사의 방향이었으며, 구조조정이라 불리는 대량 해고에 따른 인건비 조정이 없었다면 회사가 망했을 수도 있다는 불가피함에 무게가 기우는 OB들도 있었을 것이다. 어쩌면 현재의 OB들은 그 시절에 살아남은 사람들로서 회사 성장의 수혜를 받은 사람들이기도 하다. 여전히 그들 중에는 그 주제에 부담을 느끼는 사람들도 있었다. '삼성인의 밤' 참석 목적이 새로운 비즈니스 기회의 발굴이거나 자신이 삼성 바깥에서 이룬 성공을 드러내려는 것일 수도 있다. 다양한 목적과 혹은 목적 없음을 가지고 밤에 삼성인들의 몸이 자리했다.

삼성의 매출이 폭발적으로 늘어난 시기와 천기주 부장의 일 경험에서 보이는 설비보전과 TPM−식스시그마−설비보전시스템−시스

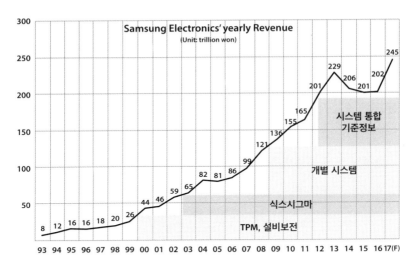

그림의 텍스트:

300

Samsung Electronics' yearly Revenue
(Unit: trillion won)

250   245

                                                              229   202
                                                        201   206 201

200

165   시스템 통합
155   기준정보

150
                              136

                        121

                              99   개별 시스템
100
              82 81 86

            65
      59   식스시그마
50   44 46

                                  TPM, 설비보전
8 12 16 16 18 20 26

93 94 95 96 97 98 99 00 01 02 03 04 05 06 07 08 09 10 11 12 13 14 15 16 17(F)

30년간 삼성전자의 매출액 증가와 천부장의 발자취 연계

템 통합 기준정보의 기반을 겹친 자료를 띄웠을 때 고개를 끄덕이기
도 했다. 그래도 한목소리가 나왔다.

OB 여기에 하나가 빠졌네. 경영자의 놀라운 의사결정, 그것을 넣어줘
야지.

박 네, 물론 그런 내용도 책에 포함되어 있습니다.

OB가 후배를 생각하는 지점이 느껴졌다. 경영자의 시선만을 강조
하고 놀라운 의사결정 능력, 사재를 털어서 반도체의 불모지에서 꽃
을 피워냈다는 기업가 정신, 그것이 자신에게 체화되어 있거나 그런
관점이 사회생활에 필요하다는 것을 강조하고 싶었을 것이다. 경영자

268

는 머리이고 노동자는 손발로 숙제를 해결하는 데 충실하고, 나름의 충성을 다해서 삼성의 일원으로서 경력과 역량을 쌓았다는 논리도 여전히 강력하다. 많은 OB들이 그 경력을 바탕으로 협력사의 경영자로 일하고 있다.

강의를 마치자 조용히 나에게 와인을 따라주며 용기 있다고 이야기해준 선배도 있었다. 그가 건넨 와인에서 깊은 감정이 느껴졌는데, 그가 오랫동안 버텨왔던 시간이 와인의 숙성도에 영향을 준 것 같았다. 그는 명함도 없이 그저 사람들을 보기 위해서 나온 것 같았다. 무엇에서건 용기는 삶 속에서 다양하게 드러난다. 자아실현을 위해서 뛰쳐나온 나의 용기도 있지만, 책임감을 계속 짊어지려는 용기, 나보다 타인과 가족을 배려한다는 의미로서의 용기도 대단한 용기이다. 다시금 강의가 끝나고 색소폰과 오카리나 연주가 있었고, 항상 그렇듯 노래방 반주기에 맞춰 철 지난 유행가들이 목청껏 터져 나왔다.

수많은 모순을 내재한 이 책은 한 인간을 통해 삼성을 들여다보려고 했던 시도이다. 연구자로서 그 궁리에 대한 수많은 모순을 발굴해냈다는 데 가장 큰 의미부여를 하고 싶다. 그 모순에는 매끈한 역사적 기록이나 명쾌한 지표가 표현하는 이면이 있음을 시사한다. 이면을 바라보려는 노력은 인간에 대한 예의를 기반으로 한다.

그리고 대문자 역사로서의 단선이 아닌 소문자 역사로서 생애사의 기술은 그동안 중산층, 오십 대 중장년층, 대기업 회사원으로 뭉뚱그려졌던 인간의 이야기를 했다는 데 의미가 있다. 미하엘 엔데의『모모』에서 말하듯 시간을 사라지게 하는 회색인간은 왜 회색이 되었을까. 수많은 알록달록한 경험을 모두 몸에 품고, 빛이 아닌 색이 되었기 때문은 아니었을까? 홀로그램처럼 투영하는 빛깔은 섞일수록 밝아지지만, 질감을 포함한 색깔은 어두워진다. 두텁고 어두운 중층의 인간, 그 회색의 시간을 여전히 발굴해야 한다. 더 나은 사회를 향한 의식, 사회적 성공을 이루려는 욕망 중 어느 하나라도 그 몸에 포함되지 않은 것이 없다. 그 조각들이 공감의 열쇠를 바탕으로 느슨한 환대로서 작용하는 데 작은 디딤돌이 된다면 나는 그 발굴을 끝없이 진행하려고 한다.

하얀 눈이 내린 송년회 날, 곧 어두워진 무채색 밤과 온갖 발자국에 흐트러져 길바닥에서 이내 회색으로 변한 눈에 눈길이 떠나지 않는다. 각자의 채도와 명도를 지닌 또 다른 천기주들에게 존경의 마음을 전한다. 마지막으로 그 마중물로서 자신의 모든 것을 솔직하게 드러내준 친구, 선배, 역전의 용사, 반도체를 여전히 사랑하는 천기주 부장에게 다시 한번 감사의 인사를 올린다.

들어가며

권석준(2022), 『반도체 삼국지: 글로벌 반도체 산업 재편과 한국의 활로』, 뿌리와 이파리

권오현 지음, 김상근 정리(2018), 『초격차: 넘볼 수 없는 차이를 만드는 격』, 쌤앤파커스

박일환·반올림(2010), 『삼성반도체와 백혈병: 삼성이 버린 또 하나의 가족』, 삶창

신원동(2007), 『삼성의 인재경영: 18년간 삼성 인사담당자가 말하는 삼성의 인재경영 비법!』, 청림출판

이용숙(2022), 『질적 연구의 체계적 분석방법: 일상, 소비문화, 마케팅, 교육 에스노그라피 연구에서의 적용사례』, 학지사

이종보(2017), 『삼성 독재: 삼성권력 80년, 민주주의를 지배하다』, 빨간소금

임형규·양향자(2022), 『히든 히어로스: 한국 반도체 산업의 도전과 성취, 그 생생한 현장의 이야기』, 디케

하이 매리엄폴스키, 이용숙 외 옮김(2012), 『마케터를 위한 에스노그라피: 질적 조사 시대를 사는 마케팅 담당자의 생존전략』, 일조각

허문명(2022), 『이건희 반도체 전쟁』, 동아일보사

희정 외(2022), 『문제를 문제로 만드는 사람들: 우리 아이는 왜 아프게 태어났을까, 그 물음의 답을 찾다』, 오월의 봄

1부

구본형(2007), 『익숙한 것과의 결별』, 을유문화사

김관욱(2022), 『사람입니다, 고객님: 콜센터의 인류학』, 창비

멜리사 그레그 외, 최성희 외 옮김(2015), 『정동 이론: 몸과 문화·윤리·정치의 마주침에서 생겨나는 것들에 대한 연구』, 갈무리

막스 베버, 박문재 옮김(2018), 『프로테스탄트 윤리와 자본주의 정신』, 현대지성

박재환 외(1999), 『술의 사회학: 음주공동체의 일상문화』, 한울

신동준(2011), 『후흑학: 승자의 역사를 만드는 뻔뻔함과 음흉함의 미학』, 위즈덤하우스

앤디 메리필트, 김병화 옮김(2015), 『마주침의 정치』, 이후

윤택림(2013), 『문화와 역사 연구를 위한 질적 연구 방법론』, 아르케

장 자크 루소, 한문희 옮김(2013), 『언어의 기원』, 한국문화사

코린 글레스닌, 안혜준 옮김(2017), 『질적 연구자 되기』, 아카데미 프레스

한국문화인류학회(2010), 『처음 만나는 문화인류학』, 일조각

2부

A. 반 건넵, 전경수 옮김(2000), 『통과의례』, 을유문화사

Allen, T. J.·Katz, R. (1986), "The dual ladder: motivational solution or managerial delusion?," *R&d Management* 16(2), 185-197

William W. Bratton(2000), *Corporate law, International library of essays in law and legal theory*, Second series

김영인(2004), 『돈버는 경영혁신 新 TPM』, 돋을새김

김종률(2017), 『회사인간, 회사를 떠나다』, 스리체어스

김창남(2001), 『6시그마 접목 분임조 제안 컨설팅』, 한국표준협회

김현미 외(2014), 『젠더와 사회: 15개의 시선으로 읽는 여성과 남성』, 동녘

니킬 서발, 김승진 옮김(2015), 『큐브, 칸막이 사무실의 은밀한 역사』, 이마

닉 보스트롬, 조성진 옮김(2017), 『슈퍼 인텔리전스』, 까치

데이비드 그레이버, 김병화 옮김(2021), 『불쉿잡, 왜 무의미한 일자리가 계속 유지되는가?』, 민음사

레이 커즈와일, 김명남·장시형 옮김(2007), 『특이점이 온다: 기술이 인간을 초월하는 순간』, 김영사

로랜드 헤일러·마이클 니콜스, 정연윤 옮김(2006), 『혁신의 정점 6시그마 프로세스 경영』, 네모북스

마르셀 모스, 이상률 옮김(2002), 『증여론』, 한길사

매슈 크로포드, 정희은 옮김(2010), 『모터사이클 필로소피: 손으로 생각하기』, 이음

미셸 페어, 조민서 옮김(2023), 『피투자자의 시간: 금융 자본주의 시대 새로운 주체성과 대항 투기』, 리시올

미셸 푸코, 이규현 옮김(2020), 『광기의 역사』, 나남

박재림(2003), 『일하기 좋은 기업, Great work place』, 거름

브로니슬라프 말리노프스키, 유기쁨 옮김(2012), 『산호섬의 경작지와 주술 1』, 아카넷

브뤼노 라투르, 홍철기 옮김(2009), 『우리는 결코 근대인이었던 적이 없다』, 갈무리

빅터 터너, 강대훈 옮김(2018), 『인간 사회와 상징 행위: 사회적 드라마, 구조, 커뮤니타스』, 황소걸음

빅터 프랭클, 이시형 옮김(2004), 『삶의 의미를 찾아서』, 청아출판사

피에르 부르디외, 최종철 옮김(2005), 『구별짓기: 문화와 취향의 사회학』, 새물결

삼성전자주식회사(2010), 『삼성전자 40년: 도전과 창조의 유산』, 삼성전자

송재용·이경묵(2013), 『삼성 웨이, Samsung way: 글로벌 일류기업 삼성을 만든 이건희 경영학』, 21세기북스

수전 손택, 이재원 옮김(2004), 『타인의 고통』, 이후

앤드루 호지스, 김희주·한지원 옮김(2015), 『앨런 튜링의 이미테이션 게임』, 동아시아

앤서니 샘슨, 이재규 옮김(1996), 『회사인간의 흥망』, 한국경제신문사

양승훈(2018), 『중공업 가족의 유토피아: 산업도시 거제, 빛과 그림자』, 오월의봄

움베르또 마뚜라나·프란시스코 바렐라, 최호영 옮김(2007), 『앎의 나무: 인간 인지능력의 생물학적 뿌리』, 갈무리

웬들 고든·존 애덤스, 임배근·정행득 옮김(1995), 『制度主義 經濟學: 진화론적 접근』, 비봉출판사

이기홍(2014), 『사회과학의 철학적 기초: 비판적 실재론의 접근』, 한울아카데미

日本플랜트메인터넌스協會, 한국표준협회 옮김(1996), 『생산 혁신을 위한 신 TPM 전개 프로그램: 장치 공업편』, 한국표준협회

자크 라캉, 권택영 엮음, 민승기 외 옮김(1994), 『자크라캉 욕망이론』, 문예출판사

장가브리엘 가나시아, 이두영 옮김(2017), 『특이점의 신화: 인공지능을 두려워해야 하는가』, 글항아리사이언스

제럴드 에델만, 김창대 옮김(2009), 『세컨드 네이처: 뇌과학과 인간의 지식』, 이음

제임스 C. 스콧, 전상인 옮김(2010), 『국가처럼 보기: 왜 국가는 계획에 실패하는가』, 에코리브르

제임스 퍼거슨, 조문영 옮김(2017), 『분배정치의 시대: 기본소득과 현금지급이라는 혁명적 실험』, 여문책

조성갑·김계철·안종철(2017), 『정보 거버넌스』, 복두출판사

주디스 버틀러·아테나 아타나시오우, 김응산 옮김(2016), 『박탈: 정치적인 것에 있어서의 수행성에 관한 대화』, 자음과모음

지미 소니·로브 굿맨, 양병찬 옮김(2020), 『저글러, 땜장이, 놀이꾼, 디지털 세상을 설계하다: 세상을 바꾼 괴짜 천재의 궁극의 놀이본능』, 곰출판

찬드라 탈파드 모한티, 문현아 옮김(2005), 『경계없는 페미니즘: 이론의 탈식민화와 연대를 위한 실천』, 여이연

카를 마르크스, 김호균 옮김(2012), 『정치경제학 비판 요강』, 지식을만드는지식

클리퍼드 기어츠, 문옥표 옮김(1998), 『문화의 해석』, 까치

팀 잉골드, 김지윤 옮김(2020), 『팀 잉골드의 인류학 강의: 왜 그리고 어떻게 인간을 연구하는가』, 프롬북스

프란츠 파농, 노서경 옮김(2022), 『검은 피부, 하얀 가면』, 문학동네

피터 드러커, 피터 드러커 소사이어티 옮김(2006), 『피터 드러커 경영 바이블』, 청림출판

3부

공지영(2006), 『인간에 대한 예의』, 창비

김동춘(2022), 『시험능력주의: 한국형 능력주의는 어떻게 불평등을 강화하는가』, 창비

김수영(2003), 『김수영 전집 1, 시』, 민음사

김영옥(2017), 『노년은 아름다워: 새로운 미의 탄생』, 서해문집

데이비드 그레이버, 서정은 옮김(2009), 『가치이론에 대한 인류학적 접근: 교환과 가치, 사회의 재구성』, 그린비

데이비드 그레이버, 정명진 옮김(2021), 『부채, 첫 5,000년의 역사: 인류학자가 고쳐 쓴 경제의 역사』, 부글북스

리처드 세넷, 김병화 옮김(2013), 『투게더: 다른 사람들과 함께 살아가기』, 현암사

리처드 세넷, 김홍식 옮김(2021), 『장인: 현대문명이 잃어버린 생각하는 손』, 21세기북스

마르틴 하이데거, 문동규·신상희 옮김(2008), 『사유의 사태로』, 길

매슈 사이드, 문직섭 옮김(2022), 『다이버시티 파워: 다양성은 어떻게 능력주의를 뛰어넘는가』, 위즈덤하우스

미하엘 엔데, 한미희 옮김(1999), 『모모』, 비룡소

민윤기 엮음, 『이건희의 말: 지행 33훈이 녹아 있는 천금의 어록』, 스타북스

박문호(2022), 『박문호 박사의 빅히스토리 공부: 우주의 탄생부터 인간 의식의 출현까지』, 김영사

상생협력연구회(2006), 『상생경영: 무한경쟁 시장의 새로운 비즈니스 패러다임』, 김영사

엘리자베스 하스 에더샤임, 안진환 옮김(2006), 『맥킨지의 모든 것: 마빈 바우어』, 스마트비즈니스

우석훈·박권일(2007), 『샌드위치 위기론은 허구다: 조직론으로 본 한국 기업의 본질적 위기와 그 해법』, 개마고원

이성복(2001), 『네 고통은 나뭇잎 하나 푸르게 하지 못한다: 이성복 아포리즘』, 문학동네

임상우(2018), 『반도체 공정의 이해』, 청송

크리스티나 워드케, 박수성 옮김(2018), 『구글이 목표를 달성하는 방식 OKR』, 한국경제신문사

피에르 클라스트르, 홍성흡 옮김(2005), 『국가에 대항하는 사회』, 이학사

후루이치 노리토시, 이언숙 옮김(2014), 『절망의 나라의 행복한 젊은이들: 어려운 시대에 안주하는 사토리 세대의 정체』, 민음사

삼성전자 반도체 천부장 이야기

반도체를 사랑한 남자

ⓒ 박준영 2023

초판 발행   2023년 9월 5일

지은이   박준영
펴낸이   고진
편집   김정은
디자인   김민영
마케팅   이보민 양혜림 정지수

펴낸곳   (주)북루덴스
출판등록   2021년 3월 19일 제2021-000084호
주소   04043 서울시 마포구 양화로 12길 16-9(서교동 북앤빌딩)
전자우편   bookludens@naver.com
전화번호   02-3144-2706
팩스   02-3144-3121

ISBN 979-11-981256-4-4 03320